心一堂彭措佛緣叢書・索達吉堪布仁波切譯著文集

大圓滿前行廣釋（二）
附大圓滿前行實修法

華智(巴珠)仁波切　原著

索達吉堪布仁波切　漢譯及講解

Śūnyatā

書名：大圓滿前行廣釋（二）附大圓滿前行實修法
系列：心一堂彭措佛緣叢書・索達吉堪布仁波切譯著文集
原著：華智（巴珠）仁波切
漢譯：索達吉堪布仁波切
責任編輯：陳劍聰

出版：心一堂有限公司
地址/門市：香港九龍尖沙咀東麼地道六十三號好時中心LG六十一室
電話號碼：+852-6715-0840　+852-3466-1112
網址：www.sunyata.cc　publish.sunyata.cc
電郵：sunyatabook@gmail.com
心一堂 彭措佛緣叢書論壇：　http://bbs.sunyata.cc
心一堂 彭措佛緣閣：　　　　http://buddhism.sunyata.cc
網上書店：　　　　　　　　http://book.sunyata.cc

香港及海外發行：香港聯合書刊物流有限公司
地址：香港新界大埔汀麗路三十六號中華商務印刷大廈三樓
電話號碼：+852-2150-2100
傳真號碼：+852-2407-3062
電郵：info@suplogistics.com.hk

台灣發行：秀威資訊科技股份有限公司
地址：台灣台北市內湖區瑞光路七十六巷六十五號一樓
電話號碼：+886-2-2796-3638
傳真號碼：+886-2-2796-1377
網絡書店：www.bodbooks.com.tw
台灣讀者服務中心：國家書店
地址：台灣台北市中山區松江路二〇九號一樓
電話號碼：+886-2-2518-0207
傳真號碼：+886-2-2518-0778
網絡網址：http://www.govbooks.com.tw/

中國大陸發行・零售：心一堂・彭措佛緣閣
深圳地址：中國深圳羅湖立新路六號東門博雅負一層零零八號
電話號碼：+86-755-8222-4934
北京流通處：中國北京東城區雍和宮大街四十號
心一店淘寶網：http://sunyatacc.taobao.com/

版次：二零一五年二月初版，平裝

定價：　港幣　　　一百二十八元正
　　　　新台幣　　四百九十八元正

國際書號 ISBN 978-988-8316-35-9

目録

第十六節課　　　　　　　　　　　　　　　1

第十七節課　　　　　　　　　　　　　　　19

第十八節課　　　　　　　　　　　　　　　39

第十九節課　　　　　　　　　　　　　　　55

第二十節課　　　　　　　　　　　　　　　71

第二十一節課　　　　　　　　　　　　　　89

第二十二節課　　　　　　　　　　　　　　105

第二十三節課　　　　　　　　　　　　　　123

第二十四節課　　　　　　　　　　　　　　141

第二十五節課　　　　　　　　　　　　　　157

第二十六節課　　　　　　　　　　　　　　173

第二十七節課　　　　　　　　　　　　　　189

第二十八節課　　　　　　　　　　　　　　205

第二十九節課　　　　　　　　　　　　　　221

第三十節課　　　　　　　　　　　　　　　239

第三十一節課　　　　　　　　　　　　　　255

第三十二節課　　　　　　　　　　　　　　271

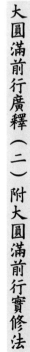

大圓滿前行廣釋（二）附大圓滿前行實修法

第三十三節課 287

《前行廣釋》思考題 305

前行實修法 315

目
錄

第十六節課

下面繼續學習《大圓滿前行》。

前面講了八種無暇，說明人身的本體要具足閒暇——有空學法。而它的特法或必要手段，則是十種圓滿，今天開始講這個道理：

丁二（思維特法圓滿）分二：一、五種自圓滿；二、五種他圓滿。

戊一（五種自圓滿）分五：一、所依圓滿；二、環境圓滿；三、根德圓滿；四、意樂圓滿；五、信心圓滿。

首先，以歸納性的方式闡述五種自圓滿，正如龍猛菩薩在論典中所言：「為人根足生中土，業際無倒信佛法。」略而言之，

（一）所依圓滿：

「所依」指的是身分。假設沒有獲得人身，就不能值遇佛法，如今得到了暇滿人身，具足修法的順緣，故而所依圓滿。

在茫茫無邊的輪迴苦海中，得到具修法機會的人身非常重要，否則，縱然佛已出世、佛法尚未隱沒、善知識正在傳授殊勝佛法，但因為沒有得到人身的緣故，也絕不可能值遇佛法、得到甚深竅訣、懂得佛法教義。得一個人身極其困難，而今我們已得到具足上述八種閒暇和下面十種圓滿的暇滿人身，應從內心深處感到欣喜。

大圓滿前行廣釋（二）附大圓滿前行實修法

身分對修法來講相當重要。倘若轉生於善趣的天界，享樂肯定遠遠超過人間。現在有些富翁認為，自己享受的是天人之樂，實際上並不是。天界的享受可謂用之不盡，不像人間，用完就沒了。而且，在天界中生活，意念什麼都會馬上出現，比人快樂得多：想吃，美食就現在面前；想穿，只要一想，天衣就會出現；想禪定，稍微安住就入定了，不像有些人那樣，想睡覺都睡不著，在床上翻來滾去，結果越來越清醒，起來要坐一會兒，又睏……依靠五蘊之身，感受的痛苦層出不窮。而天人沒有這些煩惱，快樂遠遠超過我們。不過他們缺少佛法，因此，賢劫千佛皆以人的身分成佛，從沒有聽說「這尊佛是以帝釋天身分成佛的」、「那尊佛是以梵天身分成佛的」、「那尊佛是以遍入天身分成佛的」——可見，人身有非常殊勝的緣起。雖說天界也有極個別具特殊因緣者，偶爾能聽到佛法，但他們只是得到法而已，對生死輪迴有出離心、對無邊有情生菩提心的，卻很罕見。

因此，大家一定要想到，自己非常有福報，即生不僅得到人身，而且遇到這樣的大乘佛法，一兩百堂課的傳承全部圓滿，這種身分在其他眾生中有沒有呢？根本沒有。儘管餓鬼、非人偶爾有聽法意樂，也想尋找善知識，但到了聽法行列中，第一堂課來，第二堂課就很散亂了，他們的意幻身比人運動得快，一旦被外境誘惑，便會隨之跑了，難以長期待在一處聽法，傳承圓滿的寥

若晨星。其實，在任何善知識前，常有餓鬼種性的非人來聽法，只不過我們肉眼看不見。這種現象，佛陀時代有，現在也有，即便是一般的輔導員或法師傳法，也絕對有非人在聽，這一點毫無疑問。但非人的傳承跟人的完全不同，人的所依最適合聞法，故而，賢劫千佛均以人身成就，這方面有不共緣起。

　　我們得到這樣的人身，就像《入行論》所說，是做夢也想不到的，非常值得歡喜。這樣的人身之器，遠遠超過金銀珠寶的容器，如果沒有好好利用，甚至用它去造惡業，是非常可惜的。然而，末法時代的人往往如此，得了人身也不珍惜，不願次第修持佛法，甚至有些上師傳法也有問題。最近聽說東北那邊流傳一種說法：「不用修五加行，交六百塊錢便可代替。」我聽了以後，一方面很驚訝：前兩年就有人這樣宣揚，而今過了這麼多年，物價一直飛漲，這個「加行費」怎麼還不漲呢？另一方面，我也很不舒服，並不是因為有些修加行的人跑到那兒去了，而是有些人聽到這種說法，非常積極地勸別人：「不要修加行，太累啦！那個上師的法特別簡單，只要交六百塊錢，什麼苦行都不用，一彈指間就能讓你證悟。你沒錢的話，我來出。」甚至勸一些法師：「您也去吧，我供養您錢。那個上師好慈悲喲，說磕十萬個頭多累啊，交六百塊錢就可以。」真的，這些人特別愚笨。更可憐的是，很多人竟然蜂擁而至，原來修行很有次第，想認認真真把加行修完，結果也放下了。

大圓滿前行廣釋（二）附大圓滿前行實修法

現在很多人為發財而不擇手段，雖然你想發財可以理解，但有些論調對他人的障礙很大，對整個藏傳佛教極有影響。在藏傳佛教中，不論是蓮花生大士、宗喀巴大師、薩迦班智達、全知無垢光尊者、麥彭仁波切、法王如意寶，都提倡次第修行，勸弟眾也是先把加行修圓滿。《前行》中也說：在智悲光尊者、如來芽尊者的傳承裡，每個人都要磕十萬頭，念一千萬蓮師心咒。學院這裡就有位修行人，好多年一直非常精進，至今磕了一千多萬頭。假如你為了化緣掙錢，統統詆毀這些善根，對佛教很有負面影響。如果單單為了化緣掙錢，出家人有出家人的方式，在家人有在家人的辦法，末法時代人人各顯神通，這不奇怪，但問題是，為了自己的利益，以這種說法來摧毀修行次第，就不太合理了！

本來，我想以學院或個人的名義跟他談談，畢竟他這種說法前所未有。如果他真是大成就者，那宣傳不必修加行，直接給弟子直指本性，我能理解，因為上師若非常利根、弟子又是特殊根基，不用修加行，通過直指本性而開悟，也有這種現象，昔日蓮花生大士、布瑪莫扎尊者即是如此。但那些上師們也並沒有要求交「加行費」，六百塊錢這個價碼，不知是不是蓮花生大士時代的定價？如果說要交錢，過段時間可能要漲價了，否則就不隨潮流了！（眾笑）

總之，我們非常譴責這樣的說法，不管是誰，聽了

肯定不高興，但高興也好、不高興也好，我當面都準備
說。希望那些弟子好好觀察，看看藏傳佛教所有傳承上
師的傳統裡，有沒有用錢代替加行的說法？也許是我們
孤陋寡聞，但學習、研究佛法這麼多年，翻閱過藏地諸
多大成就者的傳記，都沒有見過這種觀點。就我而言，
藏地現有的歷史，像《大圓滿史》①、《紅史》②、《白
史》③、《青史》④、《敦珠佛教史》⑤、《贍部洲莊嚴
論》⑥，及《龍欽寧提》、《布瑪心滴》中對傳承上師的

①《大圓滿史》：全稱《藏傳佛教大圓滿傳承史》，是佐欽法王第七世轉世
活佛旦增·龍多尼瑪仁波切當時四年完成的一部歷史巨著。這本歷史巨著全
面敘述了藏傳佛教寧瑪派大圓滿傳承的本源、傳承歷史和大圓滿諸傳承上師
的略傳。

②《紅史》：藏傳佛教蔡巴噶舉派學者蔡巴·貢噶多吉著，成書於元至正六
年（1346）。全書分4部分：一、印度古代王統及釋迦年尼事蹟；二、中原
各王朝歷史；三、記載直至元末的蒙古王統、帝系；四、吐蕃王朝至薩迦派
掌權的藏族歷史。對吐蕃王統，以及薩迦派、噶當派、噶舉派等的源流和世
系有扼要記述；對噶舉派中塔布噶舉系的噶瑪巴、帕木竹巴、止貢巴等支系
的歷史，也分別有所介紹。

③《白史》：藏地大德根敦群培著。首次利用敦煌藏文寫卷和漢文史料，系
統研究和考證了藏文的產生、藏族的族源、地名、服飾、風俗等古代藏族的
經濟、政治、文化等問題，是一部論述吐蕃王朝芒松芒贊贊普以前西藏歷史
的史書。

④《青史》：熏奴貝（童祥，1392—1481）撰，成書於明成化十二至十四
年（1476—1478）。全書分15品，記述佛教傳播歷史。對公元978年以後
佛教在藏族地區的復興、眾多支派的出現、各派的傳承情況及名僧事蹟，記
載詳贍，篇帙宏富，對歷史人物的生卒年、生地及有關寺院等均有明確記
錄，援據古籍也予標明。1949年有英文全譯本。

⑤《敦珠佛教史》：又名《西藏古代佛教史》、《勝利王之鼓音》。是寧瑪
巴法王敦珠寧波車（1904-1987）所著，主要闡述的是寧瑪巴的歷史。

⑥《贍部洲莊嚴論》：全稱《寧瑪十萬續會通·贍部莊嚴》，貢欽·吉美林
巴所著。傳記中說：「吉美林巴一生把許多精力放在了振興佛教事業上。當
時，舊譯教法中的一些法門經過幾百年的輾轉流傳已漸趨衰微，如不及時挽
救，便有消亡的危險。過去許多法王、譯師、班智達們嘔心瀝血建立起來的
事業眼看就將毀於一旦，吉美林巴極不忍心。他出資組織人力物力，著手修
繕敦珠林寺藏的所有《寧瑪續部》經籍，將每函的前五頁用五種珍寶調製的
顏料謄寫，其餘的用墨寫過，集成了二十五函。之後，又以縝密詳盡的論述
寫出了《寧瑪十萬續會通·贍部莊嚴》，填補了寧瑪續部沒有目錄和綱要的
空白，徹底根除了因此而造成的許多不必要的誤解和疑慮，為後來者修學提
供了方便。」

介紹，全部都讀過，但裡面並沒有要求：交錢就不用修加行了。

所以，大家身分圓滿之時，到底該以什麼方式來修法，一定要注意。希望你們能有次第性，比如人身難得，不是口頭上說，而要發自內心地認為：「我這個身分很難得，依靠這個臭皮囊，一定要修正法！」就像《入行論》所言⑦，把它變成無價之寶的如來身，千萬不要造惡業。如果你有了人身，卻依靠它無惡不作，不僅自己造罪，還給佛法帶來危害，會非常可惜。而佛教世世代代秉持的良好傳統，若被個別人損害了，就更可惜了。

不過，末法時代魔的力量很強，一百個人傳善法，大家不一定能接受，而一個人傳非法，無數人都趨之若鶩。由於世人的分別念與魔非常相應，故魔王加持的法與凡夫心理極其相合。是不是這樣，大家也可以看看：聽到阿彌陀佛名號，很多人不一定起信心，而聽到引發貪嗔的流行歌，有多少人瘋狂追隨？一位法師講《彌陀經》，在大城市裡作宣傳，來幾千個人算不錯了，而某個明星開演唱會，提前給他打廣告，屆時會人山人海、場場爆滿，甚至有人當場昏迷不醒……有時看到這些電視畫面，我心裡一直想：「哎喲，世人這麼愚癡啊！原

---

⑦《入行論》云：「猶如最勝冶金料，垢身得此將轉成，無價之寶佛陀身。」

本這個世界就如夢如幻，再這樣迷醉下去，就更不知方向了。」可惜世人完全不知道。因此，大家要注意這種邪魔的力量。

說這些，我並不顧忌什麼，別人誹謗也無所謂。作為一個凡夫人，本來就是罪惡的本體，被別人說也理所當然。但為了佛法，看到不如法的、聽到不如法的，有必要時不得不指出，不該只說好話。我們的人生很短暫，為了弘揚佛法，如果不付出，那絕不是大乘行者。

我們這裡有很多法師，以後可能也會當方丈、傳佛法，我只是有些擔心：你們到那時會不會搞這些？會不會讓傳承上師們純金般的清淨傳承，被自己的臆造分別念所染污？因此，大家務必要謹慎！

同時也希望：當個別群體中有人傳出似是而非的種種「法語」時，你們應該擦亮眼睛，打開內心的智慧，再三觀察其是非取捨。否則，有些眾生非常愚癡，聽別人說「這個很好很好」，就隨波逐流、隨聲附和，十分可笑。你們好不容易找到了一條光明大道，這個時候如果失去方向，很可能一落千丈。

（二）環境圓滿：

若轉生於佛法不興盛的邊鄙地方，也就根本遇不到佛陀的教法、證法，無法明辨取捨之理，如今已生在佛教興盛的中土，故而環境圓滿。

如果是沒有佛法的邊地，恐怕連皈依的機會也沒

大圓滿前行廣釋（二）附大圓滿前行實修法

有，但大家現在生於佛法興盛之地，這是相當幸運的。同時，你們處的時代也很好，要是在六七十年代，漢地也好、藏地也好，佛法遭受了慘絕人寰的毀滅，倘若生逢那時，很多人不會有今天的善根。

給我傳過許多法的金旺堪布，就曾說過：「法王如意寶和霍西的曲恰堪布，在整個色達，真是非常了不起的修行人。為什麼呢？因為在六七十年代，很多人念觀音心咒都特別害怕，但曲恰堪布每天至少看經書二十篇左右，一直沒有間斷過。而法王如意寶不但看經書，還冒著生命危險弘揚佛法。當時法王去放牧，弟子們也跟著到山頂去，找一些山洞偷偷聽法，派人輪流在洞口放哨。我們附近的很多小山洞，都留下了法王當年最危險時傳法的足跡。所以，即使在那種年代，這些大德對佛法的聞思也從沒有停止，就這樣從小一直到離開人間，以學習佛法、思維佛法、弘揚佛法的方式，完成了偉大的一生。」而金旺堪布自己，雖不敢說像他們一樣，但在那個危險的年代中，也從來沒有捨棄佛法。

可是現在學佛的人，稍微有點「風吹草動」，就怕得不得了，派出所來登個記，從此再也不學佛了。聽說去年有些居士在學習，突然有人來敲門，他們一個個驚慌失措，好多人都跑了，結果一開門——是來收水費的。其實，登個記又有什麼？沒什麼可怕的！

我們這些人，學佛的因緣真的很順，處在這麼好的

時代中，每天可以心無雜念，無憂無慮地聞思佛法。從學《入行論》到現在，大家共同學習那麼長時間，其實也沒有出任何違緣。只是有些膽小的人，稍有一點什麼，就提心吊膽、草木皆兵，這種人不要說經歷十年動亂，就算遇到一點點障礙，也會讓他退轉的。所以，我們有了圓滿環境的同時，也要靠自己，要觀察自己到底是什麼樣的根基？一旦時代變了，或社會風氣變了，會以何種方式對待佛法？這是值得考慮的。

我特別喜歡看老修行人的故事，因為他們心裡全是佛法，不雜世間八法，也不受政治、經濟等社會因素的衝擊，一心只想利益眾生、維護佛法。藏地和漢地的有些老居士也很虔誠，在他們的世界裡，除了佛法，並沒有太多其他想法。可是現在新一代的修行人，整天為了錢財等奔波，雖說已經皈依了佛門，但學得不虔誠、不紮實、不深入。

因此，大家要再三觀察：「佛法在我心裡到底占什麼樣的地位？」以前的高僧大德為求法而歷經千辛萬苦，看到他們的行為，我們很感動、很慚愧，現在擁有如此良機，只要自己肯修行，外在的環境算很不錯了。

（三）根德圓滿：

倘若諸根殘缺不全，便會成為修法的障礙，如今無有此類過患，這就是根德圓滿。

在世間，有些人成了植物人，有些是殘疾人，有些

大圓滿前行廣釋（二）附大圓滿前行實修法

耳朵聽不到、眼睛看不見、喉嚨說不出話……由於諸根不全，他們想聽法都很困難，無法全面、完整地接受佛法。就漢地而言，現在殘疾人比較多，全中國大概就有八千多萬[8]，我們沒有轉生其中，應該說很有福報。

對於這一點，不知你們思維過沒有？但我經常這樣想：佛法中說要諸根齊全，確實如此，否則，接受佛法的根若不具足，縱有一顆想信佛的善心，但心有餘而力不足，許多方面無法堪能。我們如今以前世的福報，可謂諸根齊全，儘管有些人耳根聽不清、眼根看不清，但基本上都有接受佛法的能力，不像極其可憐的殘疾人，善根很難被開發出來。所以，大家理應懂得珍惜。

（四）意樂圓滿：

如果業際顛倒，就會為非作歹、無惡不作，從而背離正法，如今已對善法生起信解，因此意樂圓滿。

有些人昔日是個好修行人，但因為惡知識挑唆，自相續被邪見染污，之後開始惡事做盡；有些人以前是精進的出家人，得過灌頂，守持出世間戒律，也當過一段時間的苦行僧，但後來因相續中惡業萌發，無力對治而還俗成家，為了生計而殺生、偷盜，造下的罪業罄竹難書……這些就是業際顛倒。對於這種人，我們只有深深嘆惜：「他這輩子，恐怕佛陀來到面前也沒辦法了，因

---

⑧根據第二次全國殘疾人抽樣調查結果推算，截至2006年4月1日，全國各類殘疾人總數為8200多萬人，約占全國總人口的6%。

為連懺悔心都沒有。」也有些居士，剛開始對上師三寶信心極大，後來卻全部捨棄，甚至聲稱：「墮落就墮落吧，反正我從此不學佛了，要把所有法本燒掉！」讓人聽後膽戰心驚。這些人由於太過愚癡，對因果取捨聽都不想聽，就像強盜不敢聽法律一樣。

因此，大家要常常祈禱上師三寶，千萬不要產生這種邪分別念，如果生起了，寧可提前離開人間。我經常想：只要自相續不被可怕的魔控制，在正常情況下，相信即生中不會對三寶退失信心。為什麼呢？因為我對三寶的信心不是口頭上的，而是發自肺腑，就像深深明白火是熱性的一樣，對佛陀的正確無謬、佛法的無與倫比，我心中也有非常強烈的感受，因此，這種信心一般不會變。

有些道友學佛時間不長，雖然已經出家，但出家也不見得有用。假如你見解不紮實，儘管剃個光頭，可頭髮還是會長起來的。如果還俗了，只要三個月，頭髮就能跟在家人沒什麼差別。即便像漢傳佛教中那樣，頭上有明顯的戒疤，現在科技這麼發達，肯定也有辦法祛除，這些並不能限制你的一生，關鍵要看你有沒有堅定的信心，有了堅定的信心，一生的修行才有把握。居士也是同樣，現在有些人信也容易、退也容易，原因是什麼呢？就是佛法沒有深入自心。

所以，在目前，不論出家人還是在家人，當務之急

大圓滿前行廣釋（二）附大圓滿前行實修法

是應將佛法傳播於世。現在有些寺院很可惜——來旅遊的人特別多，但法師從不提倡講經說法。信眾除了燒香拜佛，也不求學佛法的道理，只是結一個善緣而已，如此一來，佛法不可能融入心底。因此，寺院應該多造一些講堂，用於講經說法。當然，光有個特別好的講堂，卻始終沒人講法，或一個月只講一次，也有點可惜。如果我有能力住持寺院，就先蓋一座講經樓，讓它每天都有講經說法。我能講的話，就自己講；自己不能講的話，就請有佛教水平的人天天講，令來自各地的人都能懂得佛法。

否則，現在很多人連基本的佛理都不懂，甚深的道理更不用說了。昨天我看了一張光碟，是位非常出名的法師講經。他講的過程中，遇到一個破四邊生⑨的教證，解釋了十多分鐘，結果我笑了十多分鐘，就沒有再看了。現在真的非常希有，包括法師都不懂佛法，當然這也是個別現象，並不是所有法師都不懂。他自己說：「這個太深了，很難懂。」其實這並不是那麼難，只要自己交代清楚，有點文化的居士和大學生，都能弄清楚怎樣破自生、他生、共生、無因生。可惜他完全解釋反了，這樣一來，很多道理就說不過去了。

假如沒有受過佛法教育，有些人認為自己的說法很對，但實際上並沒有觸及佛教的真意。所以，對空性也

⑨四邊生：自生、他生、共生、無因生。

好、因果不虛也好，請「專業人士」來講很重要。當然，不是穿了出家衣服就成了專業人士，而必須要在正規的佛教團體中受過培訓。否則，有些法師對佛理一知半解，卻以偶爾的因緣出了名，於是人人慕名而來，覺得哪怕跟他拍個照也三生有幸，他講的話肯定百分之百正確，大家都專心致志地諦聽，可是——有一個感覺，不說了！

以上講了意樂圓滿。這種意樂，要完全明白佛法的道理才不易退轉。

（五）信心圓滿：

若於信心的對境——佛法生不起誠信，那內心也不能轉向佛法，而如今自心能夠轉入正法，所以信心圓滿。

若對佛法至高無上的功德有所了解，必定會生起恭敬心。世間人也是如此，譬如有兩個大學生，一個品學兼優、德高望重，另一個人自愧不如，就不得不恭敬，除非他蠻不講理。同樣，在所有的萬法真理中，佛法的教義無與倫比，如果我們內心中深有感觸，那時就會對它起信心。

當然，起信心的前提也要前世與佛法有緣。倘若沒有緣，即使它千真萬確，無法用任何道理駁斥，他還是不起信心。就像有些大學生、知識分子，人品和素質都很不錯，可是一提及佛法，他就一句：「我不信這一套！」問他為什麼，回答是：「因為我不信。」這種心態如今比比

大圓滿前行廣釋（二）附大圓滿前行實修法

皆是。所以，要起信心的話，前世的因緣不可缺少。

佛法雖然殊勝，但沒有信心也無法趨入。而在座的各位肯定有信心，否則，不可能來這裡學法。有時候我想：我們這邊這麼多出家人，緣分還是很好，不然，從你們小時候受的教育，以及父母、家庭、鄰居、朋友的周圍環境來看，的確很難學佛。不像藏地，大家都信佛、念佛，生在這樣的環境中，學佛也容易。而你們沒有這種環境，善根仍能甦醒過來，有出家的，也有受居士戒的，確實是有因緣、有信心，否則，也不可能進入這個門。

當然，光有信心還不夠，一定要依靠信心把人身用在佛法上。藏地非常偉大的大成就者榮敦秋吉，臨圓寂時給弟子留了兩個教言：「希望大家從此之後，白天認真地聞思，晚上精進地修行。」說完便安詳示寂了。上師如意寶對此經常引用，說：「在白天，你們要認認真真地辯論、討論、聽課、講課，跟道友共同研討佛法，在有智慧的人面前，掏出自己的邪分別念進行剖析，以遣除一切惡念和疑惑；晚上比較清淨時，要對聞思的內容進行觀想。」這是傳承上師的教言，我們也應以這種方式度過自己的一生！

概而言之，上述的五種圓滿——轉生中土、諸根具足、獲得人身、業際無倒、以信心趨入佛法，是觀待自身方面要具足的，因此稱為五種自圓滿。你們也觀察一

下自己，看具不具足這五個條件。在座的道友應該說都具足，為什麼呢？因為假如一者不具足，就很難坐在這裡。例如，你若沒有信心，則沒有趣入佛法的緣分；若轉生於邊鄙地方，一生遇不到佛法，則無緣懂得佛法。

特別是環境，誠如剛才所言，當今最適合學佛法。就拿我來說，六七十年代結束之後，那時有佛法可學，我也比較年輕，二十多年來，學佛的政策、氣候比較平穩，沒有發生大動亂，所以，學習佛法一直很正常、很圓滿。儘管有時也會遇到違緣——今天心裡不舒服，明天身體生病，後天感冒咳嗽、拉肚子……但這些是小問題，總體上一切都很好。要知道，學習佛法不要說這麼長時間，哪怕一輩子只有五年十年，也相當難得。遺憾的是，現在世人追求的不是這個！

以上總述了五種自圓滿，下面再進一步廣講：

己一、所依圓滿：

要想如理如法地修行正法，轉生為人是必備的先決條件。如果沒有得人身，那三惡趣中最好的要算旁生了，可是居於人間的那些旁生，無論被認為形色美妙、價值昂貴等有再多優點，但對牠說：「你只要念誦一遍嗡嘛呢巴美吽，便可馬上成佛。」牠也肯定聽不懂，就算你說話再有分量，牠耳朵動都不動，全然不解其意，更不能說出一字一句。

大圓滿前行廣釋（二）附大圓滿前行實修法

當然，佛法的加持不可思議，旁生聽到法之後，雖然不懂，卻可依此功德轉生善趣。在漢地歷史上，旁生聞法而轉為人身的公案不勝枚舉。比如，東晉後年，濟南的興國寺有位大通法師，他日日讀誦《法華經》。念經時，關房前天井邊上，有一條白頸蚯蚓，法師誦經三年，牠也聽了三年。一天，有個小沙彌用鋤頭鋤草，無意中把牠身體切成兩段。小沙彌很懊悔，掘些土來埋了牠。這蚯蚓因聽聞《法華經》的功德，死後轉生為人，後到寺院出家。雖然他目不識丁，卻能把一部《法華經》倒背如流，早晚一有空閒便誦經，三十餘年勤勤懇懇。後來他聽說大通法師坐化了，自己也動了往生的念頭，於是在空谷法師座下圓寂，並示現種種瑞相。

還有些旁生，是諸佛菩薩的化現。明朝有位讀書人，他養的一隻白鸚鵡，天天早晨誦持觀音菩薩聖號、白衣神咒，並能背《歸去來辭》、《赤壁賦》及李白的詩。有一天，牠告訴主人說：「我從西方來，還從西方去。」當天晚上，便安然往生了。《釋尊廣傳》中也有這類故事，像觀音菩薩化現的瑪哈巴拉（駿馬王）、佛陀因地化現的若和達魚等，都是佛菩薩以動物形象來度化眾生。

據說，唐朝還有隻鸚鵡過午不食，只要是過了午的食物，從下午到晚上牠看都不看一眼。（曾有個居士對我說：「受八關齋戒好痛苦，我要餓死啦，餓死啦！」只是一個下

16

午，也沒那麼嚴重吧！但他可能習慣了吃東西，一直不斷地喊餓。我說：「餓鬼十二年都吃不到東西，你好好觀想一下。」「觀想不起來呀！餓得不行了——」）那隻鸚鵡聽人說《阿彌陀經》中有牠的名字⑩，更有信心了，整天不停地念阿彌陀佛名號，非常非常精進。一日牠突然憔悴而不快樂，馴養的人知道牠壽命將盡，於是敲引磬助其念佛。每擊磬一次，牠念一聲阿彌陀佛，等到十聲念完後，便安然而往生了。宋朝時，還有八哥念佛往生的。藏地歷來也有許多類似的故事。

　　歷史上記載的這些旁生，自有其奇特因緣，但此處華智仁波切的意思是：一般來講，旁生的確非常愚笨，讓牠修行、閉關、做出世間善法，根本行持不了。而我們人，就算是最差的，即使不能長期守戒，守一天的八關齋戒也沒問題；就算念不了很多咒語，念一萬遍金剛薩埵心咒也應該可以。起碼人有這樣的優越性，而旁生一般沒有。縱然是世人眼裡最昂貴的旁生，就像藏獒，有的甚至叫價4000萬人民幣；以前日本人從美國花1000萬美金買了一隻狗；1971年，美國某動物園以25萬美元買走一對大熊貓……這些旁生看似價值連城，實則一句觀音心咒也不會念，有意義的善根也不會做，甚至馬上就要被凍死了，也只能低頭忍受，坐以待斃，不

⑩《阿彌陀經》云：「彼國常有種種奇妙雜色之鳥：白鶴、孔雀、鸚鵡、舍利、迦陵頻伽、共命之鳥……是諸眾鳥，皆是阿彌陀佛，欲令法音宣流，變化所作。」

大圓滿前行廣釋（二）附大圓滿前行實修法

會想任何其他辦法。如果是一個人，無論多麼脆弱，最起碼也知道去岩洞或樹下撿柴生火、烤火取暖。但是作為旁生，卻連這種能力也沒有，更何況說生起修法的念頭了。

而天人等雖然身體美妙絕倫，卻不能成為別解脫戒的合格法器⑪。所以，他們的相續也不具備獲得圓滿佛法的機緣。

⑪別解脫戒，必須要以出離心為基礎。但是天人貪著妙樂，恣情放逸，無法生起出離心，故而不能受別解脫戒，不能成為別解脫戒的法器。

第十七節課

　　這部《前行》的法義，我每天介紹的內容不是很多，講的篇幅不大，你們可有充足的時間好好思維。它不像理論性強的法，需要通過剖析、研討、辯論來領會，而是只要認真地思維，過後進行修持，即可體會到其中奧義。所以，我講《前行》可能稍微久一點，以便大家有足夠的時間思維，如果沒有思維，想真正獲得利益很困難。在聽受的過程中，希望不要生厭煩心。凡夫人常常喜新厭舊，今天傳個法，明天再傳一個，就覺得有新鮮感，但若長期傳一部法，時間久了就不願意聽了，這一定要注意！

　　還有一點要注意：這個因緣很難得，希望大家把這部法盡量聽完、學完。這次我傳講的方式跟以往不同，以往講《前行》時，因為時間關係，匆匆就念過去了，像念傳承一樣，裡面的甚深意義沒有闡明。其實，不管講法還是聽法，應當多花些時間慢慢來，比如對一個教證，要反反覆覆閱讀、反反覆覆思維，把它的含義印到心中，之後再做進一步串習。

　　我們人身很難得，遇到這麼好的法，就該從頭到尾認認真真學一遍。作為講者，我開頭這樣發願，但願也能保持到末尾。否則，開頭的時候，幾行字也要講一兩節課，最後的時候，又幾篇幾篇地念傳承，這樣就不負

大圓滿前行廣釋（二）附大圓滿前行實修法

責任了。其實也不必趕什麼進度，只要日日在聞思修的氣氛中度過，就是人生的一種快樂。世間的快樂很多，但我認為，最大的快樂是聞法和講法，其他世間行為都沒有實義。在座的道友既然來修行，也應把聞法和學法擺在第一，要以強烈的渴望和希求心諦聽。

今天講環境圓滿——轉生中土。到底什麼是中土呢？下面作詳細解釋。

己二、環境圓滿：

所謂的中土，可分為地界中土與佛法中土。

（一）地界中土：

通常而言，南贍部洲中央的印度金剛座，是賢劫千佛成佛的聖地，它遠離四大損害，甚至空劫也不會毀壞，宛如空中懸掛的桶般一直存留，中央有菩提妙樹作嚴飾。以金剛座為主的印度所有城市，被稱為地界中土。

所謂「南贍部洲」（閻浮提），在不同的傳記和歷史中有不同解釋：有時把全世界稱為南贍部洲；有時以整個亞洲來解釋；還有一種說法是，只有印度是南贍部洲。這裡指的就是印度。而印度金剛座的位置，歷史學家有不同說法，但現在普遍認為：佛陀成道之地——菩提伽耶，為印度的中央，金剛座正位於此。

那麼，為什麼名為金剛座呢？據《大唐西域記》記

第十七節課

載⑫，賢劫千佛在成佛之前，皆要坐於此處入金剛三摩地，摧毀三界的煩惱障和所知障而大徹大悟，由於入金剛定的緣故，此地稱為金剛座。另外，還有一種原因是，即便在空劫時，此地也不毀壞，像懸桶般掛在空中，猶如金剛一樣堅固，因而叫做金剛座。

空劫時金剛座為何仍不壞呢？智悲光尊者於教言中說，曾在須彌山中央，有位仙人叫飲酪，他長時修善，臨終時發願：願整具身體化為不壞金剛。因其行善與禪定之力，死後果真達成所願。於是天人將他的屍體帶到天界：腳骨被帝釋天做成寶劍；肋骨被大自在天做成短矛；臀骨被遍入天做成寶輪。在製作兵器的過程中，大量金剛粉末掉入下界，落在印度中部，使該地變成桶狀的金剛，「下極金輪，上侵地際，金剛所成，周百餘步」。

我以前學《前行》時也有疑惑：「空劫時，三千大千世界毀於一旦，金剛座怎麼還能懸掛空中？」其實原因有二：一、因為它是金剛所成，堅硬無比。天人用之做成的兵器無堅不摧，跟非天作戰時，不用則已，一用就能摧毀對方的一切兵器，而不為一切兵器所毀。二、是仙人不可思議的發願力所致。大家知道，中陰法門裡說⑬，中陰身在雲遊各方時，除了不能穿行母胎與金剛

---

⑫《大唐西域記》云：「賢劫千佛坐之而入金剛定，故曰金剛座焉。」
⑬ 中陰法門云：「嗟，善男子！所謂『具足無礙之力』，是謂汝身之功德。而今汝已消盡質礙之身，故可任意穿越山河大地、房屋木石、岩壁洞穴。汝今已完備此種無礙穿行之力，唯除母胎、金剛座無法穿行而過，除此之外，穿山越洞之力汝亦任運具足。此乃進入轉世中陰之徵兆。」

座，山河大地乃至器世間萬物皆能穿行無礙。究其原因，不能穿行母胎，是因眾生的業力所繫，一經入胎就無法出去；不能穿行金剛座，則與仙人的發願力有關。

或許有人問：「既然金剛座不被劫壞，那它會不會變成常法？」不會。此處所說的意思，並不是它永遠不毀壞，只不過是時間長久，或許數劫中不壞，而不是說一直常有。如果是常有，它最初就不可能由因緣而成，最終也將永遠存留於世。當然，金剛座的堅固，確實超過世間其他的堅硬物體，不會幾百年、幾千年就毀壞了。像現在水泥建的經堂，只能保證五十年、一百年，任何施工隊都不敢承諾兩百年不壞。並且，許多材料很不牢固，只要遇到地水火風的違緣，馬上可以摧毀。

而印度金剛座，賢劫千佛都要在那裡成就。千佛中的前四尊（包括釋迦牟尼佛），已經在那裡成佛了，未來從彌勒佛開始，還有九百九十六尊佛也將在那裡成佛。法王在金剛座造的《願海精髓》中發願道：「瑪嗡南珍格嘉格傑哲，央德溫倉嘉沃策敦才，達德雅莊涅內巧德傑，拉欽春利貝沃特托效⑭。」意即未來九百九十六尊佛來此剎土成佛時，願我變成他們的侍者，廣弘他們的偉大事業。所以我們每天發願時，也應發願將來在那裡成佛，即使以後得了聖者果位，也要發願在其他佛面

---

⑭漢譯：未來導師九百九十六，於此剎中示現成佛時，恆時隨行願成勝弟子，願獲廣弘事業成猛力。

前聞法，做他們的侍者。

在印度金剛座，藏地尤其是寧瑪派的高僧大德，每年12月會舉辦一個隆重的祈願大法會。你們以後去印度的話，千萬別忘了朝拜金剛座。個別人以前也去過，回來後就給我帶菩提樹葉，一個人還說：「這葉子是從那邊偷來的，供養給您！」因為印度政府規定：菩提樹葉受保護，不能隨便摘採⑮——不知他是怎麼「偷」來的？有時候好多人在下面等一天，尤其是秋天，風一吹過，大家就在樹底下搶落葉。

這棵菩提樹非常大，枝繁葉茂，但並非當年佛陀成道時的那棵。據歷史記載，菩提樹曾有幾次被毀：

1、阿育王尚未信佛時，信受外道毀佛遺蹟，派人砍伐此樹，令婆羅門焚燒用以祭天。誰知燒到半途，出現了奇蹟——烈火中突然出生兩棵菩提樹，樹葉茂盛青綠。阿育王目睹奇事，深自悔過，當即用牛奶灌溉菩提樹根。第二天，菩提樹竟完好如初。此後阿育王常親自供養，樂而忘歸。

2、阿育王的王妃素來信仰外道，問大臣阿育王天天去哪裡，大臣據實以告。王妃遷怒於菩提樹，就派人半夜砍了樹。第二天阿育王去，見到樹被伐，內心非常悲

---

⑮考慮到菩提樹在佛教中的神聖地位，印度政府對其進行了最嚴密的安全保護措施，包括設置圍欄隔離、任何人不得採摘樹葉，砍折樹枝再到別處種植更是被嚴格禁止。菩提伽耶所在的官員表示，菩提樹上一次被砍伐至少在30年前，當時是在宗教界人士以及植物專家的監督下進行修剪的，主要目的是通過修剪阻止其不正常生長。

大圓滿前行廣釋（二）附大圓滿前行實修法

傷，又再祈請，以牛奶灌溉，不日又長回原狀。

3、後來有個國王，也破壞佛法，砍掉菩提樹，一直掘到見泉水。阿育王的後裔又用牛奶澆灌，經過一晚，樹又復生。

至於今日我們看到的菩提樹，是阿育王的女兒（也有說妹妹，即僧伽密多比丘尼）在原樹上分了一枝，移植到斯里蘭卡。長成之後，正逢印度被回教侵犯，毀壞了原先的菩提樹，他們又從斯里蘭卡的樹上取下樹枝，於印度金剛座種植成活，直到今天。菩提樹雖然飽經滄桑，但它的「血脈」仍不斷生長。這棵菩提樹，經論中講了它的許多功德，比如見到後生起菩提心，接觸後生起大慈大悲，等等數不勝數。

總之，這裡主要介紹的是，印度金剛座是地界中土，因為千佛在那裡成佛。同時，以金剛座為主印度聖地的所有城市，如《毗奈耶經》中提到的鹿野苑、廣嚴城、王舍城等，也被稱為地界中土。從這個角度而言，藏地、漢地全是邊地。

（二）佛法中土：

所謂的佛法中土，是指佛陀教法、證法的所在地，尤其要有講經說法、聞思修行，以續佛慧命。

當然，這個問題有各種說法：有人認為《無量壽經》的所在地是佛法中土；有人說凡有寺院就叫佛法存在……但實際上，真正的佛教是聞思修行，光憑一部經

典就說是佛法中土，恐怕無法成立。假設一個城市裡誰都不信佛，即使信也是表面上的，但那裡有幾本《無量壽經》，這算不算是佛法中土呢？我覺得很困難。只有教法、證法興盛不衰，才是佛法中土，而無有此二者的地方，只能是邊地。

拿印度來講，自佛陀出世以來，直到佛法住世期間，它既是地界中土也是佛法中土，因為那裡是佛陀成道之地，也是佛教存在之地。但是，在華智仁波切住世的年代（1808—1889年），印度金剛座被外道所占，佛教似乎銷聲匿跡，幾乎變成了邊地，不再是佛法中土。

以前我們去印度時，當地人說50年前佛教的確被回教毀壞，金剛座被英國占據50年之久，才交還印度政府。雖然這種說法在可靠的歷史中沒有看到，但印度曾被回教占領，倒是事實。根登群佩在《遊國記》裡說，有位居士叫達瑪巴拉，他冒著生命危險，保護金剛座周圍的佛殿、佛像、佛塔，包括菩提大塔，逃過一劫，同時也苦心維護鹿野苑等聖蹟。回教毀滅了印度整個佛教，當時佛教的受迫害程度，鹿野苑佛教博物館裡面目全非、殘缺不全的佛像，都足以見證。

回教軍隊在印度滅佛的嚴重，堪比藏地、漢地的文化大革命。「文革」期間，佛教遭受的毀壞觸目驚心，現在有些人說那時如何好，其實到底好不好，老人們應該心裡有數。像藏地，幾千座寺院基本消失了，佛像扔

到河裡，經書統統燒毀，包括在我家鄉，出家人全部還俗了，寺院的經堂也燒了，僧人的寮房只剩下殘垣斷壁，此外什麼都沒有。那時我還很小，天天趁放犛牛的機會，用手或鋤頭去那些牆根下挖，偶爾能挖到一些殘缺的佛像、佛經。記得有次我挖到一張唐卡，心裡高興極了，老遠就放聲大叫：「我找到佛像了！我找到佛像了！」興奮地拿回家——結果被家人打了一頓。他們說：「形勢這麼嚴重，你還敢這樣大喊，不怕被鄰居聽到了！」他們特別害怕出事，把我教訓得很厲害。

那時的印度也是這樣，由於回教的摧殘，佛教幾乎隱沒了。如今佛教之所以如此興盛，無不歸功於藏地大德的入駐。這些大德五幾年時流亡印度，在那裡建寺院、培養僧才，專心弘揚佛法，興盛了那裡的大乘佛教。所以，印度自己也承認：是藏傳佛教為他們國土增添了輝煌。同時，斯里蘭卡、緬甸的極少數比丘，也到那裡弘揚小乘。而印度本土的原始佛教，基本沒剩下什麼，現在更多的是回教等其他宗教。有了太多宗教，爭鬥也就在所難免，在那裡，宗教之間的衝突異常激烈，故而，印度常有報導：「這個殿堂被燒毀了」、「那派教徒與這派教徒混戰了」……總之，印度本土信佛的人不多，在金剛座、鹿野苑燒香禮拜的，大多不是當地人，你們去朝拜過的就看得出來。所以，藏地大德們的施主，很少是印度人，而供養往往來自台灣和美國。

以上講了印度是否為佛法中土。下面開始通過歷史分析雪域高原——藏地，以令我們了解藏地佛法的興衰歷程。

對於藏地的歷史，可能有些人不一定重視，但我認為，還是應該了解一些。現在很多對藏民族佛教和歷史的介紹，裡面摻雜著種種因素，我們雖不參與這些，但最關鍵的是，作為一個佛教徒，理應關心佛教歷史。像我，雖說生長在藏地雪域，但非常重視漢地佛教，時常翻閱淨土宗、禪宗、天台宗的歷史。甚至我去一些地方，也會對當地寺院的住持詢問半天：「這寺院最初是哪位大德建的？至今已有多少年了？……」一一都想了解。通過別人的歷史和經歷，對自己有非常大的利益，能發現許多值得學習的地方。同樣，對於藏地雪域，你們也應當有所了解，並好好分析它是邊地還是中土。

藏地雪域這片土地，在往昔佛陀出世時期，人類寥寥無幾。佛曾於經典中授記：「紅面羅剎之地，未來湖泊漸漸消退，有人類產生之後，佛法將在那裡弘揚。」不過，當時藏地幾乎沒有人類，佛教也未得以弘揚開來，故被普遍稱為「邊鄙藏土」，這種說法在《阿底峽尊者傳》、《蓮花生大士傳記》中隨處可見。因此，那時的藏土還是邊地。

後來，獼猴禪師和羅剎女交配之後，藏地人類開始逐漸繁衍。（當然，這段歷史有種種說法，但今天不是歷史課，

大圓滿前行廣釋（二）附大圓滿前行實修法

所以我不廣說。本來，我對歷史的研究還是有一套，因為讀師範時我的專業是藏文，天天讀藏族的歷史，尤其在藏地人類方面，還是翻閱了許許多多資料，了解得比較多一點，那時也很關心這些。但人就是這樣，隨著年齡的增大，年輕時對歷史、因明、詩學有興趣，現在卻想多了解修行。不管怎樣，大概知道一些人類歷史還是有必要。現在許多介紹雪域的光碟、書籍，講得比較多，但有時講得太過分。有些學者和記者不懂佛教的神秘，遇到一點甚深道理，就用自己的語氣來改造，致使原本的真實性都扭曲了。我們有時看電視、看光碟，總有種不真實的感覺，這是佛教徒看非佛教徒寫的歷史所感覺到的那種「不合理」。）有了人類以後，許多聖者化身的國王、大臣紛紛應世，在藏地高原弘揚佛法、度化眾生。

藏地的漫長歷史如果一一翻閱，就會發現，它跟其他地方的歷史演變大不相同，政治、軍事、科技、文化等雖大同小異，但在利益眾生和弘揚佛法方面，還是相差比較大，並不是像現在有人演的那樣——國王松贊干布殺犛牛。從歷史上看，歷代這些國王對佛法的貢獻極大，不說其他，單就弘揚佛法而言，我們真的非常感激。

關於藏地最初的國王，種種說法不盡相同，但一般而言，首先是天赤七王、上丁二王、地上勒六王、地德八王、贊王五代，贊王五代中最後一位叫拉托托日年贊，即第二十八代藏王。據有關歷史記載，拉托托日年贊是普賢菩薩的化身，他在位期間，《百拜懺悔經》和

28

神塔小像印模⑯從天而降，落到王宮頂上，這標誌著正法的開端。

不過，許多藏文史籍在記載這段歷史時，有一定的差異。比如，《紅史》等藏文史書說：在王宮之頂層，沿著陽光而降下了三寶所依，國王和大臣很驚訝，打開後沒人懂得此為何物，這時空中傳來一個美妙的聲音：「你們現在暫時不懂，但只要以清淨心好好供奉，再過五個朝代，自會有人懂得它的含義。」這樣授記以後，國王把它當作聖妙的神秘物來對待，並虔誠供養。而敦珠法王《藏密佛教史》等史書中說⑰： 神秘物降於王宮上，是苯波教的說法，不符合實際。歷史的真相是，當時印度來了兩位班智達和一位譯師，將《寶篋經》、《六字真言》、金塔等親手交給藏王，並囑託道：「再過五代之後，將有懂得此物的人出世。」——儘管說法不同，但不管怎樣，藏地公認拉托托日年贊時代是佛教的開端，那時王宮中出現了三寶所依⑱。

拉托托日年贊的年代，大致是漢地東晉時期，然而也有一些分歧：覺囊派的多羅那他，在《印度佛教史》⑲中

⑯印模：刻有小佛塔或小佛像的模板。

⑰如《青史》也記載：「倫巴班智達說：由於當時苯波（苯教徒）意樂天空，遂說為從天而降，實際是由班智達洛生措（慧心護）及譯師里梯生（李提斯）將這些法典帶到西藏。藏王不識經文，復不知其義，因此班智達和譯師也回印度。這些說法比較為正。」

⑱拉托托日年贊的王宮，至今在拉薩一帶仍有遺址。

⑲《印度佛教史》：印度佛教史籍。藏傳佛教覺囊派學者多羅那他（又名慶喜藏）著於1608年。全書以王朝的更迭為經，以佛教著名大師的傳承為緯，記述自釋迦牟尼去世後，直到印度波羅、斯那兩王朝覆滅時，佛教在印度流傳及盛衰演變情況。

說，拉托托日年贊與世親論師同一時代；根登群佩在《白史》中說，世親論師的弟子陳那，與松贊干布⑳同時。若是這樣，差距就比較懸殊了。藏地其他史籍中也有不同說法，但無論如何，肯定是在唐朝以前。

拉托托日年贊是藏地非常了不起的國王，他13歲繼承王位，60歲得到三寶所依。後對玄秘神物恭敬供養，依靠三寶加持而返老還童，變成16歲童子身，又住世了60年，因此活到120歲。

過了五個朝代後，大悲聖尊觀音菩薩化現的國王松贊干布應世。他住世期間，有兩位極了不起的大臣，其中之一是囤彌桑布扎（另一位是嘎爾東贊）。囤彌桑布扎13歲被派往印度求學，與他同去的很多青年，到了尼泊爾時，因難以適應當地氣候，先後死的死、逃的逃，最後只剩下囤彌桑布扎一人。他前往印度依止了「第一班智達」天明獅子上師，專心學習因明及梵文。學成返回藏地後，遵照松贊干布的意願，對梵文字母作取捨，創立了前所未有的藏文㉑，結束了藏地無有文字的歷史。因此，囤彌桑布扎被稱為「藏文創造者」，有歷史說，他是文殊菩薩的化現。

第十七節課

---

⑳拉托托日年贊，是公元4世紀的人；松贊干布，是公元7世紀的人。
㉑他以梵文50個根本字母為樣本，結合藏語言特點，創制了藏文30個根本字母；從梵文的16個元音中，造出4個藏文元音字母。還從梵文34個子音字中，去掉了5個反體字、5個重疊字；又在元音中補充了元音啊字，補充了梵語迦、洽、稼、夏、啥、阿（音譯）等6個字，制定出4個母音字及30個子音字的藏文。

（現在藏地許多年輕人，由於教育的原因，不認識釋迦牟尼佛、文殊菩薩、觀音菩薩，卻信仰囤彌桑布扎，知道他的《文法三十頌》等，甚至在很多老師和知識分子的心目中，囤彌桑布扎就是釋迦牟尼佛。前段時間，有人說學校不能掛佛像，原因是小孩從小不能有信仰，但很多老師認為，囤彌桑布扎的像可以掛。對此，雙方展開了激烈辯論——有些領導說：「這不行，因為囤彌桑布扎是佛菩薩。」下面的人則反駁：「那孔子和孟子的像也不能掛，他們也是佛菩薩的化現。」大家說來說去，最終的結果是：囤彌桑布扎的像可以掛，孔子、孟子的像也可以掛。

如今，很多年輕人把囤彌桑布扎的像戴在脖子上，有些中學、大學的老師則掛在床頭，平時點香供養，就像南方人信觀音一樣。的確，若不是他開創文字，藏人永遠無法擺脫文盲的命運。）

囤彌桑布扎到印度去，歷經了千辛萬苦，終不負眾望，使藏地沒有文字的歷史得以告終。他從印度回來後，在國王面前自豪地唱道：「您，像太陽一般的國王，大臣如繁星般眾多，但像我這樣貢獻極大的，卻獨一無二……」國王也由衷地感謝他。他不但創立了文字，還從印度求得佛法，國王都在他面前恭聽。當時他翻譯了二十一種觀自在經續，如《十一面觀音經》、《妙法蓮華經》、《白蓮花經》、《千手千眼陀羅尼續》等，並將拉托托日年贊時代的玄秘神物㉒——《寶篋

㉒玄秘神物：在第二十八代藏王拉托托日年贊時，有物從天降，內有《寶篋經》、《六字真言》、《諸佛菩薩名稱經》和一座金塔，人無識者，因名之為玄秘神物。

經》、《六字真言》等翻譯成藏語。

後來，國王依靠大顯神變，及大臣嘎爾東贊（金剛手菩薩化身）隨機應變的護國策略，迎娶了漢地唐朝的文成公主、尼泊爾的赤尊公主為王妃。在聘婚的過程中，嘎爾東贊遇到了漢地唐太宗㉓和尼泊爾王室的諸般為難，但他的點子很多，依靠無比的智慧，使所有難題迎刃而解。

因為做事能幹，國王非常重用他，當時國內軍事、經濟、國防等都離不開他的協助。因此，在佛法方面，囤彌桑布扎的功德最大；而世間法方面，嘎爾東贊首屈一指、無人能及。

他迎娶的兩位公主，都是度母的化身：一位是忿怒度母（赤尊公主），一位是寂靜度母（文成公主）。與此同時，也將堪為吾等本師代表的兩尊釋迦牟尼佛像㉔等許多三寶所依，迎請到了藏地。（本來，「覺沃佛」是漢地皇宮裡的三寶所依。但嘎爾東贊極其聰明，甚至有說法是：他知道文成公主虔信三寶，之所以迎娶公主，就是想得那尊佛像。）

㉓相傳唐太宗曾經「五難婚使」。五件難事之一，就是要使者認出百匹母馬與百匹駒馬的母子關係。據說嘎爾東贊運用藏人豐富的牧畜經驗，將母馬和駒馬分別圈起來，並暫時斷絕駒馬的飲水和草料，過了一兩天之後，把母馬與駒馬同時放出馬廄，頓時出現了母覓子、子尋母、母子偎倚一起的動人景象。嘎爾東贊就這樣地一一解決了五個難題，唐太宗十分高興，允許他迎娶文成公主入藏。

㉔赤尊公主帶的是佛陀8歲等身像，今在拉薩小昭寺中供奉；文成公主帶的是佛陀12歲等身像，又稱為「覺沃佛」，在拉薩大昭寺供奉。而印度菩提伽耶，佛陀成道菩提樹下金剛座處的正覺大塔內，供奉著佛陀35歲等身像。世上只有這三尊釋迦牟尼佛等身像。這三像是佛陀在世時，按照佛本人形象塑造，並由佛親自開光加持，見此像與親見佛陀沒有區別。

當時，高僧大德（另說是文成公主）觀察地形了知：整個藏地狀似仰臥的魔女，她胸口處有一個大湖，若不填上，佛法將來必受種種影響，但若要填湖，必須由白山羊背土。這山羊據說也是菩薩的化現，嘎爾東贊牽其從遠處背土，一路上經過了許多地方。在我家鄉爐霍，就有嘎爾東贊過夜之處，他牽山羊飲過的泉水，如今成了神泉——喝了即可不生病，生病了也可馬上恢復，有時還能治癒癌症。（母親說，在我很小很小的時候，有次病得很厲害，又沒錢看病，為了救我的命，母親連夜趕路，好幾天才到那裡，讓我喝那個水，病果然好了。所以，每當我路過爐霍看到那口泉，都會感激地想：「我的生命，是靠它得以延續至今。」）嘎爾東贊的足跡哪裡都是，包括塔公、雞足山等，有許多加持過的地方，為後人留下了不可磨滅的歷史象徵。

白山羊背土填湖之後，在上面修建了大昭寺，鎮住魔女的胸口；同時還在魔女的四肢上，分別建了鎮節寺㉕和鎮肢寺㉖等八座寺院。由於這些寺院切中要點，使魔女不能站起來，故佛法可於藏地永存不滅。後來國王又建了大大小小、數量可觀的寺院，自此正式開創了正法的軌道。

我經常想：緣起真的不可思議！高僧大德的慧眼也

㉕鎮節寺：西藏地形為魔女仰臥狀，松贊干布時建四座寺廟，以鎮壓魔女肘部和膝蓋。即工布布楚寺、洛札孔遷寺、絳真格傑寺、絳札凍則寺。
㉖鎮肢寺：西藏地形為魔女仰臥狀，松贊干布時建四座寺廟，以鎮壓魔女肩部和臀部。即運如昌珠寺、也如藏章寺、布如噶采寺、如拉准巴江寺。

不可思議！並非我是藏族人才這樣讚歎，而是事實證明了一切。雖然經過多年的風風雨雨，但藏地佛法始終歷劫不衰，僧人們的聞思修行、老百姓內心的虔誠、寺院的宗教生活、藏區的全民信教，乃至藏傳佛法為全世界帶來的巨大利益，都足以印證當時觀察的準確性。

不僅如此，那時修的許多建築也非同小可，尤其是布達拉宮，實在很奇妙。現在我們修的東西，幾十年就不行了，就算鋼筋水泥也沒用，而古人用土石疊成的那麼高的建築，不僅宏偉壯觀，而且始終不曾傾斜、毀壞，不可謂不是奇蹟。相比之下，我們在這裡修個房子，木匠信誓旦旦說沒問題，但再過兩年還是會成危房，住在裡面都怕被壓死，開春後又要翻修。所以，諸佛菩薩的發願、加持不可思議，這方面要值得深思。

總之，在國王松贊干布時期，藏地有了佛像和寺院，但是沒有出家人。儘管那時的佛法比拉托托日年贊時代興盛，但高僧大德講經說法、人們行持善法的氣氛還不濃厚。

又過了五個朝代，是天子赤松德贊執政，這一時期，與漢地唐朝基本相同。雖然從時間而言，二者並不同時[27]，但從佛教興盛的角度看，可以說不相上下。在唐朝，好多皇帝都信佛，因此，相當一部分百姓受其影響，對佛教也有虔誠的信心，這段歷史很值得隨喜。同

第十七節課

㉗松贊干布時期與唐朝同時。

樣，在藏地，佛教最興盛的年代，就是國王赤松德贊時期。

當時，國王派人到印度迎請了三地無與倫比的密咒大持明者——鄔金蓮花生大士等108位班智達入藏。（那時候國與國之間還沒開放，通訊、交通也不方便，此舉算是國際性的大交流了。若換成別的國家，很難從印度迎請這麼多智者，所以，用現在話來說，赤松德贊在文化交流方面，很有開放的眼光。）

並建造了藏地第一座寺院㉘——桑耶不變自成大殿，以作為身所依，就像漢地的洛陽白馬寺一樣。（桑耶寺的壁畫很特殊，栩栩如生地描繪了蓮花生大士、菩提薩埵入藏的過程，及國王赤松德贊如何弘法、執政等經歷。它以漢地、印度、藏地三種不同風格建造而成，此過程在《蓮花生大士傳記》中有記載。去過桑耶寺的人都知道，它的規模不是很大，但加持與歷史意義卻非比尋常。法王如意寶也曾於此回憶前世，昔日在蓮師座下為降魔金剛的情景歷歷再現㉙。）

又教授貝若扎那等108位大譯師翻譯風格，譯出了印度聖地十分興盛的經典、續部、論典為主的語所依。

㉘指佛、法、僧三寶俱全的寺院。

㉙《法王晉美彭措傳》中云：在拉薩期間，桑耶寺住持誠懇地邀請法王光臨其寺講經說法。法王應邀來到了這座著名寺院……在為該寺諸僧眾傳授法要之時，昔日君臣二十五尊等在這裡聚集一堂，於蓮師座下聆聽甚深秘密心滴等妙法的場面歷歷再現。法王猛厲祈禱蓮花生大士說：「昔日，您在這裡為宛如群星般的弟眾傳授甚深法要，對空行母益西措嘉、降魔金剛我等是多麼的慈愛；可如今您在清淨剎土，只留下我在這充滿五濁的世間中救度剛強難化的眾生，祈願您加持我和一切眾生。」接著又懷著無限傷感的心情說：「一切有為法都是無常的，往昔蓮師為我們眾弟子傳密法時，桑耶寺是何等的輝煌壯觀，可是如今已面目皆非了。」

大圓滿前行廣釋（二）附大圓滿前行實修法

後來阿底峽尊者來藏地時，都讚歎道：「藏地有這麼多經續，連我們印度也比不上。」的確，當時的譯經場面空前絕後，《大藏經》的經典全部譯出來了，論著也譯出相當一部分。同時，君臣經再三商量決定：《大藏經》論著218函中，因擔心有假，故不准放藏人的著作。（這與漢文《大藏經》有所不同。）也就是說，在藏文《大藏經》中，經典是佛親口所宣，論著全是印度智者解釋佛密意的教典。要知道，印度對造論要求極嚴，只有真正的智者才有資格。所以，當時譯經工程雖說很辛苦，但對佛教與眾生的利益不可思議。

還有，為了測試藏人的根基能否守出家戒，國王特命貝若扎那等七人出家觀察，史稱「預試七人㉚」，結果——「試驗成功啦！」於是開始建立意所依的僧團。自此，佛教宛若太陽升起般繁榮昌盛。

迄今為止，儘管藏地佛教幾經沉浮，經歷了魔王朗達瑪滅佛、乃至更為嚴峻的考驗，但如來的教法和證法可以說經久未衰、方興未艾。所以，藏地稱得上是名副其實的佛法中土。

有些道友雖沒有轉生藏地，但來藏地求學，也跟生於藏地沒什麼差別；或者，原本你家裡不信佛教，後來你信佛後常去寺院，也可以算是轉生中土——環境圓

㉚預試七人：巴·色朗、巴·赤協、貝若扎那、傑瓦卻陽、款·魯益旺波、馬·仁欽卻、藏勒竹。藏傳佛教史籍中，對預試七人名字的不同說法頗多。

滿。否則，如果說家裡不信佛教、排斥佛法就是邊地，大多數人可能都不具足十圓滿了。

有些人雖然出家多年，卻始終瞞著家人，一旦被發現，家人甚至寫信給有關部門，舉報他是個「壞人」。有時候看，這些家人很悲哀，自己不信佛，還通過各種方式毀壞兒女，毀壞一些佛教團體。今天我看到某位道友的家人寫的信，寄到有些部門裡去了——這種人真的很可憐，但也沒辦法，因為他們為業力所縛，身不由己。

綜上所述，大家應當反覆觀察，自己到底是居於邊地還是中土。要知道，永遠住在佛法興盛的地方很重要。有些人雖然暫時出了家、受了居士戒，但以家庭環境、文化背景的影響，在種種違緣潛移默化的侵染下，很可能慢慢變成非佛教徒。因此，我們務必要選擇好環境和道友，這一點十分關鍵。學院有些人經常請假回去，雖然這也無可厚非，但我非常擔心你回去以後，永遠回不來了。因為你居住的地方全是不信佛教、甚至毀謗佛教的，再加上自己修行的定力很差，雖然以三寶加持生起了出離心，但這種善念只是暫時的，很容易被「烏雲」遮住。我們這裡生活雖說苦一點，有時身體也不太好，但畢竟是佛法興盛的地方，如果你沒有特別重要的事情，待的時間應該越長越好！

大圓滿前行廣釋（二）附大圓滿前行實修法

第十七節課

第十八節課

　　我們學《前行》一定要修。講「人身難得」時，對每個引導文應再三思維，之後真正體會到：人身極其難得，尤其是修習佛法的人身，更可謂寥若晨星，自己如今遇到佛法和上師，懂得取捨的道理，現在不修的話，死後墮入惡趣或轉生天界，就根本沒有這樣的機會了……生活中要常常這樣想。

　　以前寧瑪派、噶舉派、噶當派的許多大德，對人身難得的修法非常重視，始終把它當作長期的修行內容，以此修法，最終圓寂時示現了種種成就相。大家如今也需要加行的基礎，從開頭到現在，我反反覆覆說過許多次，但今後還要不斷地說，只有說得多了，你們才有一些印象。

　　上師如意寶在世時，基本每年都要講《前行》，以至於當年跟隨上師的老弟子，對佛法的定解、信心，現在的修行人望塵莫及。學院如今有很多年輕人，有些沒見過上師如意寶，有些雖然見過，卻在他老人家身邊待的時間很少，平時跟他們聊天、接觸可以看出，他們對佛法的誠摯心還是有差別。原因是什麼呢？主要是過去上師特別強調加行，很多弟子在這方面下了一定功夫、花了一定時間，最後修行上取得相當的把握。

　　要知道，高深莫測的修行境界，不可能平白無故就

大圓滿前行廣釋（二）附大圓滿前行實修法

產生，尤其是末法時代的眾生，不說無始以來，僅僅是這一輩子，從小到大就造了許許多多惡業，對貪嗔癡等五毒煩惱熏習得太久，若只是偶爾想想佛法的內容，得一點上師加持、佛法開示，就希望一反常態，以前的習氣立即斷掉，這很困難。凡夫人心態的改變要一步一步來，不能一下子立竿見影，除了極個別印藏漢的大成就者，因前世的善根非常深厚，遇到有緣上師稍加指點，當下即可開悟見性外，通常而言，大多數人還是要下一番功夫。因此，每個道友無論在家還是出家，修行上必須增加力度，要勇猛精進，時間上也是越長越好，在正規的佛學院或佛教團體中待得久一點，否則，只學幾天幾個月就想改頭換面，肯定難於上青天。

你們有緣修學《前行》，應當值得非常歡喜。就我而言，每次要講這部法，都特別高興。此法確實特別殊勝，而且是傳承上師的教言，雖然我修得不好，但對它信心極大，這不是口頭上說，而是把上半生的時間、精力都用在這上面了。現在也有很多人對希求解脫興致勃勃，你們依靠這樣的法，哪怕得到少許利益，我付出一切也心甘情願。

希望道友們理應發願，有生之年盡量地聞思修行，這樣對眾生有利，對你個人也有利。作為修行人，就是要調伏相續、幫助眾生，我前兩天也發了這個願：在今生乃至生生世世，以聞思修行來度過，調伏自相續，以

佛法饒益眾生。除此之外，作為凡夫人，雖然遇到好吃的也會歡喜，得一件漂亮衣服也會高興，但並不是永遠的目標，這些就像是孩童的遊戲，再過幾十年看，全是假的。現在人對錢財、地位特別耽著，但幾十年後回顧一生就會發現，確實沒有什麼實質。其實人生要有一種目標，假如每天除了吃喝玩樂，其他什麼都不管，就跟旁生沒有差別了。

　　因此，對於加行，大家一定要時時串習。現在雖然零下20多度，但也不算太冷——上師如意寶曾求學過的石渠，比這裡冷多了，我有一次去那裡，當時還是夏天，感覺都寒風刺骨。在學院，我幾乎沒有這種感覺，即使有，也是初來求法的那段日子。那個時候的聞法條件，比你們現在的條件差多了。每天早上七八點鐘，我都在院子裡輔導，大家坐在冰凍三尺的地上，個個穿得很單薄。我的院子只是一塊平地，沒有什麼墊子，大家都坐在地上學習，到了十點鐘左右，太陽才出來。接著又講第二節課、第三節課……一上午都是這樣。

　　平時吃飯也很簡單。拿我來說，五六點鐘起床後，吃點糌粑，燒壺茶，把暖瓶灌得滿滿的，一天就不用生火了。到了中午，再吃點糌粑，喝一半瓶裡的水。下午一兩點鐘，上師如意寶傳法，多年保持不變——現在每每回想，心裡都很空，那樣的時光一去不復返了。上師下了課以後，有時跟弟子開玩笑，我就在上師身邊待很

長時間，有時我回去輔導，下午再講一些課。到了晚上，把瓶裡的另一半水喝光。所以，我每天通常只燒一次水，這種生活對修行確實很好。學院有些道友，生活上也比較困難，但這對修行幫助很大。否則，條件特別好的話，不管住在城市裡還是山上，對修行都會有影響。

我們現在這種學習機會，只是偶爾的，能否長期很難說。所以，對上師如意寶的許多教言，大家務必要認真對待，對佛法也要生歡喜心，天氣冷一點、生一點病、家人說這說那，沒必要特別去管，心要全部用在佛法上。只有清淨、平靜的心，才能對佛法全盤接受，就像鏡子擦得纖塵不染，影像才會一點不漏地顯現，不然，鏡子上沾滿油漬污膩，什麼也顯不出來。因而，你們聽受甚深佛法，必須以信心、恭敬心專注諦聽，時間也是越長越好，別認為學一年就夠了，假如對聞法得過且過，對吃穿卻要求很高，就純粹成了世間人，不是求解脫的修行人。

順便講這些，也許跟法義無關，可還是要提醒大家：冬天雖然寒冷，卻不要退失信心，對佛法的信心要穩固，否則得不到真實法義。只有得到法義，這輩子才不會退轉，不然，表面上學得再多、聞思得再久，心若沒有調化過來，就算暫時跟佛教徒一起生活，但過段時間遇到違緣，還是會激流勇「退」的。

己三、根德圓滿：

學佛法要諸根具足，這裡的「諸根」不包括意根，主要是眼、耳、鼻、舌、身五種有色根。五根中任何一根不具足，也不能成為出家持戒的法器。出過家的人知道，釋迦牟尼佛曾規定，出家必須要諸根齊全，否則，沒有資格加入僧團。之所以如此限定，一方面是為避免招致外道、非佛教徒譏毀，令人對佛教不起信心，另一方面，也是其本身無法圓滿地接受佛法。所以，不攝受這些殘疾人，並非是佛陀不慈悲。其實考公務員也是如此，要一一觀察智慧及不及格、面試過不過關、體檢有沒有問題，假如你眼睛不行、耳朵不行，則很難被錄取。（鼻根和舌根好像不怎麼用檢查，這方面得病的相對較少，醫學儀器的檢測能力也不太發達。）

具體而言，

（一）眼根不具足

如果眼根不具足，則無法親見上師、佛像、佛經、論典等。盲人真的很可憐，現在國家雖然想辦法為他們找出路，辦些按摩學校，以令其有一技之長，但仍有諸多困難和不便。他們連白天還是晚上都不知道，親人還是仇人看不見，白色和紅色也分不清，且不說聞思修行，即便是基本生活也不能自理。

（二）耳根不具足

如果是耳聾之人，則無法聽受傳承上師的教言、竅

大圓滿前行廣釋（二）附大圓滿前行實修法

訣，聞思修中的「聞」與自己無緣，不要說有意義的佛號等聲音，甚至世間的唱歌、說話也聽不見。就算是聰明一點的聾子，懂得看口型辨別發音，仍和正常人有很大差距。記得小時候，我家旁邊住了一位老喇嘛，他年紀大了，耳朵不好使，不過有時會讀唇語，我總喜歡故意逗他：「你好不好？」他回答：「好。」為了看他能不能反應過來，我大聲地喊：「我要殺你。」他點頭說：「好好好。」——我小時候很壞的！所以，如果轉生為聾子，恐怕沒辦法學習佛法。

（三）身根不具足

倘若身根不具足，像臥床不起的植物人或癱瘓者，身肢麻木，對各種刺激無反應，大腦也喪失了意識活動，只能維持心跳和呼吸，則不可能聽聞、思維佛法。

2005年，美國發生了一件備受廣泛矚目的事情：女植物人泰里多年處於腦死亡狀態，長期依靠進食管維持生命。她丈夫向法院提出訴訟，要求停止給妻子進食，對其實施安樂死，但她父母堅決反對。從此，雙方開始了一場曠日持久的官司。泰里的進食管曾兩度被拔除，隨後又被恢復。關於她的生死權問題，國際上多次引發了激烈爭論。後來泰里第三次被拔除進食管，她雙親提出上訴，結果法院做出裁決，拒絕為她插上進食管以維持生命。美國總統布什簽署了國會通過的法案，要求聯邦法院重審此案，但聯邦法庭拒絕了這個訴請。最終，

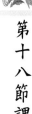

在進食管被拔除13天後，泰里停止呼吸而死亡。（根據醫學經驗，一般人不進食只能生存7天，她卻活了13天。）當時，有些基督徒等宗教人士認為，不管怎樣，她畢竟是一個生命，有自由生存的權利。但有部分不信宗教的人覺得，最好讓她早點死去，以免拖累家庭。

所以，我們平時應當發願：臨死前不要變成這樣的植物人，否則，不但給家人朋友添麻煩，自己也是生不如死，到那時，可能對三寶起信心的念頭也生不起來。

當然，成為植物人或癱瘓的因素有很多，有些是某些疾病引發，有些是車禍、地震等意外事故所致。例如，在汶川大地震中，有些人被斷壁壓傷，半身喪失了知覺；我認識一個藏族人，前不久發生車禍，脊柱受損而下半身癱瘓，但上半身跟正常人一模一樣，反應、思維相當敏捷。

現在有些人偶爾生個病，就覺得特別痛苦，其實你能看、能聽、能活動，想到哪裡、想做什麼都自由自在，有什麼好抱怨的？若把那些病痛觀到自己身上，就會覺得自己一點也不苦，否則，你若眼睛看不見了，肯定會感到雙目失明之前的生活多美好；身體癱瘓了的話，就會知道沒有癱瘓時有多快樂。

（四）鼻根、（五）舌根不具足

如今的人們，對視覺、聽覺的研究相當深入，然而對味覺、嗅覺的探索，尚處於「學步階段」。近年來，

大圓滿前行廣釋（二）附大圓滿前行實修法

千奇百怪的嗅覺病、味覺病在世界各地出現，患者人數也在急劇增加，令人不得不把這方面的研究提到日程上來。比如，英國有名大學生患了「失味症」，在他嘴裡，無法分清鹽水和清水味道有什麼不同，紅燒排骨竟然和爛土豆無異。另有一名美國人得了「味覺紊亂症」：蘋果在他口中變為類似米飯的滋味，而喝起新鮮牛奶來，卻如同喝變質啤酒般難受。

其實，人在品嘗美味時，除了依靠味覺外，很大一部分還要靠嗅覺輔助。我們都知道，舌頭上的味覺，按《俱舍論》的觀點，只有甜、酸、辣、鹹、澀、苦六種，而嗅覺卻可分辨幾百種氣味。所以，失去嗅覺時，吃東西大多分不出是什麼味道。

一般而言，現代醫學認為，年輕人的嗅覺、味覺比較敏感；到了60歲左右，就有明顯減退；尤其是過了80歲，四分之三以上的老年人，喪失了憑味覺和嗅覺辨別食物種類的能力。學院有許多老年人也是這樣，年輕時吃什麼都很香，而現在牙齒沒有了，吃什麼似乎都一樣，只要是軟趴趴的食物，感覺就可以。

假如我們鼻根和舌根壞了，對學習佛法是否有影響呢？應該是有。儘管這跟不具足耳根和眼根不相同，但對於全面掌握、領會佛法，勢必會有一些障礙。

如今我們諸根齊全，儘管不是特別聰明，能把好多經論記得清清楚楚，但令人欣慰的是，依靠諸佛菩薩加

持，基本上諸根沒有大毛病。擁有這樣的身體時，一定要精進修行，一方面了知諸根不具的眾生很可憐，同時不幸中的萬幸，自己現在各方面殊勝、圓滿，必須要精進修行正法。

己四、意樂圓滿：

所謂意樂圓滿，指沒有步入業際顛倒之道。真正的業際顛倒，主要是生於獵人、妓女、屠夫等種姓中，從小就搞這個行業。在古印度，種族制度十分嚴格，種姓劃分是按出生而定，如果是國王種姓或商人種姓，子子孫孫都會享受優越的待遇；但若轉生為屠夫、妓女等低劣種姓，則祖祖輩輩都要行持下賤之事，業力不可能牽引他往好的方向去，這就叫業際顛倒。

很多地方的市場上，每天都有殺雞、殺羊、殺豬、殺牛，那些屠夫實在很可憐。重慶有一個宰雞的，外號叫「快刀小李」，他動作特別麻利，宰一隻雞收費2元，每天要宰好幾十隻，生意最好時超過200隻。談起自己的職業，小李和老婆都很自豪：「這個還是可以，只要不怕累，每天能收入一百多塊。」還有很多屠宰場的屠夫，一輩子天天殺牛殺羊，我原來放生時也採訪過一些，他們說幾個人在一個肉聯廠中，從早到晚一直不斷地用刀砍犛牛脖子，多的時候一天可殺400頭犛牛。這樣的行為，想想都覺得非常殘忍，他們卻反而當作一種炫耀的資本。

跟他們相比，我們雖在修法行列中不太精進，修行也不是很成功，但沒有天天幹這行當，還是挺不錯的。有一位我熟悉的出家人，他就說：「儘管我出家很懈怠，非常慚愧，可是沒有出家的話，按家鄉習俗，我可能殺好多犛牛了。」一般來講，藏地在家人免不了殺犛牛，就像漢地家裡殺雞宰魚一樣，尤其是不信佛的家庭，這種現象尤為嚴重。而我們沒有轉生成這樣，以此避免了業際顛倒。

　　不過，華智仁波切說：「凡是三門違背正法的所作所為，事實上都屬於業際顛倒。」這個要求就高了，在座的不是業際顛倒者，可能沒有幾個。但依我的理解，他的意思應該指身口意唯一造惡、不行任何善法的人，像妓女、屠夫，天天心裡產生惡念，口中說的都是惡語，身體做的沒有一件善法，這才叫真正的業際顛倒。

　　通常而言，許多上師在教言中說的「業際顛倒」，指以前出家，後來還俗了，造下百般惡業；或者以前是虔誠居士，後學外道而不學佛了，放棄一切修行。所以，上師跟弟子們常說：「千萬不要變成業際顛倒者啊！」意思就是：你千萬不要還俗，不要今天在我面前聽受教言，過段時間就統統拋之腦後，到不如法的場合裡造種種罪業。

　　在座的道友依靠上師三寶加持，現在有接受佛法的機緣，是千百萬劫行善的果報，你們應像盲人抓住大象

尾巴一樣，不要隨便放手。誠如有首歌中唱道：「不論我分配到哪個崗位，永遠不會忘記親愛的母親。」同樣，不論你身居什麼道場、去往哪個地方，寧可捨棄寶貴生命，也不能捨棄珍貴佛法和利他大事，每個人要有這種決心。

要知道，一切都是無常的，今天這麼多人歡聚一堂，再過兩年以後，或許就各奔東西了。前不久，我看上師如意寶與我們幾個在印度金剛座拍的照片，裡面好多人都離世了，堪布秋巴、巴諾活佛，還有個老喇嘛，都紛紛圓寂了，我們現在活在人間的，再過幾年可能也快了，無常就是這樣，不吞沒的眾生和事物是沒有的。但只要你有這種決心，無論到哪裡去，都能隨時散發出善心、智慧的光芒，驅除周圍的無明黑暗，這就是佛法的威力。

大家若想不成為業際顛倒者，就應常在上師三寶前祈禱，哪怕是供一盞燈、點一支香、磕一個頭，也祈願諸佛菩薩時刻加持自己，今生乃至生生世世，行持善法、利益眾生，切莫轉生為業際顛倒之人。發願的力量非常非常強，每個人這樣調伏內心的話，身體和語言很容易調柔，畢竟身體和語言是心的僕人，只要跟「董事長」搞好關係了，下面各部門的「項目經理」不在話下。

所以，即便起初沒有生於業際顛倒的種姓中，將來

大圓滿前行廣釋（二）附大圓滿前行實修法

也很容易變為業際顛倒之人，故而，我們必須盡心盡力使自相續不違背正法。上師如意寶對此也著重強調：我們依靠上師三寶的加持，暫時有一種善心力，聽法時規規矩矩、如理如法，好像比彌勒菩薩還莊嚴，但外境的誘惑特別強，自心的承受力極其薄弱，種種外緣在面前出現時，很有可能今天穿著出家人衣服，再過幾年以後，變成連因果都不承認的在家人，自己生存都成問題。在這個世間上，壞人變好人很快，好人變壞人也很快，即使一個出家人現在非常精進，但他以後會不會變成屠夫、妓女呢？如果沒有好好地祈禱、發願，也很難說。

為了不變成這樣，大家必須不能離開修行的團體。倘若你是出家人，就要經常待在寺院，跟具有清淨威儀的僧眾在一起，否則，常常遠離出家群體，與在家人接觸的時間長了，慢慢就會變成在家人；倘若你是在家人，也要經常接觸佛教團體，最好跟志同道合的人共同放生、共同聞思、共同修行，不然的話，一旦自己業力現前，在這個過程中掉下去了，那時就像大海撈針一樣，誰都救不了你。現在社會非常亂，人們日夜忙忙碌碌的是什麼？就是世間瑣事，除此之外，真正希求解脫者可謂寥寥無幾，如鳳毛麟角。因此，在這種環境中，大家一方面不要離開清淨的修行團體，另一方面，正如我剛才所說，應當經常祈禱上師三寶。

己五、信心圓滿：

如果對本該誠信的對境——佛法不起信心，那無論對大力天龍或外道教派是何等虔誠信奉，也不能救度自己脫離輪迴和惡趣的痛苦。

記得法王如意寶去馬來西亞時，曾在馬六甲的噶瑪噶舉中心，講過一段殊勝教言：「我畢生中一直認為，佛教中最重要的是智慧、悲心和信心這三者。如若無有信心，則始終不會證悟佛陀的究竟密意；倘若沒有智慧，在如今科學技術飛速發展、外道極其猖獗的時代，對層出不窮、錯綜複雜、名目繁多的外界事物，很難明辨是非、如理取捨；如果沒有慈悲心，也就稱不上是大乘種性的佛教徒了。這三者相輔相成、缺一不可……」我後來獨自一人思維：確實，有佛法修證經驗的上師們，表面上只是寥寥數語，卻把修行人需要具足的竅訣完全歸納出來了，若不具備此三者而想成就，簡直是一種天方夜譚。

尤其是信心，麥彭仁波切講過：「信心乃為佛法根，信心能增福資糧。」信心是佛法的根本，信心能增上福德資糧，有了信心，才有得菩提的機會。現在很多學問比較高的人，每天刻苦鑽研佛教，可最後得出的結論，對自他並無多大意義，這是為什麼呢？因為他們缺乏信心。《華嚴經》中云：「信心微小諸眾生，難知菩提微妙法。」信心微小之人，縱然聰明絕頂，日日夜夜

絞盡腦汁研究佛教，也難以了知菩提的奧義，唯有憑著信心和精進，才有可能獲得解脫利益。

我們這裡信心大的居士或出家人，短短的時間中，即可解決終身大事。（現在人認為，終身大事是兩個人成家，而我們指的是解脫。）當然，要想對佛法生起信心，最好的方法莫過於了解它的功德，否則，信心再大也只是流於表面形式。而若想了解佛法功德，我們首先要知道，外道再怎麼興盛，大仙、天龍八部再怎麼受供奉，他們自己也沉溺在輪迴中，並未超離苦海，又怎能幫我們解決生死大事呢？要想真正脫離生死輪迴，其他宗教都一籌莫展，只有暫時行善的見解和行為。而超離輪迴、了生脫死的妙藥，唯一在釋迦牟尼佛的教法中有，所以，我們應對佛陀的教法、證法有虔誠不移的解信[31]。只有這樣，才是真正無謬的法器。

因此，大家要再三思維：遇到佛法，尤其對佛法有信心，真的十分難得。寂天論師也說：「如值佛出世，為人信佛法，宜修善希有，何日復得此？」意即像現在一樣，既值如來出世，自己也獲得人身，對佛法有信心，這些修善法的條件非常希有，一旦失去了，哪一天才能重新獲得呢？很多道友都認為，自己以偶爾的機會信了佛教，其實並沒有這麼簡單，應該說你往昔做了不計其數的善事，今生才有緣學習佛法。所以，現在一定

―――――――――――――――――――――――――――――――
[31]解信：由明白其有顛撲不破的理由而生起的信心。

要抓住機遇，對佛陀的教法和證法，生起穩固如山王般的不共信心，不但自己行持，還應全力以赴地讓眾生懂得。

自利利他，不僅是出家人應有的責任，作為在家佛教徒，也同樣應當行持。無垢光尊者講過：「修行山王極穩固，彼等仙人勝幢相，無論在家或出家，即是珍寶之人身。」這句話務必要牢記。意思是什麼呢？我們應行持自利利他的行為，這並非是兩三天的熱情——今天發菩提心幫助別人，再過幾天又寫「辭職報告」，堅決不發心了，這種人如山上經旗般隨風飄動，一點也不穩定，我們不能做這種人，而應像山王一樣穩固。若能如此，儘管外在沒有穿仙人的裝束或僧人的袈裟，但無論你在家還是出家，也獲得了名副其實的珍寶人身。因此，學習佛法的時候，調伏自心和幫助他人非常重要。

同時，對如來教法一定要生起不退轉信，不要人云亦云、盲目信從。大家不妨觀察一下：學佛這麼多年，如果有人宣揚外道如何如何好，講得口若懸河、天花亂墜，你心會不會動搖？會不會放棄佛教跟著他去？若是如此，說明你沒有穩固的定解。如果有了根深蒂固的見解，即便成千上萬個人來宣揚，你的心也絕不可能動搖。

所以，每個人對佛教應生起理性的信心。誠如《勝出天神讚》所云：「我不執佛方，不嗔淡黃等，誰具正

理語，認彼為本師。」我們既不偏執佛陀，也不嗔恨淡黃派等外道，誰具有符合宇宙人生的真理，就向誰皈依，認定他為本師。結果通過智慧觀察和理論剖析可知，在無數的導師裡，唯有佛陀宣說了究竟真理，對他皈依的話，生生世世不會欺惑，故可以放心地依止。就像一個打工的人，到處找老闆，最終發現某人百分之百可靠，不會過一段時間欺騙自己，這樣就高枕無憂了。因此，我們對「佛陀是天下第一」若從骨髓裡生起信心，這種信心不是皮膚上的，擦一下馬上就沒有了，而是深深地發自內心，那自己永遠不會改變。

　　總而言之，信心是五種自圓滿的根本，若對佛有堅定不移的信心，才算是真正的佛教徒。有了信心，一切都好辦，沒有信心的話，就像進房子沒有鑰匙一樣，無法享受裡面的美好。所以，每個人要增強自己的信心，即生遇到這樣的佛法，理應生起歡喜心！

第十八節課

第十九節課

現在正在分析「人身難得」，前面八無暇和五種自圓滿已講完了，今天講五種他圓滿。

大家學習「人身難得」時，光是對理論或傳統說法了解一下並不夠，對此必須要實地修行，最終產生這樣的定解：人身不可能經常得到，得到之後一定要珍惜，切莫隨隨便便空耗。

我們在聞思過程中，對法有希求心很重要。現在人特別喜歡唱歌跳舞，聽說來了個明星、歌星，成千上萬的人爭先買票，想一飽眼福的心情十分踴躍。同樣，聽受佛法也要有這種希求心，為了聽一堂課，付出多少都心甘情願，自己要有如此心態。否則，你聽也可以、不聽也可以，不聽又怕別人說什麼，以這種動機聞受佛法，給你帶來的利益不一定很多。

世人讀名牌大學要幾十萬元，有一個人留學讀國際金融會計，四年下來將近花二十萬人民幣，但他們所學知識的價值，跟佛法比起來，有天壤之別。就《大圓滿前行》這部論而言，如果說學會計需要二十萬，那把這部法圓滿地聽完、學完，從世間價值來講，花八十萬也應該值得。這樣一說，可能有人目瞪口呆：「哪用得了這麼多！如果是真的，那我寧可不學它，把錢留下來好好享用。」其實你們不妨想一想，從今生來世獲得利益

大圓滿前行廣釋（二）附大圓滿前行實修法

的層面來衡量，錢到底花在哪方面更有意義？如果你懂得了《前行》的每一個道理，之後如理如實地行持，則是生生世世的一種收穫；而讀世間學問或留學回來，也許大多數知識都用不上，如今很多大學生、留學生、博士生找不到工作，甚至在掃馬路、掃廁所，這也是有目共睹的事實。當然，我並不是說自己講得好，在這裡拼命打廣告，而是從內心中確實覺得，現在很多人為了生活、為了暫時的名利而傾盡所有，但這樣付出到頭來有什麼幫助？這是值得考慮的。

第十九節課

你們能夠聽受佛法，一方面是前世的善根成熟，另一方面也是看破了很多，今生才有這種緣分。假如沒有好好護持，很容易被種種違緣所摧毀。就像一個人，他一無所有時平安無事，而一旦擁有了如意寶，邪魔外道、人與非人都會來搶奪，製造危害。比如你正在聞思時，可能有人來勸你：「這樣學習沒有多大意義，我想出另一個辦法，你要照著去做。」以前我建議有些居士念一些課誦、每天都聞思，但後來有人不斷地說些似是而非的話語，最後他們就統統放棄了，實在很可惜！

不過，對有智慧的人來講，魔是無法左右的。記得《般若經》中說：「有菩薩著魔，有菩薩無魔。」發了菩提心的菩薩，有些會著魔，有些不會著魔。對此，無垢光尊者引用《寶積經》的教證解釋道：有智慧、有精進的菩薩，因為通達了空性，安住於無我境界中，魔眾

不會有機可乘；而無智慧、有精進的菩薩，由於沒有證達空性，表面上看似精進，實則希求自我利益，對此魔眾可侵擾損害；無智慧、無精進的菩薩，是魔眾最歡喜的類型，根本不會製造違緣。所以，沒有智慧、不精進聞思修的懈怠者，做什麼事都順順利利，沒有任何障礙，可是一旦他精進起來，各種違緣往往此起彼伏，這說明他有精進而無智慧，此時若披上無我的盔甲，魔眾便無計可施了。

因此，大家現在聽課，不要像為了生計而上班那樣勉強，應當像病入膏肓的患者，為了治療自己疾病，正在享用無死甘露一般歡喜。若能如此，通過諸佛菩薩、上師、護法的加持，自相續定會獲得佛法的利益。不管你親自在上師面前聽課，還是通過電視等方便手段接受佛法，首先要有無比的歡喜心和恭敬心，有了這樣的心態，無形中佛法對你會有真實助益。否則，表面上在聞法，實際上是無所謂的態度，那獲得的利益也不大。所以，平時接受佛法的時候，不能離開恭敬心和歡喜心。

戊二（五種他圓滿）分五：一、如來出世；二、佛已說法；三、佛法住世；四、自入聖教；五、師已攝受。

首先，對五種他圓滿作概括性略說。龍猛菩薩云：「如來出世與說法，佛法住世入聖教，為利他故心悲愍。」所謂的五種他圓滿，即如來出世、佛陀說法、佛

法住世、自己入於佛教、善知識慈悲攝持。講授這五種他圓滿時，大家要認認真真地觀察，看每個道理是不是這樣？人身是否真的很難得？主要從這上面思維。

（一）導師殊勝圓滿：

如果轉生於暗劫，而未生在佛陀出世的光明劫，那連上師三寶、四諦十二緣起等殊勝法語的名稱也聽不到。而今我們值遇佛陀出世的賢劫，所以為導師殊勝圓滿。

（二）佛教正法圓滿：

儘管佛陀已現身於世，但若沒有宣講正法，我們眾生也得不到收益。而如今佛陀已循序漸進轉了三次法輪[32]——初轉四諦法輪、中轉般若法輪、後轉分別法輪，因此佛教正法圓滿。

釋迦牟尼佛成道之後，起初也是沉默不語，後經梵天和帝釋天祈請，才開始宣講正法。假如沒有廣宣佛法，佛不可能像獨覺一樣，身體示現神變度化眾生。要知道，佛陀出世就是以轉法輪來利益有情，因而，後代高僧大德也應秉承如此傳統。

當然，轉法輪的方式並非千篇一律，有時候讓眾生把法寶帶在身上或者念誦，也是一種轉法輪。比如，我要求大家經常攜帶《般若攝頌》，事先沒有說的話，你們就不懂，認為攜帶法本不屬於轉法輪，但我強調了以

第十九節課

---

[32]漢文有一部《佛說三轉法輪經》，唐朝義淨法師翻譯。該經的「三轉法輪」與此處不同，主要是從不同角度，三次宣說了四諦之理。

後，你們就懂了。同樣，使用轉經輪，很多人都會，但我剛開始若沒有講，你就不一定知道。所以，開示真正的因果取捨，這是極為切要的。

（三）時間圓滿：

雖然佛陀轉了三次法輪，但佛法如果已經隱沒，果期、教期、形象期全部圓滿了，對眾生也起不到什麼作用，就像學校雖然攝受學生，但若學校已經關閉，孩子也得不到任何利益。而今佛法住世期尚未完結，所以時間圓滿，或叫佛法住世。

（四）自之緣分圓滿：

雖然佛已出世，並宣說佛法，佛法沒有隱沒，但假設自己沒有皈入佛門也無濟於事。就像我們身邊的很多人，寧死也不皈依佛門，這種人就像在河邊乾渴而死一樣，佛法再殊勝對他也起不到作用。而如今我們已步入佛門，儘管最初的原因有種種：有些是對佛陀真正生起正見，有些跟家裡鬧矛盾而學佛，有些為了發財等今生目標而入佛教，但不管是什麼初衷，最後都能懂得佛法意義，這就是自之緣分圓滿，或者叫自入聖教。

那麼，它是不是應攝入自圓滿呢？並非如此。這主要是從入教講的，因為佛教存在，自己才能入教，故還是屬於他圓滿的一種。

（五）殊勝悲心圓滿：

即便已具足前四種因緣，但若僅是形象上的皈依，

沒有被善知識所攝受，那對正法的真理也將一無所知。有些人出家二十幾年了，連基本的戒律都不懂；有些人皈依好多年，可是皈依、發菩提心、修人身難得也不太會，由於沒有遇到具有修證、精通佛法的善知識，即使具足前面的因緣也沒有用。而今我們已承蒙善知識慈悲攝受，所以為殊勝悲心圓滿，也叫殊勝善知識攝受。

以上這五種圓滿，需要觀待他緣才能具足，因此稱為五種他圓滿。

下面進行一一廣說。

己一、如來出世：

有些人覺得佛陀出世很簡單，其實並非那麼容易。如《妙法蓮華經》云：「諸佛興出世，懸遠值遇難。」《大般涅槃經義記》亦云：「一佛出世難，二得人身難。」但到底是怎麼樣難呢？下面我們就了解一下。相信學了這段以後，有智慧的人都會明白佛陀出世難遭難遇。

學過《俱舍論》的都清楚，世間的成、住、壞、空四個階段稱為一大劫，每個階段有二十中劫，也就是說，八十中劫合為一大劫。「劫」的時間概念很長，不像區區幾十萬年、幾百萬年，或人類五千年的歷史。現在有些人對佛教廣大的時空概念一無所知，所以不一定相信，但不管怎樣，我們還是應該給他介紹，剛開始他可能有點懷疑，但慢慢地，懷疑也會轉成正見。你們不

第十九節課

懂的時候，千萬不要隨便毀謗否定，不然，誠如莎士比亞在《仲夏夜之夢》中所說：需要以生命為代價，來償還你所犯下的錯誤。

每當講到「三千大千世界」或「一個大劫」，我都擔心有些人信口開河。就像夏天的蚊子，牠的壽命只有短短時日，給牠講人類壽量有一百年，牠肯定接受不了。同樣，對於如此廣大的時空概念，有些人勢必會存有疑問，但是這也情有可原，畢竟凡夫的智慧非常狹隘。

在無數個大劫中，佛陀出世之劫稱為明劫，佛陀沒有現身於世的劫稱為暗劫。（這裡「暗」與「明」，並不是有沒有太陽的日光，而是有沒有佛法光明。）下面看看在過去、現在、未來，有多少暗劫、多少明劫。

（一）過去：

過去的現喜大劫是個明劫，有三萬三千佛出世，此明劫過了以後，出現一百個暗劫。後於具圓劫中，有八十俱胝（千萬或億）佛出世，隨即又有一百個邊鄙劫（暗劫）。其後具賢劫中，有八十四俱胝佛出世，在此之後又有五百暗劫。接著在見喜劫中，有八十俱胝佛出世，其後又出現七百暗劫。隨之具喜劫中，有六萬佛出世。

這樣算起來，總共有五個明劫、一千四百個暗劫。雖然明劫出世的佛比較多，但有那麼多的暗劫，連一尊

大圓滿前行廣釋（二）附大圓滿前行實修法

佛都不出世，倘若轉生於此，又有多少時日根本遇不到佛法？因此，我們現在的人身委實難得。

（二）現在：

一千四百個暗劫結束之後，第六個明劫——現在的賢劫便出現了。在此劫形成之前，整個三千大千世界變成一大海洋，海中生出千朵千瓣蓮花。淨居天的眾天人以神通觀察其原因，得知在此劫中將有一千尊佛出世，他們不禁感歎說：「如今此劫可謂是賢妙之劫。」於是便將此劫取名為「賢劫」。對此，《大悲經》中也有說明㉝。

從人壽八萬歲時拘留孫佛出世，直到最後人壽無量歲時勝解佛出世，在此期間，有一千尊佛來到娑婆世界南贍部洲中央的金剛座，現前成就圓滿正等覺果位，隨即轉妙法輪，所以此劫是光明劫。

按照《俱舍論》觀點㉞，從人壽無量歲減至十歲，又從十歲增至八萬歲之間，算為一中劫。住劫共有二十中劫。通常而言，佛是在住劫人壽下減時才出世的。

那麼，賢劫千佛是如何依次現世的呢？

第一至第八中劫：無佛出世。

第十九節課

㉝《大悲經》云：「阿難，何故名為賢劫？阿難，此三千大千世界，劫欲成時，盡為一水。時淨居天，以天眼觀見此世界唯一大水，見有千枝諸妙蓮華，一一蓮華各有千葉，金色金光大明普照，香氣芬熏，甚可愛樂。彼淨居天因見此已，心生歡喜，踴躍無量，而讚歎言：奇哉奇哉！希有希有！如此劫中當有千佛出興於世，以是因緣，遂名此劫號之為賢。」
㉞《俱舍論》云：「中劫即從無量歲，直至人壽十歲間，最終上增為一次，彼等壽即八萬間。」

第九中劫：

人壽八萬歲時：拘留孫佛出世，為賢劫第一尊佛。

人壽四萬歲時：拘那含牟尼佛出世，為賢劫第二尊佛。

人壽二萬歲時：迦葉佛出世，為賢劫第三尊佛。

人壽一百歲時：釋迦牟尼佛出世，為賢劫第四尊佛。

第十中劫：

人壽八萬四千歲時：彌勒佛出世，為賢劫第五尊佛。

第十一至第十四中劫：無佛出世。

第十五中劫：有九百九十四尊佛相繼出世。

第十六至第十九中劫：無佛出世。

第二十中劫：勝解佛（樓至佛）出世，為賢劫最後一尊佛。

至此，賢劫千佛已圓滿出世。關於這方面的道理，可參閱《賢劫千佛名經》及《賢劫經》。

如今，我們正處於第九中劫人壽百歲之時，剛好釋迦牟尼佛的教法沒有隱沒，此時來到這個世間，值遇如此殊勝的正法，你是怎麼想的？應當捫心自問。我經常想：我們前世的確造了很好的善緣，不然，那麼多眾生都沒有趣入佛門，我們卻有這樣的福報，實在是不容易的事！

（三）未來：賢劫之後，又是何種情景呢？這一劫過後，有六十惡種邊鄙劫。再後於具數劫中，有一萬佛出世，其後又有一萬惡種劫……

以上全部加起來，暗劫有一萬一千多個，明劫只有

六七個，想想這之間的差別，簡直太懸殊了。所以，遇到佛陀出世容不容易？你自己應該好好琢磨。這次講《前行》不趕進度，不要求大家馬上聽完，只要將每天講的內容貫穿於心，在心裡再三地思維，定會對修行有非常大的利益。

總之，暗劫和明劫就這樣輪番交替出現，如果遇到了暗劫，連三寶的名號也聽不到，更不要說行持佛法、轉繞、合掌、頂禮了。有些道友常抱怨自己太笨、太懶惰，其實你再怎麼懶惰，每天還是能行持一些善法；再怎麼笨，念「嗡嘛呢巴美吽」、「南無阿彌陀佛」應該沒問題，與廣大漫長的時日裡身處暗劫的眾生比起來，你的因緣已經相當殊勝了。

尤其是密咒金剛乘的佛法，只是偶爾出現於世，我們現在遇到了，的確福報非淺。這次傳講的《前行》，其實就是密法。有些人問：「您什麼時候傳密法啊？」真是有點笨哪，現在傳的就是密法，難道你認為《大圓滿前行》不是密法嗎？還有些人一直祈請：「您今年可不可以傳個密法？」《前行》涵攝了顯宗和密宗一切法的精要，它既是顯法又是密法，既是理論又是修行，上師如意寶為主的大德都交口讚歎，這樣殊勝的如意寶，在整個人類歷史上相當罕見。當然，如果你問：「什麼時候傳密法正行啊？」我會有另一種回答方法，不然你問何時傳密法，這種說法有待商榷。

更有甚者還問：「我有沒有學密法的因緣？您觀察觀察。」你現在不是在修加行嗎？難道還有另一個密法可修？我曾經也說過，在釋迦牟尼佛的教法中，只要對密宗有信心，這種人就與密法有緣，或者對般若空性有信心，也是密法的有緣者。無垢光尊者在《禪定休息》的開頭也講了，中觀般若實際上就是大圓滿。儘管二者不能完全等同，還是有不同竅訣的差別，但能遇到如此甚深之法，並對這樣的法有信心，就已具備了值遇密法的種種因緣和功德。

大家要清楚，光明劫中雖然佛法興盛，但傳密法的現象並不多見，即生中能遇到像《大圓滿前行》這樣的密法，真的非常希有難得。正如鄔金蓮花生大士所說：「往昔初劫普嚴劫時，先生王佛的聖教中已廣弘密法，現在釋迦牟尼佛的聖教中也有密法出現，（佛陀在世時，宣說過《時輪金剛》、《文殊真實名經》為主的密法，又授記於其涅槃後，革格燃匝、國王恩扎布德等弘揚密法。如今密法就像陽光普照大地一樣，在世界各地非常興盛，我們對密宗有信心的有緣者，務必要修一些密宗法要，尤其在末法時代，其他教法不能調伏分別念時，密法有其不共的殊勝能力。今天我跟一個堪布聊佛法的過程中，彼此也有這種感覺：密宗的直斷要訣，包括《前行》等殊勝教言，對末法眾生而言，能很直接地斬斷分別念。無垢光尊者也講過密法的許多功德，說末法眾生的分別念和煩惱難以調伏，但通過密法的竅訣和方便，就像需要漫長時日的事情一蹴而就一樣，成

就會非常快速。）再經過千萬㉟劫以後，到了華嚴劫時，與現在的我姿態一致的文殊師利佛出世，他將廣泛弘揚密法。因為只有這三劫的眾生才堪為密法的合格法器，其他任何時候都不會出現密法，因為眾生不能作為密法法器。」這句話大家要記住！

　　本來，顯宗的法也很難得，但密法卻更為難得，在這麼多劫、這麼多如來中，只有三尊佛弘揚密法。如今正逢釋迦佛聖教中的密法，擁有這樣修學的機會，我合掌誠勸大家不要捨棄密法，即使生不起很大信心，也沒有資格加以毀謗，一定要想到：「密法特別甚深，像我這樣的凡夫人，雖然修得不好，但它必定是我恭敬的對境、頂禮的對境、供養的對境！」若有這樣一分恭敬心，按照有些續部的觀點，你也有解脫的機會。

　　最近我在看《普作續》的講義，後面闡述了密法的許多功德，看了以後真生信心！雖然要完全通達密法中本智的涵義，可能有一定困難，但與之結上善緣的功德也非常大。裡面引用《寶積續》的教證說：如果把密法帶在身上，則此人與金剛持如來的化身無別；如果盡量念誦密法的咒語、經文，就能現前它的真正意義；如果書寫續部或密法的道理，那他有享用如來言教的善緣。

　　密法的見修行果極為深奧，即使你不能徹底通達，但只要起信心，對密法的法本和儀軌，始終以恭敬心來

第十九節課

㉟此處的「千萬」，指很多的意思。

接受，這種功德也不可思議。如《了義集續》云：「於此生信而受持，一切諸佛皆加持，獲得無盡福德藏，今生成就來世果。」意思是說，倘若對密法起信心而受持，所有佛陀都會對你賜予加持，如此可獲得無盡的福德寶藏，即生也能成就來世之果。比如，原本你再過百千萬劫才能解脫，但依靠密法的加持力，提前便可現前聖果。

還有《虛空廣界續》中言：「何人若對了義的密法生信，通達符合教理之義，即使微塵許也沒有修，但所得果位就是佛果。」所以，有些人比較懶惰的話，只要聽到密法教義、得到密法灌頂，其功德也無法衡量。為什麼大城市裡的人對灌頂特別希求？可能原因也在於此。

當然，並非所有人都有灌頂的資格，故對上師務必要觀察。昨天有位法師跟我說，他今年傳講密法的續部，但真正得一個灌頂很難。我開玩笑說：「你學習續部這麼長時間，現在對自己得不到灌頂生起定解了是吧？」不過他說得也沒錯，得一個灌頂真的很難，因為對上師有很多要求，弟子也要具足很多條件，隨便拿個寶瓶在你頭上灌點水，水倒是能得到，但密宗三昧耶戒的戒體能不能得到，這還值得觀察。你們以後學了《大幻化網》等教言，就會發現——「我曾去過很多灌頂場合，可是不具備這些因緣，當時是不是得不到灌頂呀？」也許會有這種疑問。

大圓滿前行廣釋（二）附大圓滿前行實修法

但不管怎麼樣，對密宗有信心十分重要，千萬不要隨便詆毀，這種資格對凡夫人來講的確沒有。有些人不懂密法的殊勝教理，也不懂它的來由和歷史，隨隨便便就人云亦云，聽別人說有些修密法者行為不如法，就把這個罪過加在密宗頭上，肆無忌憚地說密法的過失。假如這個人是法師，他下面有很多弟子，那人人都會對密法頗有微詞。不過現在比以前好多了，無論是漢地還是其他地方，以前說密法不好的法師們，現在通過各種因緣，自己的語氣完全改了，紛紛讚歎密法的殊勝。當然，如果你能幫我們弘揚密法，那非常感謝，但即使不能，大家也要共同對密法起恭敬心。

密法真的相當甚深，你學後自然就會明白。如果你實在不信，那可以跟我們溝通，我們已經學了二十多年了，不敢說有非常甚深的證悟，但是教理上，跟從沒有學過或者學過兩三年的人交流，應該是沒有問題。只要你有非常可靠的依據，則可面對面地提出：「你們密法的教理不合理，儀軌不合理，修法不合理，佛像不合理，降伏雙運不合理……」不過古往今來，有多少智者曾對這些問題澄清過，也解釋過，除了極個別不講理的持邪見者以外，真正講道理的有些人，印度也好、漢地也好，最終都能對密宗生起信心。

要知道，在究竟義上，顯宗與密宗的觀點圓融無違、融會貫通，達到這樣的境界，才算是佛教各派互不

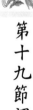

相違。若能如此，無論學顯宗、學密宗，大家都開開心心的，互相不會有隔閡。如果你有緣分，對更殊勝的密法教義和竅訣，自己也可以行持。歷來很多大德都是這樣，真正有智慧、有修行、有成就的，根本不會排斥密宗。而孤陋寡聞的凡夫人，經常接受不了別人的宗派，為了避免自己造下不可挽回的惡業，這時候一定要廣聞多學。

總之，對於上述的內容，大家要再三思維，佛法不是口頭上說說，只有找到了感覺，給別人講、自己平時修才很容易。倘若沒有找到感覺，修起來會很累、很痛苦——上師不讓你出門，你一直呆坐在家裡，出去怕被管家逮住，在家又待不住，坐一會兒，什麼感覺都沒有……這樣真的很受罪。但如果你一直安住於法義中，時間會過得很快，閉關兩個小時一眨眼就過了，而且自己有很大收穫，由於法真正融入心了，即使再過二十年，這些定解也不會退失。否則，你今天閉關坐坐坐，表面上的修持明天就沒了，這樣修行不好，還是要多想一想道理！

大圓滿前行廣釋（二）附大圓滿前行實修法

第十九節課

第二十節課

今天接著講五種他圓滿的第二個。

己二、佛已說法：

佛陀雖已出世，但若恰巧趕上佛沒有說法

示道，而安住於入定境界中，那儘管佛陀在世，也不會有正法的光明，眾生依然不懂取捨之理，如此與佛未出世幾乎無有差別。

有些佛雖然來到人間，但因眾生福報不夠，佛長時間入於等持，或者暫時沒有宣說佛法，在這種情況下，眾生就得不到真實利益。比如，我等大師釋迦牟尼佛因地時歷經三大阿僧祇劫，積累廣大的福慧資糧，最後在尼連禪河畔苦行六年之久，方於印度金剛座菩提樹下現證菩提。然而，佛陀成道後說：「深寂離戲光明無為法，吾已獲得甘露之妙法，縱於誰說他亦不了知，故當默然安住於林間。」（此教證在《方廣大莊嚴經》，亦即《廣大遊舞經》中也有。）佛陀證悟的境界具有五種特點：1、甚深：本體無相；2、寂滅：自性無思；3、離戲：遠離一切常邊；4、光明：遠離一切斷邊；5、無為法：遠離一切是非等諸邊。佛已獲得猶如甘露般的這五種境界，能治療八萬四千煩惱疾病，可由於它太過甚深，對任何眾生揭示都難以了知，所以，佛陀安住在鹿野苑林中，七七四十九天沒有講法。龍猛菩薩在《寶鬘論》中亦

大圓滿前行廣釋（二）附大圓滿前行實修法

云：「此法甚深故，知眾難領悟，故佛成道已，默然不說法。」如果我們恰好轉生在那時，即使得了一個短暫的人身，佛陀也已經出世，但佛陀並沒有說法，佛法對自己有沒有利益呢？並無真正利益。

後來，大梵天、帝釋天依前世的殊勝發願，前者在佛前供養千輻金輪，後者供養松石曼茶和右旋海螺進行祈請，佛陀才開始給五比丘為主的有緣眾生，先後在鹿野苑、靈鷲山、廣嚴城等處轉了三次法輪。因此，從這個道理可知，縱然佛陀已出世，但若沒有說法，眾生也難以得到受益。

我們平時念誦的偈頌中有一句是：「無上救護即法寶。」法寶是什麼呢？就是救護眾生之法。要想救護眾生，必須生起佛法的智慧，以此才能遣除無明黑暗，治癒自他的煩惱疾病。而若想生起佛法的智慧，現在務必要修行。當然，修行時不能像有些道場所提倡的，什麼前行都不需要，直接就趣入最高修法。比如密法的直斷、頓超，在整個修行次第中至高無上，可是自己根基還沒成熟的話，上面砌得再高，對你幫助也不大。

所以，對於《前行》的每個道理，大家應該反覆思維。例如，佛未出世對眾生無有利益，字面上看似簡單，實際上真正生起這樣的定解，是極為困難的。若能對此有深刻的認識，自相續就會慢慢調柔。好比春天種莊稼一樣，只有把地耕耘好了，種下青稞或麥子，很快

的時間才會成熟；反之，假如地既沒有平好，也沒有開墾，又沒有灑水，就算把最好的種子播下去，也不可能發出苗芽。我們修行也是如此，必須先耕耘自己的心田——對基本道理再再修持，直至得到感覺為止。至於入無想定、觀風脈明點，或觀修精脈、血脈、中脈是什麼顏色、粗細如何，我們還沒有達到這個境界，可先暫時不談。暫時要談的是什麼？就是最基本的人身難得。自己要真正懂得：「無常的到來那麼快，人身又是如此難得，因此一定要修行！」這並不是別人說的，而要發自內心時時有這種理念，只有這樣，一輩子的修行才會成功。

《悲華經》中說：「投生為人極難得，逢佛降世極難得，於善法心生好樂㊱，發起善願亦極為難得也。」我非常喜歡這個偈頌。我們每個人務必要記住：投生為人、值佛出世、對善法心生喜樂、發起善願，這四者確實相當難得。雖然口頭上誰都會說，可這樣的感受，你們能不能生起來，還是有待觀察。若能明白自己在那麼多暗劫中，今生值遇佛陀出世的明劫，實在非常不容易；佛陀雖然出世了，但佛法住世十分短暫，自己不早不遲正好遇上了，則更為不容易。若有如此想法，說明你對加行還是有比較好的認識。

不僅佛陀不傳法對眾生無有利益，就算是諸位持教

㊱樂：此處音yào，喜愛之義。

大德，如果沒有展開正法的講聞事業，也很難以直接利益眾生。因此，若要幫助眾生、利益眾生，就一定要講經說法。我經常想：與法王如意寶同一時代的很多大德，藏地也好、漢地也好，其內在證悟非常了不起。但這些境界相當高的人之中，有些不知道是什麼緣起，一生中幾乎沒有廣傳佛法，也沒有廣攝弟眾。儘管這麼了不起的開悟者哪怕住世一天，對全世界也能帶來和諧快樂，對眾生也有無比利益，但從直接利益他眾的角度看，每天跟在他旁邊的有些人，好像並沒有通達他的境界，基本上沒有真實證悟。所以，作為高僧大德，沒有以佛法饒益眾生的話，就跟佛陀沒有說法無有差別了。

如今，佛陀的教法雖未隱沒，但若缺少善知識的傳授與引導，對許多道理，我們不一定會懂。就如同教育廳允許在各地辦一些學校，可一個老師都沒有的話，鄉村裡的孩子就算有這麼好的機遇，也依然難逃文盲的命運。為什麼呢？因為沒有老師來講課，孩子們不可能無師自通。且不說佛法這麼深奧的內容，就算是開車、畫畫，沒有老師帶著的話，恐怕也很難自學成才。因此，現在各大寺院、佛教團體中，一定要請利他心強的人來傳法，如果沒有這樣，對眾生的利益將微乎其微。

舉個例子來說：美德嘉那尊者，是印度極為著名的大班智達。他有一次經由神通得知，自己過世的母親已投生為青蛙，被困在藏地一戶人家的灶石中，正感受著

第二十節課

無量痛苦。（孤獨地獄的眾生因業力不同，受苦方式也不相同。像懸崖或海裡的石頭中，就有許多有情轉生其中。）於是為了救度母親，他不顧年紀老邁，且需由翻譯伴隨，翻山越嶺千辛萬苦地從印度趕到西藏。當時隨同前往的，還有另一位班智達——察那忍摩。

正當他們越過尼泊爾和西藏的分界線時，不幸的是，他的翻譯竟患急症死了（也有說拉肚子而去世）。他們兩位班智達都是印度人，一點藏語都不懂，察那忍摩只好修奪舍法，轉生為藏地的榮索班智達；而美德嘉那尊者，則孤身從西藏漂泊到康區，最後終於找到了那戶人家。

在那間房子裡，住了一個老婦人。由於語言不通，他只好在那家打雜當僕人，沒有人知道他是印度最博學的班智達。老婦人讓他天天放羊，擔負著最艱辛的雜役，甚至坐在他身上擠牛奶，以代替坐墊。這樣過了很長時間。

那個老婦人信仰佛教，經常外出尋找上師。美德嘉那尊者就在她家題了一些詩，其中一首的大意是：「天空皎潔的月亮在某人家中，但某人卻不知，反在他處尋找水月。」意即像他這樣明月般的印度大班智達，正好住在她家裡，她卻根本不知道，還整天到處找水月般的相似善知識。（記得《藏文文法》中有這首詩。）

關於尊者的後來，歷史上有兩種說法：

一、他為了救度母親而忍受了一切苦難，最終成功

大圓滿前行廣釋（二）附大圓滿前行實修法

地超度了母親。要離開的時候，他通過神通發現，當地的山馬上要崩塌，於是用彆腳的藏語警告老婦人和鄰居們盡快離開。

老婦人早就覺得他的行為超越一般人，絕不是普通的流浪漢，於是聽從他的勸告，把家當都馱在牛背上，跟他一起離開了村子。但其他人都想：「那麼高的一座山，怎麼可能塌下來？那人連藏語都不會講，一定在胡說！」沒想到第二天，果如尊者所言，整座山塌了下來，將村子埋在了下面。據說在石渠滇闊附近，山崩塌的裂縫至今仍清晰可見。

二、尊者的一位弟子恰羅扎瓦，得知尊者在那裡，就迎請他到寺院作了小範圍的講法，之後尊者便示現圓寂。

美德嘉那尊者生於藏地前弘期與後弘期的交界之時，在當時非常著名。他不但是阿底峽尊者的上師，據歷史記載，格薩爾王也依止過他。他來到藏地以後，好像宣講過《俱舍論》，後來藏文學得不錯，還寫了一些藏文文法方面的書，這些法的手抄本至今仍流傳在那一帶。但縱然是這麼了不起的大成就者，沒有傳法的話，不要說整個藏地沒有得利益，甚至是他朝夕相處的那戶人家，也沒有得到什麼法益。

歷史上還說，當他接近離開時，因為做了很久的僕人，那家準備給他付「工資」，結果他什麼都不要，只

要那個灶石——那家肯定高興壞了，一塊石頭就把他打發了。他把灶石帶到別處去，給它沐浴、供燈、念誦，最後不但是轉生為青蛙的母親，還有跟青蛙一起的無數小蟲，也都超度到清淨剎土去了。他來藏地救母的任務倒是完成了，但除此之外，並沒有大範圍地廣利有情。

後來阿底峽尊者來到西藏，正好路經那一戶人家，發現那家有梵文寫的詩，其文筆跟印度美德嘉那上師的非常相似。於是他到處打聽，得知他上師曾來過這裡，但整日被人役使放牧，未能以正法廣利有情。聽到此事後，尊者不禁感慨萬分地說：「嗚呼，你們西藏人的福報實在太淺薄了！在我們印度東西兩方如群星般的班智達中，無有一人能勝過美德嘉那大師。」（這樣的一位班智達，竟被當作擠牛奶的坐墊！）說到這裡，他情不自禁地雙手合十，流淚滿面。

據說，阿底峽尊者準備示現圓寂時，說道：「你們藏地人福報淺薄，我如果在這裡圓寂，可能藏地的大地承受不了，我還是回印度去。」他身邊有些人說：「應該承受得了。像無與倫比的菩提薩埵尊者，就是在藏地圓寂的。」尊者答言：「菩提薩埵雖然戒律清淨，但他智慧不如我，所以他跟我不相同。」有些人說：「應該可以吧。無與倫比的蓮花生大士也是在藏地示現消失，前往鄔金剎土的。」尊者還是搖頭道：「蓮花生大士的成就雖了不起，但智慧也肯定比不上我，還是不行。」

又有些人說：「應該沒問題。像美德嘉那樣的大德，都是在藏地圓寂的。」尊者思索片刻說：「嗯，他還是很了不起。既然這樣，我就留在這裡吧。」

其實，如果沒有譯師，有時候語言隔閡還是很麻煩的。曾經有位居士說：「我的上師非常慈悲，他每次笑眯眯的，我就感動得要命。但上師一直動嘴巴，我不知道在說什麼。」所以即使上師特別慈悲，有時也沒辦法跟弟子溝通。以前法王如意寶剛攝受漢僧時，沒有進行同步翻譯，偶爾在課堂上開個玩笑，藏族僧眾全部哄堂大笑，極個別漢僧左看右看，不知道在笑什麼。直到第二天我翻譯出來，他們才恍然大悟，但故事好像也不那麼精彩了。因此，譯師之所以被稱為「世間明目」，原因也在這裡。

假如沒有譯師和上師，雖然佛法很殊勝，上師的密意和智慧很高深，可末法眾生完全以自力接受不太現實。尤其是一些高僧大德，沒有講法的話，想利益眾生特別困難。我寺院有一位拉雪堪布，他八十多歲了，修行真的很好，聽說他小時候前往很遠的地方，依止了許多上師，對教理相當精通，但遺憾的是，寺院裡的人對他沒有特別重視。去年，我讓部分出家人在他面前聽了一個白玉派簡短的前行法，由於該法的持有者比較少，為了傳承能延續下去，我算是強迫他們去聽，時間大概一個月。堪布年紀很大了，文字基本看不見，我就讓人

打印特別大的字，在眼前把字稍微讀一遍，他馬上便了然於胸，一會兒用這個教證，一會兒用那個教證……我事後聽了一盤磁帶，感到萬分驚訝，這樣的大德竟被埋沒了這麼久，太可惜了。他講完以後，給我捎口信說：「非常感謝，這次給我這麼好的機會傳授佛法！平時我很想講一些《前行》、《入行論》，可惜實在找不到人。有時候看寺院裡的小和尚，行為不太如法，應該給他們講些道理，可他們都不來聽。我也跟有些人說過：你們有興趣的話，我雖講不來甚深法，但關於修行方面、菩提心方面的，我這輩子也串習過，還是有一些感覺，可以給你們傳。但那些小僧人都不來。」

我聽到之後，的確感慨良多：這個世間上，也許還有很多這樣的老修行人，他們相續中充滿悲心、慈心，有非常好的境界，可是很多人往往不屑一顧。人們追隨的是什麼？就是口頭講得非常漂亮、內容卻很空洞的東西。一點境界都沒有的人面前，弟子常常多如過江之鯽，而真正具實修實證的人座下，去求法的卻屈指可數。假如沒有求法的話，這些大德表面上只是一般人，根本無法顯露其內證功德。

對我們普通人而言，上了七八十歲後，很多教理都忘光了，但有些老修行人真的不可思議。拿上師如意寶來講，他老人家接近圓寂時，雖然已有七十多歲，但傳法時不斷引用大量教證，如行雲流水般滔滔不絕。不信

佛教的公務員聽了，都感到十分驚訝──「那麼多豐富的教證，法王全部能背下來，好精彩呀！」「哇，好可怕！」每個人有不同的感覺。這些老修行人的一輩子，不像我們一樣，每天看得多、聽得多、想得多，所有精力不專注於研究佛經論典，都耗費在無意義的瑣事上了，以至於腦海裡有一堆亂七八糟的知識，各種流行歌可以信口唱來，而佛法的甚深道理不一定顯得出來。

所以，遇到真正的上師很重要，倘若只有法而沒有上師，修行無法趨入正途。當然，假如語言不通，則還需要一些譯師。我平時喜歡翻譯法本，有人說翻譯得太多了，但靜下心來想一想，現今畢竟時處末法，若能譯出一個好法本，令後人從中獲得利益，哪怕只有一點點收穫，我付出再多也值得。有時候觀察自己的發心，還是比較清淨的，所以不管別人說什麼，我都會盡心盡力多翻譯一些，在短暫的人生中為佛法多做一點事，這樣得個人身也沒白費。

總而言之，佛已說法非常重要。如今釋迦牟尼佛依次轉了四諦法輪、無相法輪、分別法輪，應機示現不可思議的身相，以九乘次第㉧法成熟解脫所化眾生。不但佛已說法，善知識也已說法，故第二個條件完全具足，大家應當生起歡喜心。

㉧九乘次第：顯宗的聲聞乘、緣覺乘、菩薩乘，密宗的事部、行部、瑜伽部，無上密宗的瑪哈約嘎、阿努約嘎、阿底約嘎。

己三、佛法住世：

儘管佛陀出世說法，但佛法住世很短暫，假設住世期已圓滿，教法、證法已湮沒，那麼就與暗劫沒有兩樣了。比如釋迦牟尼佛的教法，再過幾千年便會消失，而彌勒佛還沒有出世，在這麼長的時間裡，前一佛陀的聖教已經結束，後一佛陀的聖教尚未出現，這期間就稱為聖教空世。眾生若轉生於此，雖然出生在賢劫，但依然得不到佛法的利益。

大家一定要再三思維，今生得個人身並不容易，看到街上熙熙攘攘的人群中，大多數都不行持善法，真的對他們生起大悲心。這次我們有這麼好的機會，佛法大門一直長期敞開，有緣者隨時可以進入，假如沒有好好修學，一旦錯過了，以後就會很難以復得。

要知道，倘若生於聖教空世，除了具有因緣的福德剎土中，偶爾有獨覺出世以外，根本不存在講聞修行。誠如《中論》所言：「若佛不出世，聲聞已滅盡，諸辟支佛智，從無依而生。」佛陀不出世、聲聞已入滅盡定的時候，諸辟支佛㊳在不依靠善知識的情況下，憑藉前世修十二緣起的善根，即生於一座中獲得聖者果位，然後身體示現燃火、發光等神通，度化小部分有緣眾生。我們若轉生於此，會不會是獨覺的所化對象呢？誰都沒有把握，畢竟這個範圍很小。

㊳辟支佛：又名中佛、獨覺、緣覺。

有時候看看，佛法的住世期其實很短，中間又有那麼多暗劫，假如在那時轉生，就連三寶的名號也聽不到。從道理上再再思維之後，每個人應產生這樣的定解：「今生的機會確實很難得，所以我必須要修行！」這就是修行的一種境界。否則，你天天修拙火定，肚臍熱呼呼的，我覺得並不重要，你熱也好、冷也好，頭上有氣也好、有光也好，這些都沒有什麼，因為燈泡也有光，夏天的陽焰也有氣，但並不是什麼成就相。不過，現在人特別顛倒，非要追求一種外相，才認為自己成就了，而對人身難得生起定解，卻不覺得這很殊勝。所以，大家今後要換一種方式來思維，真正的修行是在加行中得到感應，這個很重要。

那麼，佛法住世期到底有多長呢？拿當今釋迦牟尼佛的聖教來講，《月藏經》中說是兩千五百年㊴；《賢劫經》說是一千五百年㊵，即正法五百年、像法一千年；漢地還有些法師說，正法一千年、像法一千年、末法一萬年；藏地普巴派、薩迦派、格魯派等，也有各自不同的觀點（藏地對普巴派的說法比較公認）。儘管種種說法不盡相同，但一般而言，世界上公認的是《俱舍論》的觀點，

㊴在此經《分布閻浮提品》中，提出著名的「五堅固」說。謂在佛法的流傳史上，每五百年為一階段，共有五大階段。各階段所具之特徵不同，即解脫堅固、禪定堅固、讀誦多聞堅固、塔寺堅固、鬥諍堅固。五個五百年，各具其中之一特徵。
㊵《賢劫經》云：「佛涅槃後，正法五百年，像法一千年，此千五百年後，釋迦法滅盡。」

第二十節課

也就是說，佛法住世總共五千年。按世界佛教聯合會的推算，今年是佛曆2553年，這是小乘上座部的觀點，與《俱舍論》也非常相合。

釋迦牟尼佛的教法，其實又叫普賢密意聖教。為什麼呢？因為普賢如來的報身雪海大日如來（毗盧遮那佛），手中持的寶瓶中有一棵菩提樹，樹有二十五層葉子，第十三層——釋迦牟尼佛的娑婆世界，剛好對準普賢如來幻化的毗盧遮那佛之心間。故而，釋迦牟尼佛的教法因此得名。

按照藏傳佛教的觀點，普賢密意聖教也是住世五千年。具體而言，

1、果期：一千五百年。其中，第一個五百年得阿羅漢果的最多；第二個五百年得不來果的最多；第三個五百年得預流果的最多。

2、修期：一千五百年。其中，第一個五百年修戒學的最多；第二個五百年修定學的最多；第三個五百年修慧學的最多。

3、教期：一千五百年。其中，第一個五百年學經藏的最多；第二個五百年學律藏的最多；第三個五百年學論藏的最多。

4、形象期：五百年。只有出家人的形象，沒有清淨戒律，也沒有實修者。甚至到了最後，這種形象也難以維持。因為眾生福報已盡，出家人剃頭時，刀沒辦法刮

大圓滿前行廣釋（二）附大圓滿前行實修法

下頭髮；袈裟染色時，染料也無法把衣服染成紅黃色。（有些法師認為現在已過了形象期，這種觀點不太合理。依照我們的分析，還是《俱舍論》的說法比較對。）

在最初的果期，也就是佛陀在世時，以及佛涅槃後不久，得果的人比比皆是。看過《百業經》、《賢愚經》就會明白，那時聽法後獲得聖果特別快，馬上就能得預流果、阿羅漢果。前不久有一位道友說：「那個時候證果這麼快，好羨慕啊！我也想馬上得阿羅漢果，您可不可以給我傳四諦法門？」我說：「現在肯定不行，因為不是果期。」

過了一千五百年之後，就是修期，主要以修戒定慧為主。翻開那時的歷史，漢地禪宗、淨土宗中，大成就者特別特別多；藏地寧瑪巴等各大教派中，虹身成就、飛往清淨剎土的也不勝枚舉。而如今越是接近形象期，成就的人就越少得可憐。儘管現在不是真正的形象期，畢竟還有教法存在，人們受持經律論的教理，相續中可以生起悲心、菩提心，但跟佛陀時代眾生的根基比起來，還是很差勁的。

佛法住世期共有五千年，按普巴派推算，現在已過了三千五百年，或者近四千年之際，也就是說，正處於教期中。如果再過五百年，佛教恐怕就不是這樣的了。大家在漫長的輪迴流轉中，今生有幸遇到佛法，這是相當不容易的。儘管眼下正值五濁惡世，但教法與證法仍

存在於世，這說明聖教正法圓滿也已具足。

那麼，何為五濁惡世呢？

1、時劫濁：指時代遭逢惡運，災難頻生。就拿財富而言，一會兒是世界經濟危機，一會兒是金融風暴，每天不是「刮狂風」，就是「下暴雨」，人們猶如水泡般的財富極不穩定，今天富可敵國，明天就可能一貧如洗。

2、眾生濁：指眾生資質低劣，福報日減，苦多樂少。佛陀時代或在此之前，人們的身高、體力都非常殊妙，而現在，一年比一年不行了。有些道友以往在學院過冬，沒有任何問題，可如今走幾步路就喘得厲害，冬天一到就忙不迭地要下山，這也說明越來越濁世了。

3、壽命濁：指眾生因惡業受報，壽命短促。佛陀在世時，人壽百歲並不希奇，而今若有人活一百歲，好多新聞記者就扛著照相機、攝像機，「嚓嚓嚓」地使勁拍，覺得這是一個怪物。人們活到五六十歲，就認為自己該「圓寂」了，趕緊要做好準備。昔日人壽可達二萬歲、八萬歲，但好景不長，現在已成了壽命濁。

4、見解濁：指出家人善心越來越失壞。在過去，出家人自覺護持戒律，始終不離戒定慧三學。而現今，誠如佛在《像法決疑經》㊶中言：「我滅度已千年後，惡法

大圓滿前行廣釋（二）附大圓滿前行實修法

㊶《像法決疑經》：一卷，譯者不詳，收於《大正藏》第八十五冊。內容敘述佛滅一千年後佛法衰變之相，並勸導修布施大悲行。

漸興。」經中還說，譬如有些出家人沒有參禪，反而自稱禪定功夫不錯，在眾人面前宣揚；有些不解佛意，卻執己所見宣說十二部經，還認為講得很精彩；有些不修道德，專求財物，整日忙於做生意等，致使俗人皆輕賤三寶⋯⋯這些都屬於見解濁。

5、煩惱濁：指在家人行持善法日漸退失。

（當然，見解濁與煩惱濁，還有不同解釋方法，但此處暫以出家和在家進行區分、講解。）

儘管現在五濁橫行、濁浪滔天，但教法證法並沒有真正隱沒，我們擁有如此良機，自己一定要行持善法。其實每個人只要把時間用上，行持善法誰都能做到。今天中午我家來了一位藏族喇嘛，他有79歲，曾是我父親的朋友，後來出家了。他跟我講了自己二十年的修行經歷：截至昨天，他共念了三億遍觀音心咒，今天又在我面前發願，說還要再念一億。我問：「你三億遍心咒念了多少年？」他說：「整整十七年。在此期間，有時候念得多，每天十萬遍左右，有時候到拉薩等地去，就念得少一點。我平時很少跟人接觸，還念了一萬遍《普賢行願品》⋯⋯」他以前在我家鄉爐霍那邊，還是很出名的，我父親常講他怎麼打仗、殺犛牛、偷盜，所以我印象比較深。他也承認自己年輕時，不太相信因果，沒有一個不造的惡業，二十年前遇到一位上師，後又遇到法王如意寶，讓他一心一意念觀音心咒懺悔。如今三億遍

已經完成，今天又發願再念一億。我覺得人的心力確實不同，心力大的話，即使往昔造業比較深重，現在精進也不算太遲。

　　總之，希望大家通過以上分析，真正覺得佛陀說法很難得，佛法住世更難得，現在自己各方面順緣具足，這是非常大的福分。有些人今天沒買到菜、做飯時沒有煤氣、需要的東西買不著、家裡出現一些事，就認為自己違緣重重。其實這不值得大驚小怪，真正的大違緣，是佛教隱沒了，若如此，這個世界會暗無天日，我們來到人間也沒有意義。而如今並不是這樣，佛教的光明依然存在，關鍵要看我們接不接受，假如在自己的餘生中，對佛法既聞思又修行，這樣得到人身才有價值！

大圓滿前行廣釋（二）附大圓滿前行實修法

第二十一節課

《前行》中正在講五種他圓滿，現在是第四個。

己四、自入聖教：

我們雖具足生逢明劫、佛已說法、佛法住世這三個因緣，但關鍵是，自己還要入於聖教。倘若你出離心等具足，則可以出家；倘若這方面因緣欠缺，則應守持五戒，不能全部守的話，至少也要守一部分。在此基礎上，進行聞思修行，如此方可稱為佛教徒。

如果你沒有進入佛門，儘管佛教存住於世，依然不能得受教法和證法，佛法中無邊的智慧和大悲將與你無緣。就好比周圍有一所好學校，老師每天不斷地授課，一個孤兒如果想去，學校會收，但他自己不願上學，整天在校外遊蕩，懂道理的人一看，就會覺得他很可憐，可是他反而認為，這種生活無拘無束、非常自在。同樣，我們若沒有入於佛門，縱然佛教極其興盛，對自己也毫無利益。

如今，無論是出家人、在家居士的身邊，都有很多不信佛教的人，看到茫茫人海中無數的迷失方向者，我們即生有緣了知取捨之理，的確很有福報。假如沒有趣入佛門，就像光芒萬丈的太陽雖已高掛空中，照耀廣大無邊的世界，但在盲人眼中，始終是一片漆黑，太陽東升西落對他無利無害；或者河水雖然清澈甘甜，但口乾

之人不喝也無法解渴一樣，佛教再興盛對自己也無有利益。

我們今生雖有因緣進入佛門，但旁邊還有千千萬萬糊裡糊塗的人，儘管他們有學問、有地位、有財富，然從生生世世的角度來看，都是可憐的迷茫者。因此，我們要發起廣大心，盡可能地去幫助他們，哪怕令一個人生起一瞬間的悲心或出離心，自己也要全力以赴。當然，這並非一日之舉，而是需要長期發心。有了這樣的發心，利他因緣可能會出乎意料地實現，不管你去哪裡、住在何處，都能以佛法的智慧幫助眾生，依靠種種途徑使有緣者趨入佛門。對他人來講，這種利益不可思議，將其安置於高位、賜予巨額財富，並不是一種恩惠，只有助其斷除惡行、行持善法，對今生來世才有意義。所以，首先自他趨入佛門非常重要。

當然，趨入佛門有兩種：一種不太究竟，充其量只是相似的佛教徒；一種則是真實的佛教徒。那麼，這兩種是什麼樣的呢？

一、相似的佛教徒

1、救怖之發心：

如果進入佛門不是希求解脫，而是要麼為了避免今生的感情挫折、身患重疾、缺衣少食、災禍重重、走投無路；要麼是看了佛經論典之後，害怕來世墮入地獄、餓鬼、旁生，感受惡趣痛苦。一者擔心今生違緣，一者

畏懼來世痛苦，如此只為了驅除怖畏、救護自己而皈依，並不是真正的皈依。縱然你已趨入佛門，在寺院或上師前辦了「皈依證」，法也只能稱為救怖之法，人也不可能真正趨入正道。

現在有些國家說，自己國內有佛教徒幾百萬、幾千萬，但我很擔心這些人雖已皈依，自己也辦了證，不過大多數只是怕出違緣才皈依的，這樣的話，只能算是相似的佛教徒。我有時候坐出租車，看很多司機在車裡掛觀音菩薩像、釋迦牟尼佛像，就問：「你為什麼掛這個？」「因為我怕出車禍，掛它可以保平安。」還有時候問：「你是不是佛教徒？」「是啊。」「你為什麼皈依呢？」「因為別人說我命短，為了長壽才皈依的。」當然暫時來講，這也無可厚非，是趨入佛門的一種方便，但究竟而言，他們並沒有明白皈依的目標。

2、善願之發心：

如果單單為了今生的豐衣足食、升官發財、身體康泰、獲得名聲、生兒育女，或者僅僅追求來世的出身富貴、轉為天人等善趣樂果，那麼即便已皈入佛門，法也只能稱為善願之法，人也沒有真正趣入正道。

暫時追求這些，佛陀雖然也開許，因為對欲望強的眾生而言，可先通過滿足他的所欲，最終引導其歸入解脫道。古大德常言：「先以欲勾牽，後令入佛智。」可是現在很多人，被前面的「欲」已經鉤上了，但後面的

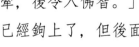

大圓滿前行廣釋（二）附大圓滿前行實修法

「佛智」一輩子中還沒有摸到。這種現象，如今可謂比比皆是、不乏其數。

我就有個熟悉的人，怎麼勸他為了解脫而皈依，他就是不肯：「上師，我家裡平安很重要。我有兩個孩子，大的要找到個好對象，小的要好好讀大學；我自己也要平平安安；我老婆身體不好，應該讓她健健康康；還有她爸媽經常吵架，以後不要再發脾氣；我爸媽平安就可以，其他什麼也不求。南無阿彌陀佛、南無阿彌陀佛……」我說：「你求這些也可以，但還是要想一想解脫，這個很重要。」「不不不，只要平安就夠了！解脫沒事、解脫沒事，這些都不求。」這樣的人，並沒有真正皈依佛教。

二、真實的佛教徒

只有真正認識到生死輪迴皆無實義，六道猶如火宅、羅刹洲、劍葉林般可怕，為求自他解脫而趨入佛門，才能稱得上是真實的佛教徒或者入道者。（我們是不是佛教徒？也應該好好捫心自問。）

現在很多人依靠上師的加持和恩德，修行雖有種種情況，但理論上應該比較明白。在整個六道輪迴中，三惡趣誰都不會羨慕，而三善趣——人間、天界、非天，也沒有必要去希求。那天有個人跟我說：「如果有來世，我就……」我聽後有點生氣：「你學佛這麼長時間，還對來世貪求啊？」他馬上說：「不是不是，我不

是這個意思。我今生肯定能解脫，只是說這輩子『萬一』沒有虹身成就，『萬一』有來世怎麼樣。」

世間人常說：「如果有來世，我就……」好像是另一種語氣。但是作為修行人，我們應該想：假如即生沒有解脫，來世一定要繼續修行，誠如《極樂願文》所說，要像重罪的囚犯從牢獄中解脫出來一樣，義無反顧地想逃離輪迴。有了這種想法，才算是真正的佛教徒。否則，不要說居士，就算是出家人，身披三衣、袈裟，頭剃得光光的，平時住在寺院裡享用信財，若還特別羨慕世間八法，根本沒有解脫的意念，也不是真正的佛教徒。

當然作為凡夫人，想長期保持出離心不退，有一定的困難，但即便如此，至少也應偶爾生起解脫的念頭，知道輪迴沒什麼可貪的。不然，這麼長時間以來，你若從來沒想過超離輪迴，就肯定不是佛教徒。不是佛教徒的出家人是什麼樣的？不是佛教徒的居士是什麼樣的？有時候真的要觀察。有些人認為自己不但是出家人，而且境界很高很高。其實且不談你很高很高的境界，首先你是不是個佛教徒，就值得好好觀察。

學習這部《前行》，意義真的非常大。如果不懂這些道理，表面上你特別精進，實際上你的所作所為，可能根本不屬於佛教範疇。所以對《前行》的這些詞句，不要隨便劃過去就可以了，應當一邊讀一邊細心思維，

逐字逐句、詳詳細細地琢磨，與自相續結合起來再三觀察。若能如此，一方面可認清自己的過錯，同時也能明白今後該怎麼做，以此作為修行道路中的一盞指路明燈。

有些人覺得：「我是大學生，學歷那麼高，像《前行》這麼簡單的法，還有必要學嗎？」實際上世間學歷不算什麼，《前行》中講的有些境界，才是最為重要的。假如你有信心、有精進，這些境界就可以在心中出現；但如果你既無精進，也無信心，即使學識淵博、德高望重，內心也很難與法相應。因此，希望大家再再地思維，這不是往外觀察的法，而要將每一句與自心進行對照。

己五、師已攝受：

即便已經皈依佛門，在寺院辦了皈依證，正式加入居士團體，自己也認為是佛教徒——「我是6月25日早上7點鐘皈依的」，但如果善知識沒有攝受，對佛法教理一竅不通，那不管過了多少年，你還是原來的你，佛法對你沒有多大利益。

故《般若攝頌》中云：「佛法皆依善知識，功德勝主佛所說。」一切佛法依靠善知識而得，這不是凡夫信口所說，而是圓滿一切功德、大慈大悲的釋迦牟尼佛親口所言。《般若八千頌》亦云：「若菩薩摩訶薩欲得無上正等正覺，必先於善知識恭敬承事而依止之。」還有

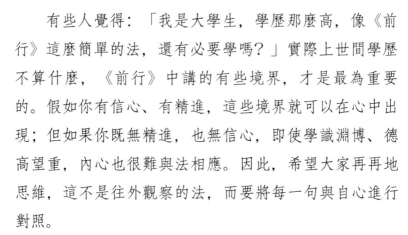

94

《華嚴經》中言：「佛法無人說，雖慧莫能了。」佛法要是沒有善知識講解，世間再聰明、再有智慧的人，憑藉自力也不能通達。

為什麼呢？因為佛經浩瀚無垠、聖教多之又多、所知無窮無盡，假設沒有上師的竅訣，就不會懂得總結諸法的要領而加以修行。

以前，我曾去過香港、紐約的佛教大書店，那裡各種書籍琳琅滿目，一進去就不知方向了。大乘、小乘，藏傳、南傳、北傳……表面上看一本本都非常好看，自己對每本都愛不釋手，但全部買又不可能，真不知該買什麼才好。

還有《大藏經》也是那麼多⑫：就拿乾隆皇帝的《龍藏》⑬來說，全藏共724函，分為正續兩部分——正藏485函、續藏239函；而著名的《永樂南藏》⑭和《永樂北藏》⑮，各自都是636函；如今廣為流通的《大正藏》

大圓滿前行廣釋（二）附大圓滿前行實修法

---

⑫現今流傳之佛典，從語言上可分為：巴利文、梵文、藏文、漢文、日文、蒙古文、滿文、西夏文、西洋文等數種。單單是漢文《大藏經》，自佛教傳入中國後的千餘年間，僅編錄即近50種之多，流傳至今尚有20餘種，收錄的經籍數量不等。各個時代編纂的《大藏經》，形式和內容互有不同。

⑬《龍藏》：中國清刻藏經，是清代的官版。雍正十一年（1733），清世宗命王公大臣、漢僧及喇嘛一百三十餘人，廣集經本，校勘編稿。十三年開刻，至乾隆三年（1738）完成（故又稱《乾隆大藏經》），僅僅費了四年工夫。版片現還完全存在，國內各寺院所藏印本也極多。

⑭《永樂南藏》：為明永樂年間據《洪武南藏》的重刻本，編次有所改動。全藏636函。經版藏於報恩寺，由南京禮部祠祭清吏司主管批准，供全國各地寺院請印，平均每年約刷印20藏，所以流傳的印本較多。該藏雖係根據《洪武南藏》重刻，但書寫和鏤刻都不及《洪武南藏》工整。

⑮《永樂北藏》：繼《永樂南藏》之後，於永樂十九年（1421）在北京雕造的大藏經。全藏636函，大批刷印分賜全國各大寺院。後在明萬曆十二年（1584）又續刻各宗著述36種，41函，410卷，併入該藏，並附《永樂南藏》4種經卷和目錄，計5種，15函，153卷。

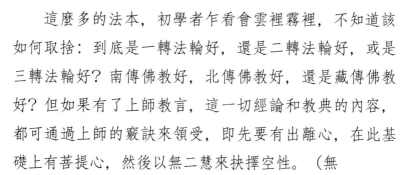

㊻，也共有100冊，其中正藏55冊，續藏30冊，別卷15冊。藏地《大藏經》也是同樣，經典100多函，論著200多函。還有許多高僧大德的著作不計其數，甚至一位大德撰著的，就將近有上百函。

這麼多的法本，初學者乍看會雲裡霧裡，不知道該如何取捨：到底是一轉法輪好，還是二轉法輪好，或是三轉法輪好？南傳佛教好，北傳佛教好，還是藏傳佛教好？但如果有了上師教言，這一切經論和教典的內容，都可通過上師的竅訣來領受，即先要有出離心，在此基礎上有菩提心，然後以無二慧來抉擇空性。（無

二慧在顯宗中是中觀，在密宗中是證悟自知自明的心識本體。）歸根結底，就是以出離心和菩提心為基礎，破一切人我相、法我相。大概這麼幾句話，就把所有經教的內容都概括了，如此修持也會非常圓滿。

因此，上師教言相當重要。如果沒有的話，你不一定皈依；即使皈依了，也根本不知方向，完全憑自學很困難。我經常都會想：「倘若沒有上師如意寶當年的攝受，我不一定出家。即使出了家，也許現在會像有些出家人一樣，表面上看來挺不錯，威儀也很莊重，但內心跟在家人沒什麼差別，對佛法根本一無所知。所以，真

㊻《大正藏》：全稱《大正新修大藏經》。日本大正13年（1924）由高楠順次郎和渡邊海旭發起，組織大正一切經刊行會；小野玄妙等人負責編輯校勘，1934年印行。收入佛籍總數冠於各種《大藏經》，計正藏、續藏、圖像和總目錄共3493部，13520卷。

的非常非常感恩上師！」

　　要知道，上師的竅訣確實很重要，假如沒有上師的竅訣，就不會懂得將經論要點與自心融為一體而修行。因此，有了佛法也不行，自己皈依了也不行，還必須有善知識攝受。《戒律花鬘論》中有一句話是：「六十歲也孩童。」意思是說，即使六十歲皈依三寶，但不懂教理的話，也跟孩童沒有差別。而要想懂得教理，就一定要依止上師。

　　戒律中規定，如果弟子沒有通達三藏，十年中要依止上師。十年以後，假如你學得可以，則可離開上師，出外弘法利生；假如學得不行，還要繼續依止。但現在人可不是這樣，只要上師給你剃了頭，第二天就無影無蹤了。很多人都是如此，從很遠的地方來這裡，口口聲聲非要依止我，結果我把他的頭剃完後——「謝謝，拜拜了！」第二天就背著包走了。他自己也沒想過怎麼依止，只是把這當作一個形式而已。

　　其實，依止善知識務必要長期。世間人讀小學和中學，尚且需要九年義務教育，那我們學佛的人若不受九年佛法教育，則達不到真正佛教徒的資格。我們不僅需要佛法的基礎教育，更重要的是不能離開上師。學院中極個別穩重的道友，長年一直住在這裡，每天堅持聞思修行，已將近二十年了，真的很隨喜。如果沒有長期在這種環境中熏習，凡夫人的壞習氣特別多，只是蜻蜓點

大圓滿前行廣釋（二）附大圓滿前行實修法

水般地在一個道場，或者上師面前小住幾天，然後就離開的話，恐怕是不行的。

以前的布瑪莫扎和嘉納思扎，歷史中記載，曾五百世轉世為班智達，縱然如此，他們也分別於21年、9年中承侍上師。聖者尚且如是顯現，我們業障深重的凡夫俗子，可能剛從地獄、餓鬼中爬出來，好不容易有了依止善知識的機會，就更應值得珍惜了。雖然依止的過程中，也許有點辛苦、有點累，但求法沒有一個快樂的，此時必須要有耐心。

在我們學院，成績較好、戒律清淨、人格不錯的道友想離開時，我通常會勸阻他們。有些人認為我懷有私人目的：「那——我過段時間再回來幫您發心，可不可以？」其實，我並不是想你給我發心，而是想到你自己剛學不久，就這樣離開的話，不管是居士還是出家人，到了社會上，很容易跟以前的貪嗔癡混為一體，沒有能力自拔。所以，首先不能離開善知識，這一點非常重要。

關於此理，《華嚴經・入法界品》中講了很多，與密宗的竅訣大致無二。比如，善財童子依止文殊菩薩時，文殊菩薩說過：「於善知識善巧方便，勿見過失。」這一教誨與密宗對上師觀清淨心如出一轍。還有善財童子依止觀世音菩薩時，心中作念：「善知識者則是如來，善知識者一切法雲，善知識者諸功德藏。」與

密宗中視師為佛，視師為佛法之本、功德之源的含義也完全相同。因此，親近善知識乃修持佛法的全部，並不是密宗的一家之言。

若想獲得佛法的最高境界，依止上師必不可少。有些人以為離開上師後，自己就自由了，此時定有成才的機會。這種念頭，就像小孩子逃學一樣，當時有許多美好的願望：「我從學校逃出來之後，肯定能買一個很棒的玩具，然後玩得特別開心。」實際上，這種想法特別愚癡。所以，依止善知識的時候，要長期依止才有真實收穫。

下面講一段阿底峽尊者的故事，以說明上師的教言與攝受尤為重要：

從前，阿底峽尊者在印度時，度母授記說：「希望你盡快前往雪域，那裡有與你前世有緣、三怙主[47]化身的三位弟子正等著你，如果攝受他們，將有利於弘揚佛法。」而這三怙主的化身，就是庫鄂仲三人，即庫·尊珠雍中、鄂·勒巴協繞、仲敦巴·傑瓦窮乃。

後來，阿底峽尊者來到藏地弘法，仲敦巴問了很多問題，記錄下來匯集成《祖師問答錄》；庫和鄂兩人也問了一些教言，記錄下來成為《弟子問答錄》。這兩部問答錄，總稱為《噶當問答錄》，其中涵攝了修心的殊勝竅訣，與《扎嘎山法》和《修心門扉》一樣相當殊

[47]三怙主：觀世音菩薩、文殊菩薩、金剛手菩薩（大勢至菩薩）。

大圓滿前行廣釋（二）附大圓滿前行實修法

勝，同時，裡面還講了阿底峽尊者與庫鄂仲三弟子之間的前世因緣。

（這些問答錄，我很早以前便想翻譯，但苦於沒有時間，就這樣一直拖著。大概二十多年前，我去馬爾康的溫古寺，給那裡的二十多名僧人安居、傳法。每天上午傳完法，下午我就帶上《弟子問答錄》和《祖師問答錄》，坐在旁邊的森林裡看。那時候，我剛出家沒幾年，出離心非常強，對阿底峽尊者、仲敦巴的行為特別有信心。現在每當路過那個寺院和森林，心裡也感覺很舒服。這兩本書確實非常好，可能有些老道友也記得，法王如意寶以前經常引用，講他們師徒之間生生世世的殊勝因緣，內容十分精彩。）

阿底峽尊者一生中有不可計數的弟子。他來藏地之後，在康區一帶，主要是庫鄂仲三人；在衛藏一帶，則有大譯師仁青桑波、那措‧赤誠嘉納、菩提光。尊者在尼泊爾也有不少極為出色的徒眾，在印度也有許多班智達弟子。不過在藏地，尊者主要是與仲敦巴他們幾個弘揚佛法，而且極為成功。現在雖說過了這麼多年，但後人聽到他們的教言、竅訣，儘管語言很短，可是對內心的作用相當大。

記得有一次，庫鄂仲三人向尊者請教：「修行人若想獲得解脫或遍知佛果，經論教典與上師竅訣哪一個更重要呢？」

尊者不假思索地說：「當然是上師竅訣重要。」

三人又問：「這是為什麼呢？」

尊者答道：「即使你對讀誦傳講三藏無所不知，對諸法的法相無所不曉，但如果實地修行時不具備上師指點的實修口訣，就會造成正法和行人互相脫離的結局。」

（像世間的文學家，或學因明辯論的尋伺者，他們對法相講得特別清楚，將色法的法相、五蘊的法相說得頭頭是道，可是若缺少上師的竅訣，即使講得天花亂墜，實際上要真正修持時，也根本無從下手。

前段時間，學院全體僧眾閉關二十天左右。這個時候，過去沒有修行過的人，整天就在家裡憋著，很辛苦。我遇到一個法相師，他就說：「修行真不好過，講法倒還可以。無論讓我講《因明》、講《現觀》，都沒有問題，但是閉關的話，就有點力不從心了。唉，我講法這麼多年，很慚愧哦！」

所以，大家理論上雖然要精通，但這些理論若要結合自己的相續，必須依靠上師竅訣。否則，佛教經論多得不可勝數，在短暫的一生中全部都修，恐怕不太現實。倘若沒有上師的實修口訣，就會導致法是法、人是人，人與法根本無法相融。但如果有了上師指點，法融入了心，就像《前行》這部法，最初怎麼樣發心、中間怎麼樣入定、最後怎麼樣迴向，必定會了了分明。所以說，上師的竅訣很關鍵。）

三同門繼續請教道：「假如完整地歸納上師竅訣，能否概括為淨持小乘戒、菩薩戒、密乘戒三種律儀，以及身口意三門日日夜夜勤修善法呢？」

大圓滿前行廣釋（二）附大圓滿前行實修法

尊者回答說：「這樣概括還不足夠。」

三同門問：「這又是為什麼？」

尊者答言：「即便三戒守護得一塵不染，但若對三界沒有生厭離心，仍然是輪迴之因。

即使三門勤勤懇懇地奉行善法，但若不懂將善根迴向圓滿菩提，善法也會被顛倒分別念一掃而光。

（有些人身體天天在佛堂磕頭、打坐；口中不斷地念誦佛號、觀音心咒、《金剛經》；心裡也不生貪嗔癡，盡量地行持善法。或者來學院開法會，閉關一個月念百萬佛號，非常非常精進。但他坐車回去的路上，生起一個大嗔心，跟金剛道友打架、吵架，結果辛辛苦苦一個月的善根，都會被一掃而空。現在很多人不知道迴向，不懂以菩提心來攝持，縱然精進地閉關、禪修、苦行，可是分別念一生起，以前的善根還沒來得及保存，一下子就全都沒了。不但沒了，還可能造下很多罪業。

但若有了上師的竅訣，做任何善法結束時都會迴向，以菩提心攝持此善根。就像你好不容易賺了一筆錢，出門時要把它鎖在保險櫃裡，或者存在銀行裡。同樣，你所積累的一切善根，如果以迴向來攝持，乃至菩提果之間也不會空耗。這一點特別重要，可惜很多人都不知道。）

縱然具備智慧超群、戒律清淨、講經說法、觀修境界等一系列功德，但如果沒有捨棄世間八法，一切所為也只能成為現世的生計，而不可能獲得來世解脫之道。」

（有些人為什麼修行很成功？主要因為他能看破今世，不管對名也好、利也好，都看得很淡，一心一意嚮往解脫。而有一部分人，表面上看來很不錯，但由於貪著今生的名聞利養，以致修行一敗塗地。我們學院培養的法師，也有這種情況。所以任何一個群體中，很難做到百分之百非常圓滿。）

總之，得到上師的攝受非常非常重要。如果沒有上師竅訣，則生不起出離心，即使清淨三種戒律也沒用；如果沒有上師竅訣，不懂善根以菩提心來攝持，三門日夜精進也收效甚微；如果沒有上師竅訣，不知看破一切而以解脫為目的，縱然戒律、智慧無與倫比，也只能成為人天福報之因。

然而，一般人對此根本不明白，他們一生中皓首窮經，翻閱了無數佛經論著，最終仍然茫然迷惑。例如，魯迅先生讀了佛經之後，知道極個別經典很殊勝，於是開始捐錢刻印，但遺憾的是，他缺少真正的竅訣，否則，像他這麼聰明的人，肯定能達到更高的境界。我還寫過一些文學巨匠和明星的佛教情結[48]，很多人因為沒有上師竅訣，結果只是與佛教結個善緣、種個善根。要知道，佛教甚深竅訣的鑰匙，唯一在上師手中，上師若沒有為你打開寶藏之門，你在門外只是走馬觀花而已，內在精華並不能得到。故《真實論》中云：「欲成一切

⑱詳見《妙法寶庫15—喚醒迷夢》之《僅有借鑒與研究是不夠的》、《紅塵中的佛光》。

大圓滿前行廣釋（二）附大圓滿前行實修法

智，即依善知識，僅憑自精進，無能成聖佛。盲人依自身，不能攀高峰。」世間上雖然也有自學成才的現象，但在佛教當中，上師的竅訣不可或缺，不然，僅憑自己的精進，想獲得成就難如登天。

當然，依止善知識，並不是非要找一個人。很多人總抱怨找不到合適的上師，有個人就跟我講：「我尋找好多年了，但一直找不到非常合適、與我相應的上師。」倘若你實在找不到，可以將《大圓滿前行》當作上師，它又叫「無瞋阿闍黎㊾」。一般的上師，不管古代也好、現代也好，顯現上有時還會有瞋心，不那麼好依止。而《大圓滿前行》這個法，永遠不會對你生瞋，你隨時都可以祈禱、翻閱。

以上已經分析了十八種暇滿，我們要認認真真一個一個觀察，看哪些具足、哪些不具足。假如你完整無缺地具足八閒暇、十圓滿，自己的身體就稱為具備十八暇滿的人身；假如只具備一部分，則對已經具足的，應當生起歡喜心，對尚不具足的，要盡量想一切辦法令己具足！

㊾華智仁波切在《大圓滿前行·結文》中說：「是故此論易懂攝要義，如淺慧者心室具金寶，劣慧者意暗處有明燈，妙義自現無瞋阿闍黎。」

第二十一節課

第二十二節課

大家每次聽法時，一定要想到兩點：其一、佛法難得，千百萬劫難以值遇，今生既然有幸遇到，就要依靠佛菩薩的加持，通達如來真實密意；其二、我聽這堂課，不是為了今生利益，也不是為了來世快樂，而是為了度化無邊無際的眾生，以令其脫離生死輪迴，獲得佛法的如海功德，此念即是所謂的菩提心。這是每堂課都要想到的。

一般而言，上根者前往聽法場合時，就會發起菩提心；中根者聽到傳法的海螺聲、擊鼓聲，便開始發心；下根者聽到上師提醒大家發菩提心時，才會想到為利益眾生而聽課。但不管你是哪一種，都要經常這樣串習，久而久之，菩提心定會發得起來。

發了菩提心之後，就要修習「暇滿難得」，詳細觀察自己是否具足十八種暇滿。如果具足，一定要生起歡喜心；不具足的話，則要想方設法令自己具足。倘若真正具有暇滿人身，有了修持佛法的機會，那麼活在這個世間上，才有重大深遠的意義。如《中觀藏論》云：「依靠正法光明，了知十八暇滿，真正修持佛法，人身方具意義。」

在六道眾生中，得人身的少之又少；即便得了人身，修持正法的也寥若晨星；即使修持正法，具足十八種暇滿的更是如鳳毛麟角。可見，暇滿人身極為難得。而若要使

暇滿不空耗，就一定要修好前行，否則，修其他法非常困難。因此，大家先不要急於求高法，一定要打好前行基礎。當然，這個基礎也不是一朝一夕便一蹴而就的，必須要長時間串習才能實現。我以前剛求學時，上師就強調前行的重要性，但我當時的認識並不深刻。後來接觸佛法久了，在這個過程中，見到很多人修行半途而廢，甚至一敗塗地，尋找原因才發現——他們沒有打好前行的基礎。所以，大家對前行務必要重視，修的時間不能太短。

要知道，佛法那麼深奧，不可能輕而易舉就精通。世間人獲得一個最高學歷，都要努力三十年左右：上幼兒園要三年，學前班一年，小學六年，初中三年或四年，高中三年，大學本科四到五年，研究生兩到三年，博士三到四年，之後才稱得上是真正的知識分子。而佛教是更為甚深的知識，若想它的境界在相續中呈現，或者完全通達它的內容，當然需要更長的時間。

現在很多居士、出家人認為，只要辦個皈依證就是佛教徒了，其他沒什麼可學的、沒什麼可做的。其實並不是這樣。佛法遠遠超過世間法，世間法並不難，尚且都要花那麼長時間，甚深的佛法就更不用說了。我們學院有很多研究生、博士生，他們初來乍到時，在我面前一一打開證書，「這是我的碩士證」、「這是我的博士證」……結果學了一段時間因明、中觀，自己什麼都不懂，對許多推理霧裡雲裡，那些證書再也不敢打開了。

所以，大家不要認為佛教的知識很簡單。

也正因為佛法深奧，佛陀的無垢智慧才讓人不得不佩服。龍猛菩薩的《般若讚》中有一句是：「您身皆無過，無過者得見。」也就是說，般若佛母是無過失者的行境。的確，佛教最高的無我境界，具足貪嗔癡分別妄念的凡夫俗子難以通達，只有平息了世間之心、不被各種貪執擾亂、遣除了自相續的障礙、擁有最高智慧的人，才能真正趣入。

其實，關於空性之理，學術界也非常認可。前一兩年，有位著名人物寫了一本書，名為《心的世界》，它主要介紹了佛教的無我空性，語言比較通俗易懂。據說該書受到了高度讚揚，一百多個國家的人都在學。原因是什麼呢？很多佛教徒研究後發現，原來他所講的無我與佛教的教義完全吻合。很多西方人因此對佛教越來越有信心了。然而現在的東方人，相當一部分沒有感受到佛教最甚深的空性無我，從而難以生起誠信。

當然，學習佛法也需要實修實證，不然，光在理論上作學術研究，要對治煩惱非常困難。因此，像《前行》這類竅訣書，不管什麼身分的人，一定要重視。前段時間，我遇到一個修行人（以前在學院待過），她學佛很精進，她說：「十幾年以來，《前行》、《入行論》、《大幻化網》從未離開過我的身體。」我看了一下，她的法本都黑黝黝的。確實，一個人如果得受到了

加持和法利，必定不願離開這些法本，而她從中獲得的利益，卻又是平常語言無法描述的。

　　尤其是蓮師的教法，大家務必要起信心，若能如此，定會受到猛厲的加持。如今西方人對蓮師的教法極有興趣，一提到蓮花生大士，無數人會生起極大信心。之所以如此，也是源自20世紀20年代《西藏度亡經》譯成了英文，在西方引起巨大轟動，此後，傳承自蓮師的《西藏生死書》等諸多教言，切實讓人們得到了密法的利益。但可惜的是，現在漢地個別居士，包括寺院裡的出家人，尚未感受到蓮師的殊勝加持。

　　我個人而言，從小就天天念誦、祈禱蓮師，哪怕做了個噩夢——放犛牛的路上遇到豺狼、老虎，唯一祈禱的就是蓮師，至今也從未間斷過。現在末法時代，魔障違緣極為猖狂、猛烈，此時，祈禱其他佛菩薩並非不靈驗，但因為蓮師於末法時代有特殊因緣，出現再大的滔天濁浪，依靠他的發願和加持，也會全部銷聲匿跡。像菩提薩埵那樣的大菩薩，剛來藏地弘揚佛法時，也遇到人與非人的百般刁難，那個時候，他顯現上唯有借助蓮花生大士的威力，方才遣除了一切障礙。

　　所以，以後有機緣的話，我很想講一講《蓮師七句祈禱文⑤釋》，這是麥彭仁波切結合生起次第、圓滿次

第二十二節課

⑤蓮師七句祈禱文：吽！歐堅意吉努向參，巴瑪改薩東波拉，雅參喬革俄珠尼，巴瑪炯內寫思扎，扣德誇桌忙布果，切傑吉色達折吉，新吉拉些謝色所，格日巴瑪思德吽。

第、大圓滿而撰著的一個注釋。1990年，法王如意寶去印度南方南竺高級佛學院時，經眾人祈請，曾傳授過；去五台山時，也給我們講過。它的內容比較多，再過一兩年，若因緣具足了，我想給大家講一下蓮師七句祈禱文的重要性。如果世界各民族的佛教徒異口同聲地祈禱蓮花生大士，必將能遣除末法時代弘揚佛法及個人修行的種種違緣，從而令佛法久住世間。

現在的佛教，越來越多地感受著多方面的衝擊：不信佛教的許多人，故意對佛教製造違緣；而其他宗教的人，也想把佛教的空間全部侵占。據西方報導說，再過五十年，中國將變成信仰基督教的國家。很多人都有這樣的預測。雖然這是一個估計，但也許有真實的理由。因為基督徒的人數，每年以幾百萬、幾千萬直線上升，而皈依佛教者，並沒有如此明顯的趨勢。大多數佛教徒只顧自己修行，根本不考慮佛教的弘揚。佛法未來以何方式生存於世？怎樣世世代代相傳下去？……在這方面作規劃的大德有是有，但並不多。很多人只是忙於多方化緣，想在山溝裡建個莊嚴的寺院，這種發心雖然值得隨喜，但更重要的是，應當多考慮如何讓佛法如意寶在全世界得以廣泛弘揚。

因此，我們平時遇到任何人，只要有因緣，就應把佛教的殊勝教義傳遞出去，讓他們接受。不但自己要明白佛教的道理，而且應全力以赴地讓身邊的人接受佛法

大圓滿前行廣釋（二）附大圓滿前行實修法

如意寶，真正感受到佛教不可思議的微妙法理。我想，這是每個三寶弟子應有的責任。

接下來，繼續講「人身難得」的道理：

全知無垢光尊者在《七寶藏》之《如意寶藏論》中，還講述了暫生緣八無暇和斷緣心八無暇。這十六種無暇雖不常見於經傳，不像前面講的十八種無暇，是一般經典和論典公認的，但卻是無垢光尊者智慧與悲心的流露。一個人真正要修行佛法，不被這些逆緣所轉也同樣至關重要。

懂得前面的十八種暇滿後，我們要詳細觀察自己具不具足，被違緣控制了沒有？假如被違緣[51]控制了，也就失去了暇滿。阿瓊堪布在《前行備忘錄》裡有個比喻：十八暇滿就好比有十八隻羊，一旦被豺狼吃掉一隻，那就剩下十七隻；又被吃掉一隻，只剩十六隻了……全部吃掉的話，也就沒有羊了。同樣，即使你十八種暇滿已經具足，但出現一個違緣的話，十八暇滿中的一個就退沒了，再出現一個的話，一個因緣又不存在了。因此，大家要分析這十八種修法條件是否真實具足。假如一個不具足，表面上問題不大，但它很重要的話，也會讓其他條件全都失去意義。例如，倘若你沒有趨入佛門，就算其他條件都具足，也沒辦法修行。

[51]指下面要講的暫生緣八無暇、斷緣心八無暇，即修行中的十六種違緣。

若不明白這些道理，縱然你自認為修行很了不起，是從極樂世界或蓮花刹土派下來的，相續中有不可一世的增上慢，恐怕你也只是形象上的佛教徒而已。所以，學習佛法、修行佛法，最重要的就是要懂得次第，而不是奢望一步登天。

那麼，對於十六種違緣，《如意寶藏論》是怎樣講的呢？如頌云：「五毒愚癡魔所持，懈怠惡業如海湧，隨他救怖偽法相，暫生緣之八無暇。」這是暫生緣八無暇。又云：「緊縛現行極下劣，不厭輪迴無少信，行持惡業心離法，失壞律儀三昧耶，斷緣心之八無暇。」這是斷緣心八無暇。下面我們一一講述，在此過程中要弄清楚：什麼是暫生緣、斷緣心？哪些是暫生緣八無暇、斷緣心八無暇？怎麼樣對治？主要從這三個方面了解。

一、暫生緣八無暇

什麼是暫生緣呢？指在修行過程中，暫時或偶爾、時時或經常㉜出現的修法違緣。這樣的違緣，儘管今天在自相續中不存在，但明天很容易出現；即使今年沒有，明年也可能會有；就算這幾年沒有，但過幾年或許會遇到。時間短一點來說，在上午沒有，可是下午又易產生；修法入座時沒有，出座時還是容易冒出來……總之，它隨時隨地找你麻煩，斷除你的修法因緣，所以很

㉜上師仁波切2004年講《前行》時說：以前有些上師對暫生緣的解釋是「暫時、偶然產生」。但實際上，有些人的違緣並不一定是暫時出現，也可能是即生中比較漫長的時間裡出現的。

可怕。

　　現在許多修行人，包括經堂裡在座的道友，每個人都想成為好修行人，甚至認為自己的心比較堪能，對治煩惱沒有問題。雖然你有這樣的信心，但過一段時間，各種違緣出現時，你能不能還待在佛教團體中也很難說，畢竟有些違緣不是像你想得那麼簡單，所以，我們要周密地觀察自相續，依靠對治來遣除一切違緣。就像你有一個如意寶，為了防止被人搶走、偷走，始終都要時時保護。同樣，我們這樣的暇滿人身，為避免遭受違緣的傷損，斷了修行的善根，也要懂得下面所講的道理，盡量採取種種防護措施，不要被那些違緣控制。

　　以前的修行人，完全了解哪些是違緣、哪些是順緣，一直用正知正念守護根門，所以修法無論遇到什麼障礙，始終不會被束縛，而能做到善始善終。我們今後也要如此，不但對違緣要學會分析，更要時時保持警惕。

　　無垢光尊者的智慧真的非常高深，道理上的點點滴滴開顯得明明白白，只要是有心之人，肯定會關心這些問題。以後一旦遇到違緣，便會立即認識到，並想方設法遣除所有違品。其實暫生緣的對治方法，在《前行備忘錄》中也有，希望大家抽時間看一下。

　　下面詳細解釋暫生緣八無暇：

　　1、五毒粗重：對怨敵恨之入骨、對親友愛戀貪執等

五毒煩惱十分粗重的人，雖然偶爾會生起修持正法的念頭，但大多數時間都被強大的煩惱所控制，而不能修成正法。

煩惱深重之人，儘管位於修法的行列中，但也很難修行。比如說，有些人嗔心極重，一發脾氣就無法控制，好幾個人都拉不住，他面前放著什麼鍋、碗、茶杯，統統都會砸毀，窗戶也擋不住他，跟恐怖分子沒有差別。而有些人貪心熾盛，不論對親友還是財物，一生貪就沒有羞恥心，誠如無著菩薩所形容的：「貪戀親方如沸水，嗔恨敵方如烈火。」此時，上師勸不住，佛法也對治不了，其結果難以收拾。

當然，他們心情好一點的時候，也會有想好好修行的念頭，但因煩惱過於強盛，偶爾生起的修行念頭，猶如半夜的閃電般轉瞬即逝，大多數時間還是被煩惱所轉，根本沒有修行的自由。

個別發心人員也是這樣。本來我對他期望很高，他心情比較好、煩惱平息時，信誓旦旦地說要如何如何發心，講得特別好聽。我也很相信：「可以可以，讓你發心。」但他過段時間就不行了。當然，一次也就算了，誰都能原諒，可是他屢教不改，今天生嗔心，明天又生貪心……這樣的話，自己的事情都解決不了，還發什麼心哪？

不過，這種人也很可憐，畢竟他身不由己，或許是

大圓滿前行廣釋（二）附大圓滿前行實修法

前世業力所致，或許是今生不能對治，總之，強大的煩惱讓他的修行無法圓滿成功。而有些人雖然工作效益低、發心能力不強，但相續中的煩惱不重，即使生嗔心，也不會大發雷霆，不像這種人，一生氣就面目猙獰、怒髮衝冠，別人一輩子都忘不了，不要說是人，魔眾見了也會一逃而光、不敢接近。所以，一個人若煩惱粗重，不論自己修行、還是利益他眾，都相當相當困難。

對治：貪心的對治法是修不淨觀，或如《寶鬘論》所說，用剖析無常和無我來對治；嗔心的對治法是修慈心，或以《入行論·安忍品》裡的教言來觀察；癡心的對治法，則是觀修緣起法……不管怎麼樣，當這些煩惱剛剛萌生時，要以正知正念及時對治，立即根除，以防毀壞自他一切善根。如云：「貪等煩惱初生時，立即鏟除佛子行。」

只要能對治，縱然自己煩惱非常深重，依靠佛法的加持，也能完全變成另一個人。比如，有些人以前被貪心左右，在社會上臭名遠揚，貪欲的生活一剎那也不能離開，但後來深入了解了佛教的殊勝道理，覺得所做的一切非常醜惡，從此改過遷善，歸入正道。有些人嗔恨心相當嚴重，身上總別著幾把長刀，每天找人打架，像奔公甲格西在家時一樣，但後來入於佛門，修大慈大悲心，最後即使自身被人砍割，也不會生一瞬間的嗔恨。

當然，每個人的因緣不相同。有些人學佛很長時間，也不一定有什麼感覺；有些人一修法就馬上相應了，如同病入膏肓的患者一吃藥，當下藥到病除、立竿見影一樣，煩惱依靠佛法立即能對治，他的變化別人也看得出來。所以，只要用心去對治，煩惱是可以遣除的。為什麼呢？因為對治之道符合心的實相。

2、愚昧無知：毫無慧光、極其愚癡的人，雖然已經步入佛門，受了居士戒，甚至出了家，但對正法的句義絲毫不能領悟——聽法不懂其句、思維不解其意、修行不悟實相，法與相續互相脫離，這種人沒有聞思修行的緣分，無法品嘗到佛法的美味。

有些人太愚癡了，不要說中觀、大圓滿等甚深法，即便是人身難得，聽完也就忘了，對基本法義一無所知。這種人徒有人的形象，卻沒有修行佛法的能力，即生中難以與佛法結上殊勝之緣。當然這不能一概而論，像周利槃陀，剛開始也很愚笨，但後來依靠殊勝的因緣，及憑著自己的信心，最終獲得了開悟，這種情況也是有的。

對治：要對治愚昧無知，必須進行懺悔。有些人常抱怨自己太笨，什麼都記不住，背了半天，一考試就忘了，其實這都是因為往昔的罪障深重。為此，自己一定要加以懺悔。同時，還要祈禱智慧本尊。八大菩薩每一位都有不同的加持，而文殊菩薩是開發智慧的聖尊，故

大圓滿前行廣釋（二）附大圓滿前行實修法

當誠心誠意祈禱文殊菩薩，念誦他的名號和心咒，若能如此，生生世世必將不離智慧光明。所以，以前上師如意寶曾要求：凡是皈依他的信眾，最少要念一億遍文殊心咒。並保證說：「只要念了，有智慧的人，即生中智慧定會越來越增上；沒有智慧的人，也將於未來生世變成智者。」

其實，愚者更需要求智慧，即生中若再不好好聞思、求知識，生生世世將難以擺脫愚癡的命運。有些人說：「反正我太笨了，聽不聽都一樣，乾脆不聽課吧。」然而薩迦班智達說：「愚者因無智慧故，彼等不願求學問，若善觀察無智故，愚者更應勤求學。」按照他老人家的意思，正因為你「太笨了」，所以更要精進求學。

現在的人很顛倒，覺得自己沒智慧，就不願意去聞法。其實恰恰相反，你沒有智慧的話，就更應該聽法了。就如同有錢的人不急於賺錢，而沒有錢的人才需要賺錢一樣，愚者是因為前世沒有求學，今生才變得愚不可及，為避免後世繼續成為愚昧之人，今生再困難也要精勤地聞法。如云：「是因前世未求學，今見終身成愚者，因恐後世成愚昧，今生再難亦勤聞。」因此，希望大家利用現在的機會，為來世創造好因緣，否則一旦錯過了，到時後悔也來不及了。

3、被魔所持：有些魔知識宣揚前後世不存在、因果

不存在等邪見倒行，不管他是什麼形象，出家人也好、外道徒也罷，如果被他所攝受，自心將與佛陀的教法背道而馳，入於歧途而無法趨入解脫正道。

現在世間上魚龍混雜、真偽難辨，許多佛教徒被魔知識左右，充滿邪知邪見，紛紛對佛法退失信心。這些人卻自認為了不起，覺得見解、修行很不錯，但實際上與佛法的教義一點也不接近，別人勸也聽不進去。

對治：要對治被魔所持，首先要觀察所依止的上師具不具足法相，是魔知識還是善知識？如果是善知識，就要生起歡喜心，並以三喜來依止；如果是魔知識，最初就不能接近他，這是很關鍵的。

當然觀察善知識，並非觀察外在的神變神通等，而要觀察他是否具足菩提心。倘若具足，就可以依止；若不具足，即使他講的法再高妙，也不應該接近。對此，堪布阿瓊等許多上師也持相同觀點。華智仁波切在《竅訣金鑰》中說：「不具菩提心竅訣，濁世多詡學密者，口頭高法漫虛空，縱稱善妙亦魔宗。」意即在末法濁世，很多人不具足菩提心，卻自詡為密宗行人，甚至聲稱已開悟了，但就算他自我標榜的語言漫布虛空，別人對他再讚歎、再恭敬，然由於不具足菩提心，他的法跟魔法也沒有差別。

當然，上師有沒有菩提心，不具備他心通的人很難以徹知，只能從他的行為中略知一二。假設他的所作所

為一味地為自己、為自宗，這不一定很好，對其還要觀察；假如他無時無刻不在利益眾生，這樣的善知識就可以依止。所以，斷定魔知識、善知識的唯一方法，即是看有無菩提心。

4、懈怠懶惰：儘管渴望學修正法，但每天都懶洋洋的，絲毫也不精進，這樣懶惰的人明日復明日，對求學一拖再拖，絕不可能實現修法的心願。

對於懈怠，有一本書裡說，西方人和東方人截然不同：東方人的懶惰是每天曬太陽，或一直躺著、臥著，而西方人則是整日忙忙碌碌。但現在，東西方的懶惰幾乎差不多了，都是城裡人以忙忙碌碌而懈怠，山裡人天天以睡懶覺而懈怠，皆不求善法。世間人懈怠還可以理解，但修行人如果很懈怠，對解脫確實有影響。

對治：要對治懈怠懶惰，必須憶念死亡無常。只要一觀修無常，發現自己的時間不多了，又豈敢輕易懈怠？見別人囉囉唆唆聊些瑣事，自己也會想：「囉唆這些幹什麼？還是修法重要。人生如此短暫，何必浪費時間呢？」所以，無常修得好的人，時間掌握得非常合理；而無常修得不好的人，自己時間也掌握不好，這從他的言行舉止中看得出來。

5、惡業湧現㊼：罪障深重之人，惡業的大海波濤洶

㊼這就是所謂的業力深重。業力深重和煩惱深重還有差別：煩惱深重，指貪嗔癡粗大；業力深重，指往昔造業嚴重，即使今生中沒有造這重罪，前世也是在所難免。

湧澎湃，即使兢兢業業地修法，可是自相續卻生不起功德。他本人不知這是自己所造惡業的果報，反而對上師和正法心灰意冷、大失所望。

對治：學法一定要有恆心。像無著菩薩那樣的聖者，在雞足山修學時，六年、九年乃至十二年中，連一個好夢都沒出現，最後萬念俱灰地下山時，因生起悲心才見到彌勒菩薩。我們業力深重的凡夫人，更不用說了。一旦在修行過程中生病了、出違緣了，絕不能認為自己修不成，或對三寶起怨恨之心，而要知道：「正是佛法的殊勝加持，使我來世的惡報在今生成熟了。」誠如《金剛經》所云：「是人先世罪業，應墮惡道，以今世人輕賤故，先世罪業則為消滅。(54)」

所以，我們修行遇到大違緣、大障礙時，不要怨天尤人，應當想到這是在消業，務必對因果不虛生起堅信，進而對以往的惡業進行懺悔。只有這樣，最終才能認識心的本性。千萬不要像有些人那樣，修了很長很長時間，但因業力深重，沒有出現任何境界，就離開道場而斷了法緣。

6、為他所轉：有些人非常可憐，父母不讓學佛，子女不讓學佛，家屬不讓學佛，領導不讓學佛，甚至佛堂也不能擺。（我們藏地不同，只要學佛法，家人會盡量支持，如

(54)藏文的《金剛經》是：「行持波羅蜜多之菩薩，受到損惱或受極大損惱，此乃未來所受之苦業，於此世成熟。」

果不支持，別人還會說他、笑他。所以，家人即使不情願，為了面子，表面上還是會讚歎學佛。）這些身不由己被奴役之人，雖有修法的願望，但由於受到他人控制，而得不到修法的機會。

對治：對被他所轉、無有自由的人而言，必須要找一個良策，力求擺脫這種處境。漢地曾有位法師說：「只要想學佛，辦法總是有的。」確實如此，只要自己有這顆心，平時可偷著學，實在不行，也可以離開那個環境。父母若天天控制你，到一定時候，你就跟他說清楚：「你們這樣逼我，不要後悔啊！你們的恩德，我只有來世再報了。學佛並不是忘恩負義，我會好好地迴向給你們。」個別出家人走投無路時，只有用這個方法，給家人默默地迴向。許多經論中也說：實在不行的話，就只好離家出走了，去過自由自在的修行生活。

7、求樂救怖：有些人最初步入佛門，是為了今生的溫飽，或者害怕災難臨頭，這種人雖然學佛了，但由於對正法沒有深信不移的定解，一旦舊習復甦、故態復萌，又會重操舊業，行持非法。

有些人出家是因為自己出違緣，暫時生起了出離心，但因為對佛法教義沒有深入領會，後來遇到了以前的戀人，便毫不猶豫地破戒或捨戒，又回到了原來狀態。這就是佛法沒有融入心的表現。其實，佛法融入心非常重要，倘若沒有感受到它的美味，你做再多形象上

第二十二節課

的善法，到了一定的時候，違緣一出現，你還是沒辦法面對。

對治：要對治求樂救怖，就應想盡一切辦法生起出離心和菩提心。

8、偽裝修法：貪求資具、名聞利養的人，雖在他人面前詐現威儀、道貌岸然，裝腔作勢地擺出一副修行人的模樣，可是自心所追求的目標唯是今生今世的利益，而距解脫正道有千里之遙。

對治：要對治偽裝修法，必須認識到謀求現世利益的過患，進而予以斷除。

上述這八種人，無有修行正法的機會。

大圓滿前行廣釋（二）附大圓滿前行實修法

第二十二節課

第二十三節課

暫生緣八無暇已講完了，今天開始講斷緣心八無暇。

二、斷緣心八無暇

作為修行人，一旦有了斷緣心八無暇的任何一個，那就斷了修行的因緣，三菩提的苗芽就會凋謝，以至於離開解脫種性，為此叫做「斷緣」。從某種程度來講，它比暫生緣更可怕，暫生緣只是偶爾影響修行，斷緣心卻能讓你從此無法修行，從解脫道路上完全退失。所以，我們一定要觀察，看自己有沒有這些違緣，有的話，應立即依靠對治來斷除，同時祈禱上師三寶：以後千萬不要遇到，一旦遇到了，也不要讓它留存很長時間。

有些人極其可憐，雖然很想修法，自己也捨棄家庭而出了家，可是因為業力現前，或者煩惱非常深重，違緣出現時，自己沒辦法面對，最後又被捲入紅塵俗世中。所以，學佛過程中，要經常祈禱上師三寶，這一點至關重要。因為上師三寶的威力和加持不可思議，人沒辦法解決的問題，上師三寶確實有力量。因此，無論你在哪個道場，行住坐臥都要不離上師三寶的光明，這是真正修行人的行為，大家一定要切記！

下面一一闡述斷緣心八無暇：

大圓滿前行廣釋（二）附大圓滿前行實修法

1、為今束縛：被今世的財產受用、子女親屬等緊緊束縛，為了他們的利益精勤勞作而散亂度日，荒廢光陰，沒有時間去修法。即使偶爾有修法的念頭，也很快被種種外境所轉，不可能付諸於行動。

許多人從孩提一直到老年，根本沒有修行的自由。誠如麥彭仁波切所言：「孩提時隨父母轉，韶華時隨朋友轉，年邁時隨子女轉，愚者恆時無自由。」我非常喜歡這個頌詞。現在人的確是這樣：孩童時，父母天天都管著，自己也耽著一些玩具，把假象執著為實有，沒有修法的空閒；年輕時，始終被親眷好友捆縛著，修行的時間一剎那也難以空出來；老年時，只有隨著子女轉，對他們言聽計從，更沒機會去修法。總之，自己一輩子都在他人控制下，沒有修行的真實機緣。所以，前輩的高僧大德捨棄今生，將這一切全部拋之腦後，原因是什麼呢？就是他們深深地認識到：今生若一直被這些所轉，自己的修行絕對無法成就。

現在大城市裡的人，尤其對感情、美色特別執著，以至於帶來的損害層出不窮，更不要說能去如理修行了。唐代詩人溫庭筠說過：「王孫莫學多情客，自古多情損少年。」然而很多人不明白這個道理，有時看到他們的荒唐之舉，大悲心不禁油然而生：「這些人對無實的虛假幻象，竟然耽著得如是強烈，實在可憐！」

若對今世的一切貪執不捨，這個人肯定沒有時間修

行，甚至還會為了微薄利益而喪命。正所謂「人為財死、鳥為食亡」，有些人為了一點蠅頭小利，不惜與人勾心鬥角、大打出手；鳥兒為了一個小蟲屍體，也會互相啄得頭破血流、你死我活。在我們眼裡，這些眾生所追求的，實在是利益微薄、不值一提。可是也沒辦法，「旁觀者清，當局者迷」，他們由於執實不悟，只能沉溺在痛苦的漩渦中無力自拔。

對治：我們作為修行人，首先要觀察自己有沒有看破今世。《開啟修心門扉》為主的修心竅訣中，都強調第一要看破今世，原因就是：如果對今生的一切能看破，無論居士還是出家人，修行必定會成功；反之，假如對現世的名利十分耽著，即使你表面上修行特別好，也不一定有很大收穫。因此，每個修行人務必要了解輪迴的過患，真正生起出離心。

2、人格惡劣：性情惡劣之人，連芝麻許的善良人格也不具備，言行舉止沒有絲毫可信度，所作所為始終不會有長進。這種人從頭到腳沒一點好的，就像人們所說：頭頂長瘡，腳底流膿──壞透了！

學佛先要做好人，在好人的基礎上，才能變成好修行人。如果人品下劣、惡行昭著，卻妄圖在佛教中做出一番大事業，這是不現實的。一個人倘若修行好，則一定是好人，因為佛法融入內心之後，與壞人會有很大差別。反過來說，假如壞人的行為一點都不捨棄，那他會

大圓滿前行廣釋（二）附大圓滿前行實修法

不會變成大成就者呢？恐怕很困難的。

古大德在教典中也說：「弟子學識誠可改，秉性下劣實難移。」弟子沒有智慧、比較愚笨，倒不要緊，在老師的督促下，只要他肯學，慢慢也會變成智者。但如果他人格特別下劣，那就無藥可救了，一兩天中你對他教育，可能稍微好一點，但「江山易改，本性難移」，過段時間他又會故態復萌。

以前，博朵瓦格西對前來依止的人，首先要觀察他人格如何：人格不好的，就算智慧出類拔萃，他也不會接納；如果人格很不錯，但智慧有點欠缺，他還是會攝受的。我們上師如意寶的很多教言，比如《勝利道歌》、《教誨甘露明點》等中，也經常提到人格的重要性。我們平時跟眾人接觸的過程中，確實對法王和古大德的這些教言深信不疑。正如《格言寶藏論》所言：「劣者無論再改造，性情不會變賢善，煤炭無論再改造，其色無法變雪白。」人格低劣之人，即便遇到佛陀般具有德相、有無限大悲和智慧的善知識，也難以獲得上師一點一滴的意傳加持，反而會與正法背道而馳。所以，這種人沒有修行的機會，可稱之為轉生於無暇處。

對治：要想對治人格惡劣，有些大德在教言中說，有一定的困難。不過，極個別人由於善根、種姓比較不錯，剛開始時雖然為人很壞，但後來依靠上師的教言和道友的勸導，也能變成善良之人，這種現象偶爾會有。

因此，我們要好好觀察，看自己究竟是不是個好人。凡夫人都有這樣的毛病：每個人相信自己是好人，就算是最壞的人，也認為自己很了不起。其實假如人人都覺得你很壞，你可能真的是壞人；但若大多數人覺得你不錯，那也許只是有些人看不慣你的行為而已。總之，大家不要對自己太相信了，不要認為「在這個世間上，我跟文殊菩薩沒有差別，只不過個別人嫉妒我罷了，實際上我是個大好人」，也不能這麼想。每個人在所難免都有毛病，故於求法過程中，在上師和道友面前，一定要改正自己的過失。智者常會觀察自己的不足，而愚者只看別人的缺點，所以要想真正變成修行人，必須要有完善的人格，攝受弟子時如是，自己修行時亦如是。

3、無出離心：對於地獄、餓鬼、旁生三惡趣的劇烈痛苦，或者人間的生老病死、天人的死墮、非天的戰爭之苦，或者生存於世所飽受的種種身心痛苦，如果生不起一絲一毫的畏懼感，還覺得這個世界多麼美好幸福，那根本無法產生作為趣入佛法之因的出離心。

我原來也講過吧，美國一個道友曾給我打電話說：「我們這裡特別快樂！美國舊金山多麼美麗，波士頓如何如何壯觀……」當時我就開玩笑：「你不要天天貪著這些啊，不然，你一剎那的出離心也生不起來。」

的確，現在有些人身體沒有病，地位、事業、家庭

各方面不錯時，覺得這個世間還是很美好，卻不知一切有為法皆為痛苦的道理。這些人看三界輪迴不像火宅，反而像天堂，由於缺少出離心，根本沒有趣入佛法的機會。尤其是缺乏因果觀念的人，一講起地獄、餓鬼、旁生的痛苦，內心一點感覺都沒有，就像無垢光尊者所批評的，這種人的心真如鐵球，或像石頭一樣沒有心⑤，已經斷了解脫的因緣。

假如沒有出離心，我們是否會生起更高的境界呢？這很難說。有些人聲稱：「出離心是小乘法，我修的是大乘密法，絕不用靠下乘的出離心。」這也有點言過其實了。為什麼呢？因為沒有基礎的話，你的高樓大廈不會很穩固。佛陀在《地藏十輪經》裡也說：「無力飲池河，詎能吞大海？不習二乘法，何能學大乘？」意思就是，若沒有能力飲用池水、河水，又豈能吞下整個大海？同樣，假如不修習小乘法，又豈能學習大乘法呢？

現在很多人看不起小乘的出離心、比丘戒、居士戒，一提起這些就頭痛，不願意聽，自認為是大瑜伽士，安住於自然本智中，什麼都不執著。但這些人就像電影裡的壞人一樣，對善法不執著，對惡法卻執著得很，由於自己還要幹壞事，因而對法律一概排斥。其實這是不合理的，以別解脫戒或出離心為基礎，真的很重

---

⑤無垢光尊者在《大圓滿心性休息》中云：「雖已如是作開示，然卻毫不生厭離，我心真如巨鐵球，或如石頭無有心。」

要。修行人也應該觀察自己，看願不願意從輪迴中脫離出來，若連這種心都沒有，那你學法的方向並沒有搞定。

不過，現在大城市裡的人，耽著今生的比比皆是，不說無上密法和大圓滿的境界，甚至一講起出離心，許多人也不能接受。所以，凡夫人最好不要高談闊論、自以為是，平時聽到簡單的教言若都接受不了，那麼更高的見修行果，對你來說更會遙之千里。

華智仁波切的每一句話，希望大家務必要記住。那天學院個別人已發願背誦《大圓滿前行引導文》，希望你們一定要善始善終，如果真能背下來，我敢保證你會變成很好的修行人。其實能背誦這個的話，裡面所有教言都記得住；如果不能背，光是在書上走馬觀花、囫圇吞棗，其中很深的教言無法深入體會。我經常想：「這每一句所講的，要是能永遠記在心裡多好啊！」二十年前我剛聽這部法時，就這樣認為，現在仍有這種感覺，這裡面的金剛語，跟世間的任何語言都不相同。

前不久我看了一本書，是個很有學問的人寫的，裡面說每天至少要看十分鐘的書，讓自己的智慧充充電，否則，你的思想會停滯不前。既然世間人都這麼認為，希望大家也對出世間這麼好的法——《大圓滿前行》，每天能看一點、記一點，這樣久而久之、長期下來，腦海中就會有非常深的印象。所謂修行，並不是一步登

大圓滿前行廣釋（二）附大圓滿前行實修法

天，而需要長期的熏習，這一點，從那些修行非常成功的老修行人身上，也可以看得出來。

4、無有正信：如果對佛陀的教法、證法，還有給我們傳講真實不虛教言的上師，連一絲一毫的信心都沒有——比如說，《大圓滿前行》的法本來了，你覺得跟一張報紙沒什麼兩樣；給你傳講最甚深法要的上師來了，你就隨便應付一下：「噢，您來了，要不要吃點東西？好，拜拜！」那顯然已封閉了佛法的入門，這樣一來，也就不能踏上解脫正道。

在修行的過程中，信心和智慧相當重要。若沒有智慧，不可能通達一切萬法的實相；若沒有信心，則無法趨入這樣的法門。正如龍猛菩薩在《中觀寶鬘論》中所言：「具信故依法，具慧故知真，此二主為慧，前行即信心。」有了信心以後，我們才會希求佛法；有了智慧以後，才能通達人無我、法無我，或是佛教中四法印的道理等。而在智慧和信心這二者中，智慧是占主要地位的，因為依此可通達萬法世俗諦和勝義諦的真相。但要入於這樣的境界，必須依靠信心來推動，就像《寶性論》中所說，殊勝的勝義空性也要依靠信心方可證悟㊱。如果你點滴信心也沒有，絕不可能入於佛法之門；假如你信心很不錯，像有些老修行人、老居士一樣，那即使不具足通達萬法的智慧，也永遠不會在佛法的光明中退轉。

㊱《寶性論》云：「自生諸佛之勝義，唯是依信所證悟。」

一個人若對上師有信心，五年前在上師身邊，十年後還會在上師身邊，縱然有時受讚歎、有時挨批評，經歷了各種風風雨雨，但怎麼樣都能挺過去。假如你沒有信心的話，今天上師說你的飯做得不好——「哼，不好？那你就找個做得好的人吧！」馬上背著包就走了。其實，依止上師也好、為眾生發心也好，心眼不要太小了，稍微說一點點，立即就離開，這樣不是很好。我們所住的娑婆世界，又名具諍世界，在這個世界中充滿各種爭論、你爭我奪，不比極樂世界每天都是散鮮花讚揚，故要學會修安忍。有些人忍耐力特別弱，別人稍稍說一點，從此再也不理他了，更有甚者，再也不去那個道場了。有些發心人員也如此，別人說他這樣做不好，他馬上甩手不幹了，把工作交待一下就離開。這種人真的很可憐！

要知道，發心或修行十分圓滿的人，肯定會遇到很多很多違緣、障礙，最後之所以他能成功，就是因為忍得下來。像法王如意寶，不管是攝受弟子、建立道場、弘法利生，都曾遇到很多人不理解，甚至無端誹謗、說種種過失，但上師只要覺得自己的原則和方向沒有錯，就不在乎這些。所以，大家今後學習也好、弘揚佛法也罷，有堅強的忍耐心非常非常重要，這也是信心的一種標誌。看過《中觀寶鬘論釋》的人都知道，裡面講了智慧的標誌和信心的標誌，其中，不會離開法、不會離開

大圓滿前行廣釋（二）附大圓滿前行實修法

上師，就是具足信心的標誌。

因此，有信心的人最好不要離開上師，也不要離開法。倘若你今天學這個，明天信心就退了，把法本寄回去，又跑到另一個道場去，如此反反覆覆、來來去去，終將一無所獲，沒有多大意義，故還是要長期依止，一門深入。所謂一門深入，並不是只看一部《阿彌陀經》，此外什麼都不能看，而是對所依止的法門和宗派不要換來換去。不然的話，你依止一位上師，他的儀軌好不容易學下來了，結果又看見更胖一點的上師——「這個上師多莊嚴、多可愛啊！我閉著眼睛，對他都有無比的信心。今天一定要在他面前，五體投地皈依、祈禱，他是我永遠的怙主！」可一兩年以後，這個怙主又變了，這樣不好。

5、喜愛惡行：喜愛不如法惡行之人，身口意三門桀驁不馴、剛強難化，遠離聞思修行、恭敬供養三寶等一切功德，拒正法於千里之外。

有些人可能是前世的業力吧，對善法沒有多大興趣，對惡法卻興致勃勃、極有信心，這種習氣很難對治。阿瓊堪布在《前行備忘錄》中也說：「喜愛惡行，無以對治。」這種人真的很惡劣，對行持佛法一點興趣都沒有，整天在社會上造惡業，做些不如法的行為，如上網、打麻將、喝酒、抽煙、殺生，甚至吸毒等等。《格言寶藏論》專門有一個「惡行品」，就講了很多惡

劣的行為。

喜愛惡行的有些人，也跟自己的業力有關，今生中怎樣也無法調柔。如云：「惡人住林亦粗暴，正士住城亦溫順。」惡人住在寂靜的山林也會顯得異常粗暴，口口聲聲說要閉關，跟誰都不接觸，可是一接觸人，就差點把人家吃掉，哪怕在寂靜地方住一萬年，性格也沒辦法變得調柔。而正士即使住在喧囂的城市裡，仍然是溫雅又善良，如同駿馬一樣，縱然身處鬧市也非常溫順。

很多惡人好像沒有善根一樣，所有的罪業、惡行方面，他有能力、有興趣、有歡喜心，而善法方面，一點希求都沒有。按彌勒菩薩《經莊嚴論》的觀點，這種人就是斷絕解脫緣分者，如頌云：「一向行惡行，普斷諸白法，無有解脫分，善少亦無因。」一心想造惡、喜歡惡行的人，完全斷絕了一切善法，從而沒有解脫的緣分，善法方面一點因緣都沒有。但後來麥彭仁波切解釋時說：所謂「一點因緣都沒有」，只是低劣加否定而已，說明此人距離解脫極其遙遠，並不是他永遠不能解脫，否則就有不具如來藏的過失了。

對治：喜歡造惡業、喜愛惡事的人，哪怕來多少佛陀或者善知識，也很難以救度。對於這種人，有沒有方法對治呢？阿瓊堪布說「無以對治」。我也想不出好辦法來，因為跟這些人怎麼講，他也當成耳邊風，覺得自己喜歡的是最好的，所以善知識說了也沒用，法本看了

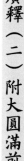

大圓滿前行廣釋（二）附大圓滿前行實修法

也生不起興趣，這種人還是很難調伏的。一旦我們轉生成這樣，對佛法肯定無力希求，故也是一種無暇處。

6、心離正法：（剛才是從喜愛惡法的角度講的，此處是從對善法沒興趣的側面講。）對不具備善法功德與正法光明的人來說，就像在狗面前放青草或犛牛面前放骨頭一樣，對聞思修、放生、聽經等正法毫無興趣，一聽上師講這些就興趣索然，結果自相續也不會生起功德。

當然，不信佛教的人，我們暫時不談。而信佛教的人當中，有些得到一個法本，就非常歡喜，好像獲得如意寶一樣，但有些人得到法本時，從表情上也看得出來，他一點感覺都沒有，「沒事，就放那兒吧！」這種人即使活了一百年，恐怕也生不起什麼功德。《法句經》云：「若人壽百歲，邪偽無有智，不如生一日，一心學正智。」意思是說，有些人活了一百歲，但邪見偽裝的不如法行為，不可能產生真實的智慧，倒不如只活一天，一心接受真正的智慧。

有些人活的時間很長，可是每天渾渾噩噩，一輩子沒有什麼實義，這在當今社會上數不勝數。有時候看這些人，一生只是吃飯、睡覺、與人交往，在輪迴中生了又死、死了又生，一直不斷地流轉，自己卻不知尋求解脫，真的很悲哀。如果我們跟他們一模一樣，這叫做心離正法，沒有修行的機會，即使你修了，也不會產生任何功德，因為一切功德和境界皆依信心、恭敬心而來，

第二十三節課

這一點很重要。比如說，你今天求密法，若覺得密法是諸佛菩薩宣說的微妙精華，自己有緣聽聞極為難得，有這樣一分恭敬心，那麼依靠傳承上師的加持，你的相續定會有所改變；如果只把它看做一般的教言，則什麼利益也得不到。不要說正法，連世間參加培訓班也是如此，若對老師所講的知識一點興趣都沒有，恐怕你只是混時間而已，根本得不到任何收穫。

對治：大家首先要觀察自心，如果對法信心不大，一定要想方設法對諸佛菩薩和上師的功德產生興趣；假如實在生不起興趣，也要對法產生「這很了不起」的感覺。昨前天有個居士說：「我現在對密法生不起信心，怎麼辦呢？」我說：「《聖行集萃》㊗中有《密宗大成就者奇傳》，還有德欽朗巴的《蓮師剎土雲遊記》，你去看一下。」結果有幾個人看了以後說：「哎，真是很了不起啊！這些上師簡直不可思議！」我告訴他：「如果你對密宗和密宗大德，不是假裝的，而是真正產生『這很了不起』的一顆心，這就是具足信心的標誌。然後慢慢地，你的境界便會出現。」

現在有些人對佛法的功德生不起信心，若能多翻閱上師們的傳記、多了解前輩大德的行為，就會逐漸產生仰慕之情，這個時候你的想法，跟原來的想法是不相同的。否則，你天天看電視、看報紙，腦子裡裝滿世間亂

㊗《聖行集萃》：即《顯密寶庫18》。

七八糟的知識，這對今生來世沒有任何意義。

7、毀壞律儀：倘若進入小乘後失壞了別解脫戒，或者趣入大乘後退失菩提心，失毀了菩薩律儀，那麼只會墮入惡趣而別無出路，脫離不了無暇之處。

破戒之人今生來世都痛苦，且對將來獲得佛果有障礙。如《沙彌五十頌》云：「破戒則痛苦，亦障獲佛果。」所以，守一分以上的戒律極為切要。受了戒以後，應當盡心盡力地護持，假如沒有護持好，自相續很容易與惡法相應。

作為凡夫人，一般不願意被束縛，沒有束縛就覺得很快樂，但這並不能成為功德的所依。《心地觀經》中也說：「入佛法海，信為根本；渡生死河，戒為船筏。」如果沒有守別解脫戒和菩薩戒，那麼顯宗共同乘的功德無法獲得；如果共同乘的功德所依都沒有，更上一層樓的密法超勝境界，對你來講更是遙不可及。所以，一個人若毀壞了別解脫戒和菩薩戒，自己又沒有好好懺悔、重新恢復，則也屬於無暇之處。

對治：《前行備忘錄》中說，倘若破了戒律，一定要如理加以懺悔。一開始受戒就沒有失壞過的人，是樹立佛陀法幢者，又是摧毀魔幢者；即使失毀了戒律、但能如理懺悔的人，也是樹立法幢者、摧毀魔幢者。

在這個世間上，有些高僧大德、護法居士，不管是別解脫戒、菩薩戒，一直沒有毀壞過，這種人就像蓮花

般出淤泥而不染，非常清淨，來世會直接前往清淨剎土。而有些人由於種種原因，戒律有所損壞，但自己有慚愧心、後悔心，後於相關所依面前又再次受戒，這也屬於具戒者。否則，戒律毀壞若一直沒有恢復，就不可能有真實的修行機會。

8、失毀誓言：（這是講密乘戒。）自己接受密乘灌頂之後，就有守護誓言的要求。一旦進入了密乘，以對自己有三法恩⑱的金剛上師，及同行道友為對境，而破了三昧耶戒，那麼不僅會自食惡果，而且也將殃及他眾，當然也就斷絕了成就的緣分。

密宗的誓言有千千萬萬，有些教言裡說，把石頭、土粉等執為自相實有也是破誓言。但有些上師認為，不執著的凡夫人是沒有的，如果是這樣，那凡夫人中不會有清淨誓言者。所以，法王如意寶為主的很多上師說，從不嚴格的角度來講，對事物的實有執著不算破誓言。然而，你若對密宗金剛上師有嚴重矛盾，後來一直沒有懺悔，或與金剛道友之間互相抵觸，把他當成不共戴天的怨敵來對待，這就叫做破誓言。

這個一定要注意！雖然密宗有無數的誓言，包括身口意的誓言，還有二十七種誓言、十四種誓言等不計其數，但是法王如意寶每次灌頂、傳密法時都強調，倘若金剛道友之間發生口角，或者不說話，按理來講，沒過

⑱三法恩：賜予密法、灌頂、竅訣。

137

夜之前必須懺悔；如果沒有做到這樣，平時若有互相不說話的情況，則不能進入密宗的壇城，或者共同聞受密法。

　　最近我在學院中，也準備給大家講《大圓滿願文》，在這個過程中，希望道友們應該注意：假如有人互相不說話，情況非常嚴重的話，最好在這之前懺悔，於法師或其他人面前，彼此把事情說清楚；倘若沒有這樣，這兩個人絕對不能進入密宗的壇城和場合中，對此我今天再次重申。因為這兩天就要傳法了，人多的話，會不會有這種情況也不好說。雖然在我心目中，我們這裡的金剛道友和睦相處，應該不會有這種現象，不過有時候也很難講。希望我這次傳密法，最好不要有；一旦真的有，後來被發現的話，要麼我停止傳法，要麼你當場離開，肯定會這樣的。

　　當然，你跟其他人有沒有嚴重矛盾，這一點也沒必要問別人，自己應該最清楚。如果有，你應親自找他一下：「我們倆是不是不說話？我看見你的時候，你好像經常繞著我走。那天我上來時，你正好下來，一見到我，就從那邊過去了，你是不是對我有意見？假如有意見，這幾天我倆說話好不好？傳完法以後，我們再看看，否則可能聽不到法了。（眾笑）」的確，上師如意寶一再講過，尤其對上師和道友有矛盾的，絕對不能聽密法，歷來都是如此，這個大家一定要記住！

上述這八種無暇遠離妙法，也稱為「解脫燈滅」，一旦具足這些違緣，解脫就沒有希望了。所以，作為有正知正見的修行人，務必要仔細觀察，千萬不要讓這些邪行與自相續並存。若能如此，行住臥一切行為都會快樂，不僅今生快樂，乃至生生世世都不會有任何隱患。如佛經中云：「勿隨邪業，行住臥安，世世無患。」《法華經》亦云：「長夜安隱，多所饒益。」因此，修行好的人，包括他的面容、語言等，都沒有什麼憂愁，而修行不好的人，始終會有焦慮、痛苦、悲哀、傷心。所以，大家要想盡辦法令佛陀的教誨甘露與自心完全相應，這樣一來，才會過著快樂悠閒、非常有意義的生活。

大圓滿前行廣釋（二）附大圓滿前行實修法

第二十三節課

第二十四節課

　　這次講《前行引導文》，講得比較廣，時間上會很長，內容上，我也盡量增加一些自己所了解的，對你們修行有利益、有幫助的教言。所以大家一定要把《前行》放在重要位置來學，更重要的是，必須要實地修行。尤其在今年的學習中，務必要對共同加行部分生起定解。

　　以前在藏地或漢地，雖然《前行》有人講，也有人學，但真正帶著實修的，卻比較罕見。因此，經過長時間考慮之後，我決定花一定的時間帶大家修行。否則，光是口頭上會說，而沒有將每一句貫徹到相續中去，想要調伏煩惱相當困難。所以趁這個機會，我再三要求有機緣、有時間的道友，以閉關方式好好地修，尤其是對人身難得、壽命無常、輪迴過患、因果不虛這四加行，一定要打下非常穩固的基礎。當然，這個基礎能否打好，關鍵也要靠自己，而不是用一種制度約束你，用強迫的手段逼你——這樣或許有點作用，但最重要的，還是你能自覺修行。

　　倘若沒有打好前行基礎，表面上修任何法，暫時可能有一些驗相、些許成就，但在今生來世的重大問題上，由於你相續與四加行不相應，故很難得到真實利益。這一點是可以肯定的。畢竟我們學佛那麼長時間

大圓滿前行廣釋（二）附大圓滿前行實修法

141

了，就我個人而言，雖說不是真正的修行人、大成就者，但對佛教經論、尤其是寧瑪巴教法，算是比較了解的，有時候也觀過心。通過長期的經驗和觀察，我切實體會到，若沒有真正了解前行法，長時間串習每一個道理，修行不可能圓滿成功。如果離開了前行，你依止多少上師、看過多少法本、學了多少宗派，也只是在自相續種下善根而已，要斷除輪迴之根非常困難。

所以，這次有了修行因緣，大家千萬不要放過。你暫時不關注其他法也可以，但一定要把自己的心放在人身難得、壽命無常等修法上。前段時間，我在二十幾堂課中，附帶講了《大圓滿心性休息三處三善引導文》的實修法。如今人身難得雖已觀完，但我要求再繼續觀修兩三個月，此外磕大頭也在進行著。今年和明年中，我的原則是：專門給大家空出時間，讓金剛降魔洲和菩提學會的道友們，把主要精力放在修行上，同時也要不間斷聞思。

人身難得，轉瞬即逝，希望大家用這兩年的時間，對共同加行真正有所體會。假如只是停留在口頭上、書面上，不要說知識分子，即便是三四年級的孩子，一看內容也講得出來。東北那一帶就有許多學佛的小學生，《大圓滿前行》可以隨便講，比我講得好多了。不過我相信，他們修行肯定不如我。儘管我修得很差，但至少一直在修，而他們只是口頭會說人身難得、八無暇是哪

些，與內心卻沒有一一對照，看自己到底具不具足——不具足，要想盡辦法使它具足；具足了，則要觀察它是暫時具足，還是有生之年不會離開。這些不共的觀修方法，有修行經驗的人才會有。

因此，我近期要求你們，包括為僧眾、為眾生發心的道友在內，每天早上要觀修人身難得。這一點並不困難，只要對佛法生起了定解，就不會喜歡睡懶覺，也不會忙於其他瑣事。你過去之所以貪執那些，就是沒有對來世存在、人身難得生起堅定的信念，所以總找各種理由不學佛，即使學了，也只是敷衍了事。這是值得羞愧的。我就認識一些居士，天天用「忙」為藉口，把學習佛法推掉，既然他們沒有學，修行更不用說了。

現在全世界學佛的本來就少，即使學了佛，大多數也是流於表面形式，真正依次第修行的屈指可數。很多人一開始就高攀大法，平時談論的也是：「你得過上師心滴灌頂沒有？得過大威德灌頂沒有？……」在他們心目中，獲得大灌頂就意味著即生成就，可馬上飛往清淨剎土，今天去極樂世界，明天去紅色銅山，這樣飛來飛去，非常快樂自在，卻根本不想從基礎修起，不知道前行法才是最重要、最根本的。

不久前，我給大家傳了「項袋金剛橛」，很多人的信心倒不錯：當天，學院裡的金剛橛賣完了；第二天，色達縣的金剛橛賣完了；那時正好放假，據說成都武侯

祠、北京等地流通處的金剛橛，也被統統請光了。甚至有些出家人，像康巴漢子別著藏刀一樣，把長長的金剛橛別在腰間——這說明你們在這方面很耽執。儘管金剛橛的功德不可思議，但有些人真的很可憐，什麼是金剛橛都不知道，如何修生起次第、圓滿次第也不明白，只是覺得這個好看，用它可以降魔，凡對自己製造違緣的，就穿破他的肚子——是不是這樣想的？我沒有他心通，具體也不清楚。

遺憾的是，沒聽說誰對《大圓滿前行》有這麼重視，覺得這是一生中最重要的法本，出門時也隨身攜帶，有時間就翻一翻。這樣的人恐怕沒有，不信可以舉手看看。所以你們對前行的重視程度不夠，跟我們學佛完全不同：你們是利根者，從果往下來；而我們是鈍根者，最初遇到《大圓滿前行》，就從人身難得開始修，讓這些境界一點一滴生起來。但事實證明，由於有了前行的基礎，至今二十多年過去了，我們還是待在學院中，而當年和我們共同出家的，因為喜歡高攀大法，最後修行一敗塗地。

所以，大家應當把握好這次機會。我自己雖然修得不好，但還是決定親自帶你們，安排的時間也相當長。在這麼長的時間裡，希望每個人對共同加行打下穩固的基礎。人身真的很難得，在這麼短的一生中，有多少機會修這個法？恐怕並不多。也許在你們這輩子中，廣修

前行是第一次，也是最後一次。而我帶你們修，也是如此。

在修的過程中，大家要真正生起一種覺受，明白人身確實難得，這不是假裝的，要從心坎深處有感而發。若能產生這種感覺，看到芸芸眾生不學佛時，就會覺得他們很可憐，自己也會利用這個人身精進修行，不會讓它白白空耗——這就是我的目標。我自己是低劣的凡夫人，不敢承諾你們修了前行後，幾百人會當下開悟，馬上成為一地菩薩。再說末法時代，果期早已經過了，也不可能如此。但只要每個人打下紮實的基礎，修行在有生之年就不會變來變去、退來退去，這對生生世世也是極殊勝的緣起。

在漢地，我有時跟學佛多年的居士、出家人交談，往往聽不到對來世的關心，聽到的只是今生利益，或者神通神變，甚至一講到政治，他們許多術語就自然流露出來，而提到佛法，尤其是甚深因果，基本上都不說話了。這種現象不太可取。因此要知道，我們學習佛法，為的是把佛法融入內心，而這一點，也正是歷代上師傳承佛法的目的所在。

下面開始講課。《前行》每天講得不一定多，講的過程中，我經常在中間順便發揮，可能有內容不通順的，也有次第不連貫的，但華智仁波切的《前行》具有

大圓滿前行廣釋（二）附大圓滿前行實修法

相當殊勝的加持，希望你們常常帶在身邊。如果說學習《入菩薩行論》，讓我們從總體上對大乘有所認識，明白了發菩提心的功德和利益，那麼學習這部《大圓滿前行》，將會令我們在對治煩惱、斷除我執方面，更具有實修性竅訣。同時，依靠傳承上師的無形加持，因緣聚合之時，我們相續中必定會生起慈悲、智慧等一些暖相。

接下來繼續講：

如果沒有善加觀察無垢光尊者講的十六種無暇，那麼在當今烏煙瘴氣的五濁惡世，眾生的見解、行為日趨低劣，表面上看很多人暇滿無不齊全，也持有出家人或居士的外相，然而，包括高高座上的大法王、精美傘蓋下的大上師、久居深山的苦行者、雲遊四海的捨事者等自我感覺良好的人在內，一旦落入了這些無暇的控制中，即使矯揉造作地修法，也終究不能邁入正道。

這一段非常的重要！倘若沒有好好觀察，許多修行人會自欺欺人。他們自認為不一般——不是一般的居士，不是一般的出家人，而是高高在上的大上師、大法王、大活佛、大成就者，一生處於眾人的恭敬、讚揚、鮮花和掌聲中，被視為真正的善知識。可是，假如自相續被十六種無暇所束縛：要麼愚昧無知，要麼五毒粗重，要麼失壞律儀、毀壞三昧耶戒……那不要說度化眾生，他自己都沒有步入正法之門。

第二十四節課

現在漢地有些居士對我非常恭敬，但我時時觀察自己，很清楚自己到底是什麼樣的人，所以，那些人很可憐，我也很可憐。類似的事情肯定還有許許多多，只不過自己沒發現而已。例如，我們住在僧團中，戒律卻不清淨；坐在法座上，對僧眾的事情安排不好……在這種情況下，來世勢必只有一條路，就是墮入惡趣，也許是地獄，也許是餓鬼、旁生。

其實，修行人墮落的現象非常多。《五台山志》中就有一則真實的故事：在唐朝，五台山有位叫法愛的和尚，他做監寺二十年，私下以僧眾的財產買了一大片地，留給弟子明慧。法愛死後，生在明慧家做牛，力大能獨耕。三十年後，牛老了，莊頭準備賣掉牠。當晚明慧做夢，夢到去世的師父哭著說：「我用常住僧物為你置辦田地，現在墮落為牛，既老又瘦。願你剝我皮做鼓，再把我的名字寫於鼓上，凡有禮拜念誦，當擊這面鼓，我的苦才有解脫之日。不然，這塊地變成滄海，也未必能脫免。」

第二天，那頭牛自己撞死了。明慧非常害怕，馬上集聚僧眾，把事情具體向大眾說了。並按夢中囑咐，把牛皮剝下做鼓，再把師父名字寫在上面，而且變賣田地，將所得錢財供養僧眾。後來，這面鼓被送到五台山文殊殿，叫「人皮鼓」。可以想像，法愛在生前肯定受人尊重，可死後為何墮落為牛呢？就是因為他沒有人身

大圓滿前行廣釋（二）附大圓滿前行實修法

難得、業因果等觀念，以致肆無忌憚地做了很多惡事。

《高僧傳》中還有個故事說：拾得⑲曾在國清寺放牛。一天，寺院的僧眾在做布薩⑳，拾得趕牛到堂前，站在門口拍手大笑，擾亂戒堂，被一位和尚杖逐出去。

拾得說：「我從今以後，再也不放牛了！」

有個和尚問：「你不放牛，要做什麼？一個人總不能只吃飯而不做事。」

拾得說：「是啊。這些牛，就是只吃飯而不做事的人轉世來的，牠們前世都是本寺大德和執事。」

眾人都不相信。於是拾得當著他們的面，一一吆喝那些牛：「弘靖律師站出來！」一頭白牛作聲而至。又叫：「典座光超站出來！」一頭黑牛應聲而出⋯⋯僧眾見此都驚駭不已。

拾得指著這些牛，說偈道：「前生不持戒，人面而畜心，汝今遭此咎，怨恨於何人？」僧眾聽後膽戰心驚，方意識到因果確實不虛，從而改往修來。

也許有人懷疑：「修行人是否很容易墮落，而一般世間人則不會呢？」並非如此。其實一般世間人更危險，因為沒有修行機會，造的惡業更是可怕。

---

⑲拾得：普賢菩薩化身，小時候被豐干禪師（阿彌陀佛化身）撿回國清寺，故取名「拾得」。

⑳布薩：同住之比丘每半月集會一處，請精熟律法之比丘說波羅提木叉戒本，以反省過去半月內之行為是否合乎戒本，若有犯戒者，則於眾前懺悔，使比丘均能長住於淨戒中，長養善法，增長功德。又在家信徒於六齋日受持八齋戒，亦稱布薩，謂能增長善法。

要知道，如果沒有生起人身難得之心，就會牽扯到後面的修行，乃至延誤生生世世的重大問題。所以，我們首先慢慢去觀察很重要，對前面講的十八種暇滿，應像小學生做作業那樣一一分析，看這個具不具足、那個具不具足……這就是所謂的修行。有些人這樣修時，好像感覺不到什麼，這說明你沒有專心。假如你將每個道理與自相續逐一對應，必定會對佛法產生信心。所謂的修行，並不是閉著眼睛，非要看到有面有相的本尊，剛才講的就是真正的修行。

有些人對共同加行的修行能力特別差，前段時間修是修了，但沒有什麼感受，這說明你的修行只是表面形式，今後很容易變質、甚至退失。因此，大家絕不能匆匆忙忙、草草率率提前進入形象上的修法，必須要仔仔細細觀察，看自己到底具不具足三十四種（18+16=34）暇滿的自性。

我們這裡有些道友，出家時特別迫不及待，本來按規定要觀察四個月，但他過了兩三天後，就一直在催：「我可不可以現在出家啊？我實在是忍不住了，您能不能早一點給我剃了？」結果還不到兩三個月，他就剃了頭髮，然後特別高興：「謝謝您，好舒服啊！我現在沒頭髮了，可愛嗎？」他覺得沒有頭髮就是出家的標誌，卻不知內心中真正生起定解，才是最關鍵的。有些地方還非常重視辦皈依證、取法名、做儀式，雖然這些外在

大圓滿前行廣釋（二）附大圓滿前行實修法

形式也需要，但最根本的，是要先好好觀察，看自己是否具足十八種暇滿，及無垢光尊者所講的遠離十六種無暇。

因此，希望大城市裡的人，通過這次學習要真正認識到，自己有些修行不過是形象而已，法並沒有融入於心。其實，法融入於心的感覺，與只追求表面形式完全不同，這一點從很多大德身上也看得出來。他們一旦生起人身難得的理念，無論是說話、做事、言談舉止、日常威儀，對後世的修法相當重視，根本不會忙於世間瑣事，也不可能愛看電視、電影、動畫片，對他們而言，這些散亂的形象完全是騙人的，沒有什麼實在意義。

當然，末法時代，具足上述暇滿相當困難，如果一個人真正具足了，實在是值得高興的事。可是大家捫心自問，你自己觀察過沒有？假如以前沒有觀察，從今天起，務必要將這些與自己一一對照。這不是口頭上說說，也不是我自己從來不觀察，只是一味地要求你們，像無垢光尊者在《三十忠告論》中所云：「嗚呼雖知無修自欺自。」而是遇到這個法門之後，一直到現在我經常觀修。否則，只說而不做的話，方向就已經搞錯了，修行很難出現奇蹟。倘若具足了這些暇滿，我們一方面要值得歡喜，同時應當誠心誠意地想：「如今獲得了如此難得的暇滿人身，我一定不能白白空耗，必須要盡心盡力地修持正法。」

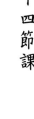

這個人身的確非常難得，從因方面來說，需要守持清淨戒律、具足清淨信心，如《中觀寶鬘論》云：「由信離無暇，依戒生善趣。」從緣方面來說，必須具備布施、發殊勝願等因緣。從比喻方面、體性方面看，也都極不容易獲得。今生有幸得到這個人身，要想來世轉生善趣，則要護持清淨戒律，而要斷除無始以來的貪嗔癡煩惱，就一定要修行。正如世親論師所言：「為得善趣戒重要，為離煩惱修重要。」有些人總抱怨自己煩惱深重，看了很多書、讀了無數遍《金剛經》，貪心、嗔心還是有增無減，這是為什麼呢？就是因為沒有修行。如果你真正修行了，相續中的煩惱絕對會遠離，這是一個必然規律，因為二者是相違之法，就如同火非常猛烈時，微小的寒冷自會驅除一樣。

因此，大家要發自內心對修行有強烈意樂。華智仁波切說過，正法就在身邊，不必外求。有些人修法始終不成功，到這個上師那裡去、到那個上師那裡去，今天在這個寺院求法、明天又到那個寺院求法，有時候聽他們的故事，我只能默默地笑。為什麼呢？因為他基礎沒有打好，從來也沒有向內觀，只是一味向外求法，那不管到哪裡去，肯定都沒辦法修成。其實，每個人修行都能成功，關鍵要看能不能下功夫。比如，你對觀修人身難得，下了一定的功夫，那麼再過幾十年，修行若仍能保持穩定，沒有什麼法是修不成的。但如果你修行馬馬

虎虎，修一點點就半途而廢，平時沒有耐心、恆心，那修什麼也修不好。

尤其在聞思修行的過程中，故意斷傳承，或者不願意修行，就是所謂的魔障。以前蓮花生大士對空行母益西措嘉傳過一個殊勝教言：「凡是對修行做障礙的，不論影響內心也好，製造外緣也罷，都是魔障。」譬如，你本想聽一個傳承，有人勸你不要聽，應該離開這個地方，這就是一種魔障。魔障不一定非是面目猙獰的惡魔，有時候它也會顯現為語言親切的道友，或者慈悲體貼的上師，表面上對你非常關心，你聽到他的話語後，三四天都睡不著覺，心裡非常舒服、溫暖，一閉眼就浮現出他的音容笑貌。但如果對你的修法造成違緣，那不論他是什麼形象，按照蓮花生大士的教言，都叫做魔障。道友們對此理當謹慎！

言歸正傳，剛才說了，我們必須要觀察自己是否具足三十四種暇滿，假設沒有具足，就應全力以赴使自己具足，務必要集中精力來觀察自相續有沒有此等暇滿的功德。

當然，這不是觀察一兩天就可以了，而是在有生之年、隨時隨地都要觀察。很多老修行人真的是我們的榜樣，他們修行並不固定時間或環境，在深山裡，每天不斷地念功課、修法；到城市中、醫院裡，這些仍然從不間斷。任何環境、任何時間，對他來講都沒有影響。可

第二十四節課

是有些道友，在寂靜山裡的時候，修行挺不錯，就像玻璃做的阿羅漢一樣，非常穩重、如如不動，而到了大城市以後，好多天都不做功課。你們這次出去的人也想一想，原來要求每天念《普賢行願品》、發菩提心儀軌，但聽說有些人下山以後，兩三天中根本沒有誦經，這說明環境對你的影響很大，你的修行並不精進。說實話，我很喜歡修行不受環境和時間影響，就像吃飯一樣，無論處於何時何地，都堅持自己的修行，這才叫真正有恆心。

　　總之，上面所講的暇滿道理，大家一定要時時觀察，甚至這些暇滿中只有一種不齊全，也不具備真正修持妙法的緣分。如同開車一樣，縱然司機技術很好，其他因緣也都具足，但如果前輪壞了，或者沒油了，車也無法安全行駛。現在有些人修行不成功，就到處打卦算命：「為什麼我最近修不上去？驗相出不來？本尊不現前？」實際上，這是因為你因緣不俱全，而在所有因緣中，三十四種暇滿是最關鍵的，假如其中一種不具足，你的修行因緣也會中斷。因而，你沒必要問東問西，問題肯定出在這上面，如果這上面沒問題，那你修行絕對順利。所以，掌握這些竅訣也很重要。

　　其實，就算成辦世俗中的一件平凡小事，也需要許許多多因緣聚合，那作為長遠目標、成辦自他二利的修行正法，又怎能不需要具足眾多因緣呢？打個比方說：

大圓滿前行廣釋（二）附大圓滿前行實修法

在古代藏地，出遠門常會在途中燒茶，燒茶的過程中，需要具備茶器、水、火等眾多因緣，其中單單生火也是一樣，必須要有火燧[61]、火石、火絨等許多條件。（我小的時候，藏地大多數人用火器來生火。火器包括：火石——一塊小小的白石頭；火絨——草地上的一種白花，秋天曬乾後，揉成非常軟的絨狀物；以及火鐵。藏人把這些裝在口袋裡，需要引火時，就拿出火鐵與火石摩擦，火星散落到火絨上，馬上會冒出煙，然後再加一點草或紙，火就開始燃燒起來。）如果僅僅是火絨不具足——用完了或被雨打濕了，就算火石、火鐵樣樣齊全也無濟於事，只好從根本上放棄燒茶。

同樣的道理，假如這些暇滿的功德中，僅僅是一種不具足，也不具備真正修法的機緣。比如，你煩惱粗重的話，在一個團體中，本來修行好好的，後來煩惱無法控制，自己開始發脾氣，跟金剛道友不和，然後就離開了，從此，你後面的一層層修行只能全部放下來。所以，有智慧的人只要一觀察，無論從自身的經驗還是別人的經歷，都可以看出這些條件缺一不可。

一旦失去了修法的機緣，的確非常可惜，所以，我們現在具足順緣、自由自在的時候，一定要把握機會，以免將來後悔。月稱論師在《入中論》中有個偈頌，上師如意寶特別喜歡，如云：「若時自在住順處，設此不能自攝持，墮落險處隨他轉，後以何因從彼出？」意思

[61]火燧：即火鐵，一種引火之物。

是，如果在自由自在、具足人身順緣的此時，沒有以正知正念攝持根門、調伏煩惱而精進修持，一旦墮入地獄、餓鬼、旁生之險處，到時全然隨他力所轉，又將以何因緣從中度脫出來呢？大家對此教證要反反覆覆思維。

有些人常說：「我太忙了，沒有時間修行。」其實只要你珍惜人身，修行時間肯定抽得出來。否則，光陰荏苒，稍縱即逝，如經云：「人身難得而易失，光陰易往而難追。」一旦浪費了這個人身，或者以此人身造下惡業，今後想重新獲得則難如登天，《梵網經》也說：「一失人身，萬劫不復。」

所以，我們要依靠善知識的教言，和聖者的殊勝竅訣，有種自我挽救的心態。每個人都觀察一下，看自己要不要修人身難得？不修的話，僅僅表面上聽法是不夠的。聽與修有很大差別，了知與感受也有很大差別，若想將這些差別區分開來，自己必須要實地修行！

第二十四節課

第二十五節課

今天繼續講「人身難得」中暇滿之自性：

通過以上學習可知，如果詳詳細細觀察自己有沒有遠離十六無暇、具足十八暇滿（八種閒暇、五種自圓滿、五種他圓滿），就會發現即便單單具足十八暇滿，也有相當大的困難。而在十八暇滿中，八種閒暇雖容易獲得，比如自己沒墮入三惡趣，也沒有生於長壽天，依靠人而安立的四種閒暇也不難具足，但完整無缺具足十圓滿的人恐怕寥寥無幾。

為什麼呢？

首先，從五種自圓滿來分析：儘管對大多數佛教徒而言，獲得人身、諸根俱全、生於中土並不難，但如果業際顛倒（變成妓女等低劣種姓，或不信因果的持邪見者）、不信佛教，那五種自圓滿中就只具備三種了。如同車有四個輪子，倘若三個輪子都具足，而前輪爆了的話，不可能在高速公路上奔馳。同樣，假如其他三圓滿都具足，但相續中生起了邪見，或者不信仰佛教，那學佛一事也無法成辦。

退一步說，如果具足了四圓滿，業際顛倒與不信佛教中只有一者不具足，這行不行呢？也不行。尤其是生為業際顛倒者，即使沒有造誹謗佛法、摧毀佛教等滔天罪業，但假設身口意三門無惡不作、為非作歹，或修行、念

大圓滿前行廣釋（二）附大圓滿前行實修法

經、轉繞、朝拜神山等一切所為只為了今生利益，那雖然被稱為賢者、智者，實際上也屬於業際顛倒之人。

我見過有些所謂的高僧大德，他們言談舉止中，關心的全是眼前的事情，一提到來世，臉上就流露出不在乎的神情，認為即使來世存在，也不應該為此奮鬥，而應當為了現世奮鬥，如今有這種想法的大有人在。而作為一般老百姓和普通信眾，多數學佛也是為了求平安、家庭和睦、升官發財，所作所為唯一貪執今生利益。若如此，即使你是大和尚，或者大居士、大施主、大慈善家，實際上也入於了業際顛倒之流。為什麼呢？因為你的目標只是今生，相續中不可能有出離心和菩提心。

在座的道友們，無論是出家人還是居士，每個人都想一想：自己學佛到底是為了什麼？倘若只為了今生保平安，逃避現實的一些困擾，或者沒有任何目標，在無記狀態中得過且過，從不希求來世解脫，這樣的話，就算你被公認為了不起的智者大德，實則連十圓滿中「業際無倒」這一條也不具足。

這一點，或許很多人都難以避免，故務必要再再思維。這次講《前行》確實很重要，非常希望漢地信眾要懂這個道理。形象上的學佛、做法事，我們不大讚歎，我們讚歎的是成為名副其實的修行人，否則，一生中全是為了今生利益而奔波忙碌，這沒有太大意義。

上師如意寶常諄諄教誡說：「今生和來世相比起

來，我更重視來世。雖不敢說百分之百是為了來世，但大多數都是為來世的解脫做準備。」所以作為一個修行人，對來世的重視應當大於今世。你們不妨也看看自己：追求的目標是今生還是來世？在這二者之間，你打的是什麼符號？大於號、小於號，還是等於號？

「希求今生就是業際顛倒」這句話，對很多人來講也許是當頭一棒，理應值得深思反省。一個人若不懂得自我反省，就跟旁生沒有差別了，旁生除了吃草喝水，根本沒有思維辨別能力，可是人對自己的所作所為一定要觀察：「我出家這麼多年了，求學的目的究竟是什麼？」假如只為了今生，那就是業際顛倒者，絕不能這樣。以後為了來世的解脫，還是要做些準備，否則，只盯著人生幾十年，目光就太短淺了，應該想到：我是希求解脫者，名聞利養沒有什麼價值。

然後，從五種他圓滿來分析：五種他圓滿中，雖然佛已出世、傳講妙法、佛法還沒隱沒，但如果自己沒有皈入佛門，一種圓滿就不具足了；既然沒有皈入佛門，善知識慈悲攝受也就談不上，這樣一來，兩種圓滿都不具足了。五種他圓滿中若只剩下三種，學佛絕不可能成功。

有些人雖已皈依佛門，被善知識也已攝受，可是心經常反覆不定，一旦對法失去了興趣，天天靠外力來約束，也是不現實的，到了一定時候，你的「老虎皮」就會脫掉，顯露出原有的醜陋面目。因此，在座的法師也

大圓滿前行廣釋（二）附大圓滿前行實修法

好、居士也好，內心中對法要有所認知，否則，整天都依賴上師或道友提醒，自己卻沒有堅定的信心，最終會不會從佛教團體中退出也不好說。

儘管你皈入了佛門，若只是表面上得點法，也算不上是真正的佛教徒。很多人認為，自己辦了皈依證、取了法名，在某某上師面前得過灌頂、求過法，就是實至名歸的佛教徒。其實這也不一定。為什麼呢？因為大乘法和小乘法並沒有落實到你的行動上，你內心中尚未生起這樣的信念。所以，你自認為是佛教徒，也不一定是佛教徒。

我以前在某地坐出租車時，問那個司機：「你信不信佛教？」他說：「信啊，我很信佛教。」我說：「怎麼看得出來？」「你看，我車裡掛著觀音菩薩像，這說明我信佛。」我又問：「除了這個以外，你還有沒有什麼讓我相信的？」「沒別的了。反正我就是求觀音保佑，所以是佛教徒。」從嚴格角度來講，他並不是佛教徒，因為他連觀音是神還是佛菩薩都不清楚，求觀音菩薩的目的是什麼呢？就是讓自己多載些客人，每天多賺一點錢。

世間上這類現象比較多，包括出家人中，可能也有混飯的。有些人在社會上遇到種種挫折後，才加入佛教群體，但他對佛陀沒有敬仰、對輪迴沒有出離心，這種人是不是佛教徒呢？只是名相上的佛教徒，實際上並不

是。很多人喜歡說「真理永遠是真理」，但這個真理是名相上的，還是實際上的呢？如果是名相上的，那肯定不是真理。同樣，名相上的佛教徒，也不是真實的佛教徒，為什麼呢？因為在他相續中，大小乘的信念並沒有生起來。

從小乘角度來講，作為真正趣入解脫道者，必須要了知輪迴一切無有實義，如夢幻泡影，《法華經》云：「三界無安，猶如火宅，眾苦充滿，甚可怖畏。」若有如是定解，則生起了無偽的出離心。當然，這種信念並不是口頭說說，而要從內心中真正發起，就像監獄裡的犯人想早日脫離那種環境一樣。我們在輪迴中，無論是人道、天界，若能生起這樣的意念，才算真正發起了出離心。

只要能通達輪迴虛幻不實，不管是依靠上師的教言，還是其他善知識的威力，什麼途徑都可以。從前有位出家人，跟一個幻化師是好朋友。有一次，他們在喝茶閒聊中，出家人對幻化師說：「我想看看你的幻術，能表演一下嗎？」幻化師不置可否，出去牽了一匹高頭駿馬，說：「你想要這匹馬嗎？我可以賣給你。」出家人一看，這馬果然不錯，忙問：「這麼好的馬，要賣多少錢？」（藏地很多出家人特別喜歡馬，就像現在有些出家人特別喜歡車一樣。）幻化師說：「你先騎一下試試馬的好壞，然後再談價錢。」出家人未加思索就騎上了馬，幻化師把韁繩遞給他，在馬屁股上使勁一拍。馬像箭一樣衝了

出去，躍過高山谷地、草原河堤，穿越千山萬水，走了幾天幾夜，最後把他摔在了一個陌生的曠野上，頭也不回地消失在前方。

出家人跋山涉水，艱難地走出了曠野，來到了一個村莊。在這裡因為人生地不熟，他當過乞丐、做過僕人，受過許許多多苦，像狗一樣流浪了許多日子。後來，他還俗和當地一位姑娘成家，生了三個兒女，在飽嘗了無數擔心和折磨後，孩子們被漸漸養育成人。沒有想到，兒女稍大之後，個個都不孝順，不聽父母的話，令他非常苦惱。為了照顧家庭，他還不得不出去打獵，全然不顧痛苦和罪過。就在這樣的歲月中，他漸漸變老了。

有一次，他照例上山去打獵。走了很久之後，在山坳裡發現一頭剛產下幼崽的母羚羊，身體十分虛弱、動彈不得。他非常無情地殺害了牠們，然後以槍作為拐杖，一瘸一拐地背著羚羊屍體往家走。

走到家的河對岸時，小兒子看見他帶著獵物回來，非常高興，一邊喊著爸爸，一邊興沖沖地跑過來，不慎一個失足從橋上掉了下去，立刻就被湍急的河水沖走了。哥哥、姐姐看見弟弟掉到河裡，趕緊跳下去救，結果也被河水卷走。妻子目睹這一切，大哭大叫，不顧一切地跳進河裡……眼看一家人轉眼間都被河水沖走了，他傷心欲絕、昏倒在地，不知過了多久才清醒過來。他倚著槍想站起來，卻又倒了下去。

第二十五節課

就在這時，突然間他感覺像天亮般清醒過來，一看自己正在朋友家裡，拿著一根棍子，倒伏在地。幻化師笑著對他說：「起來喝茶吧。」他爬起來，發現剛才倒的那杯茶還是熱的。他感到十分驚訝，在短短幾分鐘的時間裡，竟然經歷了一生的坎坷和滄桑！他無法相信這一切，愣了好一會兒才回過神來。回想這些幻覺帶來的酸甜苦辣，他深深感到輪迴毫無實義，生起了強烈的出離心，毅然拋開眼前的一切，一心一意隱入山中精進修行，最後成為偉大的開悟者。

所以，依靠幻化可以認識輪迴的本性。我看很多道友到了城市以後，特別喜歡看電視，通過電視裡的故事，他也許會認識到輪迴的本性，也許反而產生貪心、嗔心等煩惱。不管怎麼樣，相續中真正生起出離心時，對世間一切的一切，名聲也好、地位也好、美麗可愛的對境也好，絕不會生起羨慕之心，這是小乘最基本的要求。而身為步入大乘道的行者，還必須生起無偽的菩提心，發願利益天下無邊的一切眾生。

對我們而言，儘管生起真實的出離心和菩提心有一定困難，但最起碼，也要對上師三寶有縱遇命難也不退轉的堅定信心。若沒有這種決心，僅僅是裝腔作勢地誦讀經文、身上穿著僧衣等等，也不一定是真正的佛教徒。

上師如意寶以前傳《文殊大圓滿》時講過：皈依的含義，用世間話來說就是投降。表面上這個詞似乎不太

好聽，但實際上你與煩惱作戰的過程中，假如始終覺得：「三寶是我終生的依怙，今後無論快樂、痛苦，我的一切全部交付您、委託您，除此之外也不依靠誰，唯一您才有能力救護我。」有了這樣一種信念，然後向三寶誠心投降，就是所謂的皈依。

這種皈依的決心，不論何時何地都要有。有些人皈依，只是辦個證、取個名而已，稍微遇到一丁點違緣，隨時可以捨棄三寶。這時候不要說皈依，連出家僧衣都可以脫掉，這是非常可怕的。

拉薩一帶有位格魯派的格西，叫阿旺彭措，被人們稱為「蘭仁巴⑥」。他前幾年剛圓寂了，留下的著作有好幾本，我曾有幸拜讀過，裡面的內容很感人：1959年，他和七個弟子在一個山洞閉關時，被莫名其妙地逮捕並關進大牢。於監獄做苦役時，領導命令他必須脫掉僧衣，但他堅決不肯，說：「我可以把命給你，可出家僧衣絕不會脫下。」到了六十年代，尤其是「文革」期間，紅衛兵逼迫他帶頭燒佛經，他當眾說：「你們可以逮捕我、槍斃我，但作為一名僧人，讓我燒經毀佛，做不到！」在那樣惡劣的環境中，他表現出不屈不撓的勇敢意志，實在令人欽佩。

而我們呢，現在過得快快樂樂時，覺得自己是不錯

---

⑥「蘭仁巴」，是菩提道修行者之義。因尊者一生學修菩提道，人品行為符合菩提道教義，因此人們稱他為「蘭仁巴」。

的佛教徒，可是一旦遭遇違緣，那個時候還有沒有這樣的信念呢？會不會想到：「只有三寶是我的依怙，縱然為此而付出生命，我也沒有任何怨言。」每個人可以捫心自問。如果沒有的話，就算你剃除鬚髮、身披袈裟，看起來非常威嚴，別人也說這個和尚、這個法師、這個堪布很了不起，但你也不算是佛教徒。

有些居士特別虔誠，整天念經、磕頭、放生，參與眾多慈善事業，儘管這些也有功德，但若對三寶的信心只停留在表面上，沒有真正深入內心，那不一定是佛教徒。就像你在螞蟻群前念釋迦牟尼佛聖號，牠們也能種下善根，可牠們算不算佛教徒呢？並不算。所以，說實話，在座有些道友可能不是佛教徒。雖然你剃了光頭，在寺院出家多年，自認為不要說佛教徒，甚至還是大比丘，但遇到一些大違緣時，你若沒有不捨三寶的念頭，那不一定配得上「佛教徒」這個名稱。

我平時經常提醒大家，最好具足菩提心；如果不具足菩提心，也要具足出離心；如果不具足出離心，對三寶的虔誠信心也一定要具足。假如這三者都沒有，那你已超出了佛教的行列，可以說最基本的約束點都沒有了。

這段文字相當關鍵，大家務必要銘記於心，把它當作一面鏡子，時時觀察自己到底是大乘行者，還是小乘行者，或是一般的佛教徒？倘若連佛教徒都不是，那到底是什麼啊？說你是外道徒吧，你可能對外道也不懂，

大圓滿前行廣釋（二）附大圓滿前行實修法

這樣既不是佛教徒，也不是外道徒，不倫不類的，只好屬於另一種人類了。

總之，如理如實地了知、觀察暇滿自性至關重要。然而，現在很多人不知道暇滿難得的道理，每天隨世間八法轉，空耗了這個人身，非常可惜。漢地有一個故事記載：在明朝，有個人叫羅洪先，他特別有才華，二十多歲就高中狀元。（以前中狀元極不容易，比現在考上清華、北大還難。）他為人正直，因看到官場黑暗腐敗，感念人生之無常，於是辭官隱居，斷然出家，世稱「狀元和尚」。

狀元和尚在寺院出家後，假裝愚鈍，甘心承擔最苦的雜役，劈柴挑水、燒火煮飯，無所不做，以此來磨練自己的心性。就這樣過了十三年。

他出家前原有妻室，並有一子。十三年後，其子又高中狀元，父子同科，世間希有，一時傳為佳話。此時妻兒很想念他，無奈他出家後音訊全無，根本無從尋起。

可能是親人思念真切的緣故，有一天狀元和尚忽然起了回家探親的念頭，於是返回家鄉。及至狀元府，剛站在門前，僕人以為是和尚化緣，便入室稟告夫人。夫人生性善良，讓僕人施米一斗。狀元和尚未接受，希望求見主人。僕人認為和尚貪心，又報夫人。夫人又讓僕人出來施錢一貫。狀元和尚還是不收，即索紙筆，題詩一首：「斗米千錢我不收，十三年返故鄉遊。兒孫自有兒孫福，莫為兒孫做馬牛。」（這個偈子很適合現在許多人，

166

他們一輩子為了兒孫操勞，自己也不學佛，天天耗費人身。其實，兒孫自有兒孫的福分，有福報的話，你根本不必為他擔心；沒福報的話，你操心也沒有用。所以，不要一生為兒孫當牛做馬。）僕人將詩稿入呈夫人。夫人見後驚訝萬分，急速跑出門外，但和尚已經離去。夫人即刻派人四處尋找，再也不見其蹤影。

後來，狀元和尚投歸福建龍褲禪師，朝禪暮淨，終於大徹大悟。他感念世人之迷茫，遂作《醒世詩偈》，廣為流傳。記得其中一句是這樣寫的：「勸君早辦修行路，一失人身萬劫難。」可見，人身難得的教言，在漢傳佛教中也特別重視。

概而言之，以上講了暇滿難得的自性，希望大家好好觀修。

丁三、思維難得之喻：

佛於《花叢經》⑥③、《歡喜入胎經》⑥④、《正法念處經》⑥⑤等經中都說過：在波濤洶湧的海面上，漂浮的木軛孔與海底盲龜之頸相遇極為困難，而得到人身與此相比，更是難上加難。

---

⑥③《花叢經》云：「諸佛出有壞現身於世亦難得，轉成暇滿人身亦極難得，故當以比喻詳說此理。舍利子，譬如，此大地亦成一大海洋，其中有一具孔木軛，另有一盲龜，木軛隨風漂於海面，海底盲龜每百年方浮到海面一次，此盲龜頸入於快速漂蕩之木軛孔中，而從惡趣再次轉生為人並非如是，墮入惡趣者轉生為人極其困難。」

⑥④《歡喜入胎經》：即《阿難入胎經》。梵語阿難，譯為漢語即歡喜、慶喜。經中說：把芥子層層疊疊放在針尖，或撒大豆令粘附在水晶壁上，可以說極為困難，然從惡趣生於善趣中比這還更困難。

⑥⑤《正法念處經》云：「人身難得，如海中龜值浮木孔。」

大圓滿前行廣釋（二）附大圓滿前行實修法

具體而言，假設整個三千界變成一大海洋，海面上有一連接耕牛角用的木材，通稱為木軛，在它上面有一孔隙。木軛隨著波浪，剎那不停地四處飄蕩。而在海底有隻盲龜，每一百年升到海面上一次。可想而知，這兩者相遇必然十分困難，因為無心的木軛沒有尋找盲龜的念頭，盲龜也不具備能看見木軛的眼睛。（即使盲龜有能見之眼、木軛有尋找之心，在整片汪洋大海裡，盲龜頸和木軛孔也很難相遇。）

這不過是一種假設，以此說明人身難得。假如真有一隻盲龜和木軛孔，二者相遇雖極其困難，但也不能完全否定它們相遇，就算用因明三相推理，也舉不出充分理由證明其永遠無法碰到。當然，假如木軛靜止於一處，有可能與龜頸相遇，然而它卻一剎那也不停留；同樣，假設盲龜經常遊在海面，也有與木軛相遇的可能，但牠每百年才浮出海面一次，所以這兩者相遇相當困難。可是憑著偶爾的機緣，盲龜頸也可能正好鑽入木軛孔內，而獲得暇滿人身比這更為困難。

大家不要認為這是一個神話，或者只是一種說法，而要用心去體會其中含義。從前，有位法師講經時，以盲龜值木之喻說明人身難得。當時有個童子聽後，內心雖有感悟，但為證明此事不虛，回家後把木板穿一個孔，擲於門旁水池中，親自作相似之試驗。不料躍身跳入池中，雖經時時低頭抬頭，欲鑽入木孔，但因水漂木

蕩，始終未能做到。

此時他越發對佛語生起信心，暗自思維：「深廣大海驚人浪濤，浮木孔小，盲龜無眼，而且百年才出頭一次，二者相遇簡直是不可能。我如今池狹浪小，又有兩眼，數數出頭，仍無法值遇木孔，更不用說大海中的盲龜了。」於是說偈云：「盲龜遇浮木，相值甚為難，惡道復人身，難值亦如是。我今求出家，願離三有獄，恆時善修習，必使得解脫。」（此偈就像大成就者的教言一樣，寫得非常好。）他後到寺院出家，一直觀修人身難得，最終獲得了真實成就。

對有緣者而言，佛經的這個比喻非常好，如果你到了大海邊，應以此觀想人身極為難得。當然，倘若你成天只是造惡業，什麼佛法都不學，這個人身也不一定難得，就像米拉日巴對獵人袞波多吉所言：「本來佛說暇滿人身珍貴難得，但看見像你這樣的人，便會覺得人身沒什麼好珍貴的。」因此，造惡業的人身並不難得，而造善業的人身，才極為難得。

尤其是通過此處的比喻，要明白從惡趣中獲得人身特別不容易。有些教言書中，對這個比喻作了進一步引申：盲龜，指我們這些眾生；一百年出頭一次，指偶爾才獲得一個善趣之身；大多數時間都在海底，指長期待在三惡趣裡，即便有時得到天人、阿修羅的善趣身體，也根本遇不到真正的佛法、善知識。

大圓滿前行廣釋（二）附大圓滿前行實修法

所以，大家在觀修時，一定要細心琢磨。你什麼時候感受到了人身難得，什麼時候修後面的磕頭、供曼茶才會輕而易舉，因為你相續中有人身難得作動力，有了動力的話，什麼事情都好辦。但如果沒有人身難得的理念，你就會覺得做生意很重要、賺錢很重要、睡懶覺很重要。

　　我以前住院時，認識一個醫生，她每天早上坐兩三個小時的車上班。我問她：「你不累嗎？路途那麼遠，早上兩三個小時，晚上回去也兩三個小時，但你每天都來得那麼準時。」她回答說：「哎，雖然累一點，但還是能克服。現在工作不好找，我這個工作太難得了，再怎麼累也不能放棄。只要早點起來就沒事了，我每天在路邊買一個饅頭，邊吃邊坐車，沒有任何問題！」

　　如果我們對自己這個人身，也能像她對待工作那樣覺得很難得，早上肯定起得來，對忙碌的世間瑣事也不會感興趣，有了這樣的動力，修什麼法都沒有問題。反之，假如你覺得人身並不難得，儘管法師說了、佛經裡講了，但你仍睡得特別香，日上三竿才爬起來，而且天天以工作忙為藉口，把修行一直往後推，覺得自己的事業很重要，而人身修行不值一提。這種價值觀就完全顛倒了，在此理念的推動下，你短暫的人生中，肯定不會好好修行。以前是忙忙碌碌的，以後也是「忙盲茫」，此外不會有「明明明」。

依據經中的人身難得之義，龍猛菩薩在《親友書》中，曾對樂行王教誡道：「大海漂浮木軛孔，與龜相遇極難得，旁生轉人較此難，故王修法具實義。」意即在大海裡漂浮的木軛之孔，與盲龜相遇極為困難，而旁生為主的三惡趣眾生，轉為人身較此更難，所以國王你應修持正法，令此人身具有實義。寂天論師在《入行論》中亦云：「人身極難得，如海中盲龜，頸入木軛孔。」還有《正法念處經》中說：「人身難得，如海中龜值浮木孔。」盲龜值木的比喻在諸多經論中都用過，故有相當甚深的意義。大家今後見到大海、見到烏龜、見到木軛，應該想起這個比喻，經常思維人身如何難得。

　　不過現在的很多人，因為沒有修行，只是把這當成一個神話，好像與自己無關。其實對我們來講，這是最有關係的，每個人對此應該有一種感覺。然而沒有修行過的人，文字就是文字，自己就是自己，文字的內容在自相續中無法顯現，即使偶爾顯現，也不可能長久留存。只有修行好的人，才能真正體會到人身多難得，於是在有生之年不願意空耗，把一切時間、精力全部用於對來世有益的修行上。所以，大家要觀察自己這顆心，假如有了人身難得的概念，那壽命無常等引導也很容易修；可是若認為人身沒有什麼難得，那你修行肯定不好。

　　鑒於此，我要求大家閉關一百天修共同加行。出關時就算你沒開天眼，沒看見普賢如來、文殊菩薩，也沒

夢到哪位法王給自己授記，但如果產生了人身難得的觀念，明白不能空耗人身而要精進修行，對你一輩子的利益也非常大。因而從現在開始，大家要千方百計生起加行的境界，否則，人生幾十年匆匆而過，也許你在臨死時，穿的雖是出家衣服，卻連佛教徒都不是，一閉眼就直接墮入惡趣，這是非常可憐的。

此外，在《涅槃經》等佛經中，佛陀還以「光壁撒豆，顆粒難留⑥」及「針尖堆豆，顆粒不存⑦」等比喻，對人身得之不易進行了說明，我們對此要產生深刻的認識。

第二十五節課

---

⑥向光滑的牆壁上撒豌豆，必定統統掉在地上，但憑藉萬一的機會，豌豆也可能在牆壁上存留。而獲得人身較此更難。
⑦在針尖上堆豌豆，一般不可能成功，但憑偶爾的因緣，也有可能堆起來。而獲得人身較此更難。

第二十六節課

繼續學習人身難得，現在講第四個問題。

丁四、思維數目差別（修行人的數目跟不修行眾生的數目進行對比，之後懂得修學佛法的人非常稀少）：

最近一直要求實修，這對大家來講非常重要。若沒有依靠人身難得的修法，斷除對今生的貪執，修行定然不會成功。所以，我們首先不強調得什麼高法，或者獲得最殊勝的灌頂，作為初學者，剛開始一定要把加行修好，把基礎打好。如果你對加行的內容有所感悟、有所體會，自然會有一種強大的力量推動你，讓你不得不修其他法。相反，倘若這樣的基礎沒有打好，表面上得了許多甚深高法和境界，但這些不一定長期存留在你相續中。這是我們的經驗之談，也是前輩大德留下來的教誨結晶。

所以，大家一定要把《前行》的內容搞懂，搞懂之後再進行思維。雖然它的文字淺顯易懂、一目了然，但要想對它的內容有感受，並長期貫穿於自相續中，恐怕不是一朝一夕之舉。

在修行的過程中，得到定解相當關鍵。比如「人身難得」這一修法，凡是學佛的人都會講，可是有多少人並非人云亦云，而是通過自己修證得來的？誰又能在白天做事、晚上睡覺，乃至行住坐臥等威儀中，始終對此

大圓滿前行廣釋（二）附大圓滿前行實修法

念念不忘？如果你真正體會到了人身難得，那就像親手摸到了熊熊烈火，即使別人說它很涼、不燙，你也不會隨他而轉。同樣，假如人身難得在心中油然生起，哪怕成千上萬的人來到你面前，說人身容易得、人生很快樂，你也不會被這些謊言所惑，不可能耽執眼前的享樂，而會馬不停蹄地追求解脫。這就是所謂的體悟。「悟」字，是「心」和「我」結合起來的，所以不是別人說的，或者外境上的，而必須是自己內心的感受，這才是真正的悟。

因此，佛教不是迷信，而是智信。若想對佛教產生信心，首先要有一種懷疑，然後通過觀察遣除疑惑，生起穩固的定解。現在喜歡自然科學或世間學說的人認為，做什麼都離不開興趣，沒興趣則不可能成功。但這種興趣可能帶有盲目的成分，而佛教中最究竟的信心，是通過仔細觀察之後，得出來的無誤結論，就像提煉黃金一樣經過了千錘百煉，而不是因盲目崇拜就一概接受。對於佛陀的金剛語，佛陀也允許我們加以觀察，如果覺得不合理，則可提出自己的辯駁。所以，符合實際的真理，才是我們希求的目標，這種希求何時得以成熟，方稱為真正的信心。

人身難得表面上是共同加行的基礎修法，但如果更深層、更細緻地去思維，其內容涉及方方面面的修行境界。所以，最初的時候，大家應該像孩童學習 b、p、 m、f，若沒有從拼音入手，長大後就會像我這樣，講漢語時你們都笑，我自己也不好意思。同樣，前行基礎沒有打好的話，即使你得了很多高法，但因為入門不對，修起來也很麻煩，想轉又轉不過來。包括有些上師，顯現上也沒有好好修加行，以此原因，帶弟子時不是特別有次第性，最後致使有些弟子捨棄佛教，被引入其他宗教中去，這一點確實很遺憾。

現在有些上師，對系統性、次第性的法門不太重視，見弟子很認真地在學，甚至會勸他去某某地方閉關，說那裡加持很大。我覺得這有點可惜，但也沒辦法，畢竟弟子是他的「私有財產」，我沒有權利去干涉。不過，有些上師只把有才華、有智慧、有財富的弟子，當作自己的「私有財產」，而沒財富、沒才華、沒能力的，經常會介紹給我，寫一篇長長的介紹信說：「這是我的弟子，你要來保護，包括他的生活、他的住處、他的修行⋯⋯」奇怪，他最好的弟子怎麼不給我介紹啊？開玩笑！

下面開始講課：

若稍加審視眾生的數量及次第，就會發現，獲得人身的實在是微乎其微。如佛經中言：「地獄眾生猶如夜晚繁星，而餓鬼則如白晝之星；餓鬼眾生猶如夜晚繁星，而旁生則如白晝之星；旁生眾生如夜晚繁星，而善

趣眾生則如白晝之星。」此外，還有經典中說：「地獄眾生猶如大地微塵，餓鬼眾生猶如恆河沙，旁生猶如酒糟，阿修羅猶如彌漫大雪，而人及天人僅僅似指甲微塵。」可見，六道眾生的數量呈金字塔形，地獄最多，人天最少。

　　我們也可以體會得到，現在造惡業的人比比皆是、層出不窮，行持善法者可謂少之又少。不信你到大城市的十字街頭，或者商店、餐廳裡看一下，多少人沒有發菩提心、沒有行持清淨戒律、沒有念佛經？而身口意造惡業的又有多少？畢竟因果始終不虛，惡業的果報肯定只有成熟於惡趣。

　　以前初劫或圓滿劫時，人們不會造十不善業，據歷史和《俱舍論》的觀點，那時候根本沒有地獄眾生。後來隨著道德敗壞、人心腐化，造惡業的現象愈演愈烈，尤其是當今末法時代，眾生造的罪業極其可怕，誠如《地藏本願經》所言：「南閻浮提眾生，舉止動念，無不是業，無不是罪。」故而，大多數人死後會墮入惡趣。《四百論》也說：「由於諸人類，多持不善品，以是諸異生，多墮於惡趣。」

　　如今跟大城市的人交往就會發現，他們每天都在造惡業，不說一輩子，即便是一天所造，比如殺生吃肉，也令自己千百萬年不得解脫。包括在座許多出家人，以前在家時造了不計其數的惡業，這樣的惡業跟你現在的

善業比起來，到底孰輕孰重？你有沒有希望來世得人天福報？有沒有把握不墮惡趣？如果說厭離世間的出家人都沒把握，那更何況是不信佛教、持有邪見、毀謗三寶的世間人了？現在很多地方充滿「人間地獄」，有時一走進大餐廳，幾百人一大桌一大桌在吃活生生的魚蝦，縱然我們沒有神通，但通過這種行為也能斷言，他們死後必定墮入惡趣，這沒什麼可說的。因此，之所以地獄眾生那麼多，其原因由此可見一斑。

《雜阿含經》中有一個比喻說：「如甲上土，如是眾生，人道者亦復如是。如大地土，如是非人亦爾。」《涅槃經》也記載道[68]：有一次，佛陀從地上沾了一點點塵土，問迦葉尊者：「我手上這些塵土多，還是十方世界大地的土多？」迦葉尊者答言：「當然是十方世界大地的土多。」佛陀說：「得人身並行持善法者，如同我手上的塵土般稀少，而未得人身、行持惡業者，猶如十方世界大地之土般眾多。」此外，佛經中也說：「得人身者，如爪上土；失人身者，如大地土。」

對《大圓滿前行》，你們不要認為不會修，其實這個修起來很容易，只要對佛經中的比喻細心琢磨，就能

大圓滿前行廣釋（二）附大圓滿前行實修法

---

⑱《涅槃經》記載：爾時世尊取地少土置之爪上，告迦葉言：「是土多耶？十方世界地土多乎？」迦葉菩薩白佛言：「世尊，爪上土者不比十方所有土也。」「善男子，有人捨身還得人身，捨三惡身得受人身，諸根完具生於中國，具足正信能修習道，修習道已能得解脫，得解脫已能入涅槃，如爪上土。捨人身已得三惡身，捨三惡身得三惡身，諸根不具生於邊地，信邪倒見修習邪見，不得解脫常樂涅槃，如十方界所有地土。」

明白人身有多難得。畢竟佛經千真萬確，故我們要有虔誠的信心。當然，這不是一種盲目崇拜，而是通過智慧再三觀察，對佛的金剛語找不出任何缺點，最後不得不承認佛經無謬，它所講的比喻非常正確。然後在此基礎上，應結合實際加以修持，對六道眾生的數量，能比的就比較，實在不能比的隱蔽處（如肉眼看不見的地獄、餓鬼眾生），依靠對聖教的信心引生定解，這才是正確的修法。

其實善趣眾生少之又少，對此不光是理論上明白，當下我們也可以觀察：比如在夏季，僅僅一方草地上的含生，或一個蟻穴中的螞蟻，其數量就超過了南贍部洲的人數。（夏天草地上的蟲蟻非常多，正因為如此，佛在戒律中規定：夏季三個月中，出家人要禁足安居，不能隨便在草地上遊行，以免踩殺地上蟲類。雖然，若不是故意踩死，佛經中說罪業並不大，但還是會傷害其他生命。）

夏天的時候，你不妨到山上觀察一下，看佛經中說的是否正確，人與旁生的數量是不是真有那麼大差別。我小時候放犛牛時，到了夏天，經常在山崖上、山頂上看到無數小蟲，尤其是下毛毛雨或飄雪花時，不管是路坎、岩石、草坪上，到處遍滿了密密麻麻的小黑蟲，在巴掌大的一塊地方，可能就有幾萬億隻。我看見後都不敢走路，生怕不小心踩死無數眾生。到了冬天，我去一些森林時，看到蟻穴裡的螞蟻也非常多。據說海洋裡有一種太陽魚（又名翻車魚、月亮魚），牠具有強大的繁殖

力，一次可產三億多魚卵，這樣幾次下來，就遠遠超過全世界六十多億人口的數量了。所以觸目可及，無論是高山上、虛空中、大海裡，人類與旁生的比例多少顯而易見。

以前我去香港等地，曾跟很多佛教徒去海底世界，當時看到周圍的魚游來游去，內心中確實感覺人身難得，佛陀說得一點不虛，對眾生特別起悲心。可是有些居士好像沒什麼感覺——「哎，這個魚好漂亮哦！」「你好可愛啊，過來過來，親一下⋯⋯」（眾笑）

單看人類其實也一樣，若觀察無有佛法光明之邊地的人數，就會認識到生在有佛法光明地方的人極為罕見。現在有些大城市裡，說沒有佛法吧，也不是完全沒有，還是有人信佛、有人出家，但佛法興不興盛呢？一點也不興盛。像上海、北京等地，人越多的地方，佛陀的教法證法越稀少。而藏地雖然人不多，佛教卻非常興盛。不說別的，就拿我們甘孜州來說，據前幾年統計，總共有18個縣，人口不到100萬，但開放的寺院有515座，沒有開放的也有很多。其中色達縣有4萬多人、爐霍縣也有4萬多人，康定縣可能12萬人，這些小小的縣城裡，有些就有三四十座寺院，99%以上的人都信佛教。

不過，佛教興盛的藏地，可以說人跡罕至，有時候要坐好半天車，才看見一戶人家。相反，像成都，市區人口就460多萬，加上周圍統轄的幾個縣，總人口有

大圓滿前行廣釋（二）附大圓滿前行實修法

1000多萬。上海有1800多萬人，北京有1600多萬人。我以前找過一些資料，想查查大城市有多少出家人，結果沒有找到。但我們基本上也清楚，上海有幾座寺院，北京有幾座寺院，差不多有多少出家人……

當然，除了出家人以外，佛教徒中居士占相當一部分。但是有些居士學佛，只求家庭平安，完全是為了今生，想獲得解脫、行持善法的寥寥無幾。比如上海1800多萬人，希求解脫者又有多少？有時候可以觀察一下。你們許多人來自於大城市，想一想自己的家鄉，有多少人行持善法？他們若沒有行持善法，造的惡業大如山王，死後會不會墮入惡趣？1000多萬人中，有沒有1萬人有把握轉生人天？如此推算，惡趣眾生是不是很多？通過各方面觀察，就會明白得一個修學佛法的人身多不容易。

尤其是具足十八暇滿的人身，在當今更是絕無僅有。例如，甘孜州515座寺院，共5萬多出家人，這些人當中，具足暇滿的有多少呢？一個一個經過篩選，就會發現剩下的人並不多。

當然，真正的高僧大德肯定具足，他們白天晚上行持善法，實在令人羨慕。以前金旺堪布講《大圓滿前行》時說：一看有些大德的傳記，就覺得跟我們凡夫人差別極大。比如麥彭仁波切，看他造了那麼多論，覺得他似乎一輩子都在造論典；看他弘法利生的事蹟，覺得

第二十六節課

他一輩子都在講經說法；看他行持了那麼多善法，又覺得他好像一輩子都在做善事。

作為真正的具相大德，不但利他的發心和能力十分廣大，自利的修行也從不鬆懈。像華智仁波切，一生中聽受《前行》二十五遍，基本上每聽一次，都會圓滿修一次五加行。可是我們現在修一次五加行費多少力啊？前不久有個居士給我打電話：「我絕不可能磕滿10萬大頭，因為我剛磕了100個，就喘了三天三夜。」真的沒辦法，凡夫人行持善法的能力太微弱了。我們現在每天磕15分鐘頭，很多人都覺得吃不消，巴望著鬧鐘快點響，但如果讓你行持惡法或散亂放逸，不要說1個15分鐘，10個15分鐘也一晃就過了。因此，凡夫人行善如爬山般費勁，造惡業卻如下坡般輕鬆。

不管怎麼樣，我們上半生雖已迷迷糊糊過了，但從今以後的下半生該以何種方式度過，權力完全在於自己。正如藏地有句俗話說：「重新穿衣服，重新繫腰帶。」所以，我們從現在起要重新做人，讓自己下半生變成真正的修行人，否則，得個人身卻白白耗費掉，實在太可惜了！

對此深思一番之後，想到自己如今已獲得了真實暇滿，擁有修行佛法的機會，應當感到無比欣慰、喜悅。假如暇滿的所有功德完整無缺，那從今天起，就已實現了所謂的珍寶人身。（當然，這個要長期具足，不要十八暇

大圓滿前行廣釋（二）附大圓滿前行實修法

滿暫時全部具足，過兩天又一個一個掉了。）什麼是珍寶人身呢？無垢光尊者在《心性休息》中說：「自在聞思精華義，調己勸他行善法，修行山王極穩固，彼等仙人勝幢相，無論在家或出家，即是珍寶之人身。」意思是，聞思佛法的精華教義，調伏自己的三門，勸勉別人行持善法，修行如山王般穩固——不是這兩天修個法，一離開上師和道友的監督，就像發瘋一樣完全變了，真正的修行人始終如一，十年前是這樣，二十年後依然不變，這才是具有珍寶人身。

　　反之，倘若你對具足十八暇滿、遠離十六無暇還有缺憾，即便在世間法方面聰明伶俐、智勇雙全、地位顯赫、智慧超群、美名遠揚，但也稱不上是珍寶人身。世間有許多成功的國家領導、商業鉅子，看似呼風喚雨、無所不能，可這種福報也許會讓他造很多業，反而成為墮入惡趣的前兆。古人言：「墮惡趣之前當人王。」所以，得這種人身並不希有，充其量只能算是普通人身，或者稱為相似者、災禍者、無心者、空返者。

　　有些大學教授、博士生導師、博士後、院士，自認為非常了不起，對佛教一直嗤之以鼻，其實他最多只是對某個領域有貢獻而已，並不一定對善惡取捨通達無礙。無垢光尊者曾說過：「不知善惡行非法，根雖具足相似身，縱然轉生於中土，亦為邊鄙野蠻性。」因此，不相信因果的人，縱然在某些方面再有智慧、再有能

力，也不值得我們讚歎。

總之，作為一個出家人，對其他最好不要希求，即生中既然有緣出家，就要守持清淨戒律，精進聞思修行，以令正法融入於心；而作為在家人，也應該護持淨戒，同時好好地聞思，這樣無論在家還是出家，都擁有了珍寶人身。否則，每天只希求世間八法，從來不行持善法，連最簡單的轉經輪、念觀音心咒也不做，來一趟人間什麼意義都沒有，這種人就像手握如意寶卻無義空耗，或者到珍寶金洲卻空手而返一樣，簡直愚不可及。

對於這些人，我們理當生起悲心，有能力的話，盡量施以幫助。否則他們非常可憐，覺得自己智慧很不錯，口口聲聲叫囂「越墮落越快樂」、「越墮落越美麗」、「越墮落越英雄」……言行舉止顛倒瘋狂，根本不理會惡趣的痛苦。就像一個精神病患，拼命地讚歎監獄快樂，然後故意去觸犯法律，正常人一看他的行為，就知道他精神失常了，任誰勸也無濟於事。我們身邊就有許多這樣的人，說他笨，他不高興，也不會承認，但實際上他的所作所為一直造惡業，違背因果規律的下場，不管他承不承認，來世必定都要感受無量痛苦。

我們能遇到這麼好的佛法，是值得慶幸，但身邊還有千千萬萬眾生，處於極度迷茫的狀態中，不知取捨，為此，我們要經常祈禱上師三寶，加持自己早點有能力去幫助他們。實際上，度化眾生需要佛菩薩、護法神加

大圓滿前行廣釋（二）附大圓滿前行實修法

持，否則，很難成辦一切所願。前段時間有個道友就說：「我很想度眾生，可是路上『嘩』——就滑下去了，現在無能為力，我要回來了。」不知他講的是雙關語還是什麼，我也不太懂。總之，如果沒有諸佛菩薩的加持，我們利益眾生時，也會在路上滑下去的。

下面通過幾個不同的對比，進一步說明虛耗人身者的愚癡：

（一）如頌云：「獲此人身寶，得摩尼難比，諸無厭離人，豈不見空耗？」

獲得人身與得如意寶比起來：如意寶只能滿足即生中飲食、生活等一切所需，比如中獎一千萬美金，只能在今生中購買房屋、轎車，享受短暫的幸福而已，對來世的快樂卻無計可施，故錢財的能力非常有限；而得到人身與此截然不同，依靠它行持善法，完全可以超越三界、自度度他，所以如意寶與人身寶無法同日而語。然可惜的是，有些人對輪迴沒有厭離心，致使此人身寶白白空耗，非常可惜！

因此，得到人身之後，不能隨隨便便空耗，一定要把每天的時間用上。其實珍惜人身就是珍惜時間，應將時間看作生命，在有限的時間裡，盡量行持善法。比如這裡的發心人員，天天發心不能缺，此外有空餘時間的話，也沒必要懈怠懶惰、睡懶覺，否則修行絕不會成功。虛雲老和尚的傳記中說：有兩個和尚，認為大方丈

不在，就一直睡懶覺，結果鬼怪來了，把他們狠狠處罰了一頓[69]。可見，不珍惜時間好好修行的人，鬼怪也會找你麻煩。而善法意樂特別強的人，無論對生病、出違緣都不在乎，非人即使想為難你，也無從下手。

（二）如頌云：「遇殊勝上師，得王位難比，諸無恭敬者，豈不視等伴？」

即使登上帝王之位，也難與值遇具相上師相提並論。但是無有恭敬心的人，只把上師視為普通朋友，以至於無法獲得上師相續中的甚深境界，非常可惜！

無垢光尊者在《竅訣寶藏論》中說：「上師視為凡夫離加持。」如果把上師當作凡夫人，絕對得不到上師的意傳加持。要知道，加持源於自己的信心，若把上師看作佛，就能獲得佛的加持；若把上師看作菩薩，就能獲得菩薩的加持；若把上師看作上等人，就能獲得上等人的加持。比如上師說一句「不能散亂」，假如你把這

大圓滿前行廣釋（二）附大圓滿前行實修法

[69]《虛雲老和尚的足跡》中說：民國三十四年（1945）春，虛雲老和尚從雲門到南華傳戒。此時，雲門寺有兩位僧人，一名古根，一名傳真，同住一個寮房。一天早上，晨鐘叩響了，兩人還沒起床，他們商量：「方丈不在，就暫且偷懶一回吧。」又繼續睡。一會兒，門突然自己打開，隨著陰風一個黑影衝進來，只見一眼睛圓鼓、獠牙畢露的鬼怪，將傳真從床上拖出，扔到地下，訓誡說：「菩薩開道場，成就你們修行。你們卻不上殿念經，不知慚愧，該打！」說著舉起巨掌，狠打他屁股十幾下。古根見狀驚喊：「救命啊！鬼來打人了。」用凳子猛敲床板發出巨響，鬼怪飄然而去。寺僧聽見大喊救命，拿著木棍跑來，看古根已被嚇得臉色青白，而傳真臥在地下，屁股被打得黑瘀浮腫，大家拿藥來擦，醫治一個多月才好。當天，二人即搬出來，不敢再住那個房間。……四月，虛雲老和尚從南華寺回來，眾皆告之有鬼。深夜，虛雲老和尚禪坐，見一青袍白衣老翁前來，恭敬地說：「弟子住在後山，已有幾百年。前段時間師父到南華傳戒，弟子也剛好外出，孫輩不肖，吾已責誡之，今特來向師請罪。」虛雲老和尚說：「既已現形異類，彼此相安，不要多現擾眾。」老翁告謝而去，從此不再發生此類事情。

四個字當佛語來對待，那有一分恭敬得一分法利，你肯定能得到不同的加持；如果你覺得：「什麼不能散亂啊，上師你天天都在散亂，還說我！」則必定得不到任何加持。對我們而言，如今可謂「人身難得今已得，佛法難聞今已聞，此身不向今生度，更待何時度此身」，因此，遇到殊勝的佛法和上師之時，要想方設法令自己獲得解脫。

（三）如頌云：「求發心律儀，得官位難比，諸無悲心者，豈不見拋石？」

我們即生中發了菩提心受菩薩戒，得局長、處長、科長等官位根本沒法與之相比。可是沒有悲心的人，不珍惜自己的菩薩戒，常對眾生惡心相向，將菩提心像石頭一樣拋棄，非常可惜！

（四）如頌云：「得續部灌頂，輪王位難比，諸無誓言者，豈不付東流？」

獲得密宗續部的灌頂，得到轉輪王位根本無法與之相比。但密宗的根本就是誓言，那些不守誓言的人，所有的加持功德、意傳智慧都將付之東流，自相續不但得不到任何利益，最終反而會墮入惡趣，非常可惜！

現在許多學密宗的人，根本不重視守誓言、修加行，求的只是得這個灌頂、得那個灌頂，可能想灌頂時有點吃的喝的吧，不一定是希求加持和成就。假如你想得到加持和成就，其根本就是要修加行、守誓言，若沒

有考慮這兩者，光是參加個儀式，相續不一定有大的改變。

這一點也看得出來：任何一個修行人，倘若對誓言特別重視、對加行特別重視，修行勢必蒸蒸日上，越來越有進步；如果他對這些不屑一顧，成天只是東奔西跑，求一些新鮮法，最後自相續定會與法背道而馳。這也是我們親眼所見、有目共睹的事實。

（五）如頌云：「見心性本面，見諸佛難比，諸無精進者，豈不見迷亂？」

依靠上師竅訣現見心的本來面目，比親見諸佛菩薩更加難得。可是沒有精進的人，即使認識了心的本性，後因種種散亂，沒有繼續護持，就像智悲光尊者所說，初學者雖明心見性，但就像雲間出現的陽光一樣，一會兒又被分別的烏雲遮住了，心很快會恢復到迷亂的狀態中，非常可惜！

因此，我們修密法時，若依靠上師竅訣見到了心的本性，則還要不斷地修行、一直修行。有些人得了很多修心教言，對心性肯定有所體悟，此時必須持之以恆地串習，不然到了一定時候很容易退失，故千萬不能捨棄精進。

大圓滿前行廣釋（二）附大圓滿前行實修法

第二十六節課

第二十七節課

前面通過六道眾生的數量進行對比，得出了人身難得的結論。下面進一步闡述這個道理：

這樣的暇滿人身，並不是平白無故或偶爾僥倖獲得的，而是多生累劫中積集福慧二資的果報。正如《前行備忘錄》所說：「要得到閒暇，需要守護清淨戒律；要得到圓滿，必須大量累積布施等福善。為了獲得暇滿人身，還要以清淨的發願來銜接……」

佛經中講過四種難得——人身難得、佛法難遇、正法難生信、菩提心難發，而我們如今四者已一一具足，這完全是往昔積累過智慧資糧和福德資糧，即生中才有如此殊勝的因緣。有些人賺到很多錢，就覺得福報真大，其實錢即使賺得再多，也只能得一些暫時利益，不像獲得人身一樣，能夠解決生生世世的大事。

所以，大家對此應當再三思維，這就是修行人身難得。所謂修行，不一定非要閉著眼修出什麼，也不一定要看到明點，若對此道理反反覆覆觀察，最後不是假裝的、也不是改造的，而是自然生起「修學佛法的人身來之不易」的定解，並對自己得到人身感到慶幸，這說明你對人身難得有所感悟。這種修行其實沒什麼不會的，有些道友說：「我早上起來觀半天，不知道業力深重還是什麼，一直觀不出來，非常痛苦，只好又睡下去。」

大圓滿前行廣釋（二）附大圓滿前行實修法

其實你再怎麼笨、分別念再怎麼湧現，對此道理也可以反反覆覆讀、反反覆覆思維，這沒什麼不懂的。

大智者稱幢⑩說：「得暇滿人身，非由力強得，乃是積福果。」我們能獲得遠離八無暇、具足十圓滿的人身，並不是因為自己力量強大，也不是因為有地位、有錢財、有名聲，（不像世間有些領導一樣，官位是用錢買的、憑關係得的，）而唯一是因為往昔多劫中積累過福報、做過善事。你們不要認為自己出家純屬巧合，是偶爾對家庭產生了出離心，實際上它有非常奇妙的因果。很多人喜歡說「命中註定」、「命運不可改」，其實若以《俱舍論》和因明的觀點來解釋，你不得不承認前因後果，如果懂得了深奧的因果，就會明白一啄一飲莫非前定，現在的一切皆有因有果。明白這個道理後，只要是有智慧的人，對未來漫長的生死問題必然會考慮，如此一來，就不得不關心人身的價值，不可能將其隨意空耗。

然而，對無有正法光明的人來說，雖然得到了人身，可是殺盜淫妄無惡不作，這比惡趣眾生還下劣。為什麼呢？因為如果是一個旁生，由於生性愚笨，所造的惡業畢竟有限，而人類在某些領域很聰明，能製造核武器、原子彈等各種武器，瞬間即可毀滅地球上的所有生

⑩稱幢：札巴堅贊，譯言稱幢（1147－1216）。宋代藏傳佛教薩迦派高僧，薩欽袞噶寧波之第三子，26歲繼承薩迦法位，為薩迦五祖之第三祖。

命。有些人雖沒有能力這麼大面積地造業，可是他從小養成非常不好的習慣，天天殺雞宰魚，吞食無數生命，以滋養自己的血肉之軀。相比之下，旁生儘管身處惡趣，卻不會如此無所不為、罪業滔天，就拿山上的犛牛、山羊來說，牠們一輩子都吃草喝水，生活非常清淨。

有些人真的特別可怕，造惡業無所不專、無所不精，造善業卻一點能力都沒有，對三寶根本不相信，連磕一個頭、供一盞燈、燒一支香，一生中也從來沒做過。我們周圍就有這樣的人，他們隨處可見、比比皆是，用不著我們在屋裡使勁觀想，通過其所作所為也可以看出，他們的人身毫無價值。誠如米拉日巴尊者對獵人怙主金剛所說：「本來佛講暇滿人身珍貴難得，但看見像你這樣的人，便會覺得人身並沒有什麼珍貴難得的。」

大家可能也看過米拉日巴的傳記，當時尊者住在西藏與尼泊爾交界處的尼香古打山上，有一天，突然聽見獵狗的狂吠聲，隨即又有「砰」一聲槍響。不到片刻，只見一隻黑鹿，通身汗如雨下，顯出極度驚駭的樣子，戰慄慄地跑到尊者面前。尊者見狀，不覺生起難忍的大悲心，對牠唱了一首道歌，平息了牠身心的恐懼和苦痛。黑鹿快樂地走近尊者，在尊者的左邊臥下。

過了一會兒，追擒這黑鹿的一隻紅色母狗，氣勢洶洶、大聲狂吠地飛奔而來。尊者對母狗也生起極大的悲

心，對牠唱了一首道歌，平息了牠的瞋恨心。母狗向尊者搖著尾巴，作出各種親善的樣子，隨即在尊者的右邊臥下。

尊者忖道：「在這兩個眾生的後面，一定還有個罪業深重的人正在追尋，恐怕就要來了。」片刻間，只見一個凶狠殘暴的獵人㊆，眼露閃閃凶光，背著獵槍和弓箭，急急地跑近前來。他看見自己的獵狗和黑鹿竟像一對母子般靜臥在尊者兩旁，不禁想到：「這個瑜伽士一定是在我的狗和黑鹿身上施了什麼法術！」於是將弓弦拉滿，一箭射向尊者，誰知一向百發百中的他，竟沒有射中。這時尊者又對他唱了一首道歌，其中有一句就是：「經云人身貴似寶，汝之人身不值錢。」（確實，獵人、漁夫、屠夫一生都在造惡業，真的非常非常可憐！）

唱完以後，獵人覺得這個瑜伽士比較奇妙，或許是位與眾不同的大成就者。於是他走進尊者的崖洞，到處仔細查看了一番，發現除了一些蕁麻和野草根外，什麼糧食和用具都沒有。他不禁生起了無比的信心，馬上把弓箭、獵物全部供養尊者，祈求尊者收他為徒，並發誓今後再也不造任何罪業。原本他想回去向家人交代一下，然後就回來依止尊者，（可能是辦離婚手續吧。）尊者沒有答應，讓他立即斬斷對家人的愛戀，當下就隨自己

修行……從歷史上看，後來獵人怙主金剛成為很了不起的大成就者，而母狗和黑鹿也永遠擺脫了惡趣的痛苦。

米拉日巴生平有很多精彩的故事，有些人如果沒有看過，還是應該看一下。米拉日巴在藏傳佛教歷史上，是非常了不起的修行者，他的道歌、金剛教言對後人有著深遠影響，包括我自己在內，對此傳記的信心也非常大。記得二十多年前在讀初中時，我有一次生病在家，當時鄉裡有一位喇嘛，每天晚上給我們讀《米拉日巴尊者傳》，我就在他面前用了十幾天的時間全部聽完。那時候記性比較可以，許多故事能複述得下來。

我病好上學以後，有一年夏天，跟同學索朗澤讓去宗塔草原，那裡遍地開滿鮮花，非常美麗。我們先在河邊洗了腳，然後坐在草地上，我給他講了《米拉日巴尊者傳》和一些故事，大概講了一下午。他聽著聽著，眼淚就流下來了。雖然他成績不太好，之後沒能考上師範學校，但至今仍記得有些故事。去年他碰到我時，說：「我們讀中學時，你就給我傳過法，我的印象還是很深，當時對佛法生起了很大信心。」其實小小的一個故事，有時就能改變人的一生。我以前編《智海浪花》時，有些大學生讀了米拉日巴的《傳記》和《道歌集》後，開始對人生有了新的認識，最終踏上捨俗出家之路，這種現象不乏其數。

言歸正傳，大家有時間、有機會的話，應該多觀修

人身難得。現在很多人，要麼因為心力不夠，要麼因為沒有機會，懂得人身難得的寥寥無幾。放眼整個世界，許許多多人根本不像一個人——當然，在他們面前這樣說，他們肯定不高興，但實際上，他們的人身並沒有絲毫意義。

當今全球人口急劇膨脹，短短五十多年的時間裡，其數量已從1950年的25億，迅速增加到60多億，預計再過幾十年，人口將突破100億大關。由於地球空間和資源有限，人口的急劇膨脹將會帶來一系列資源問題、社會問題、經濟問題、政治問題，人類的生存環境也會變得日趨狹窄。之所以導致這種局面，並不是因為行善的人越來越多，給世界帶來了一片光明，而是人們不行善法、不信因果，造惡業的越來越多，以此原因，未來人類將面臨著諸多問題和磨難。

我們作為佛教徒，對這些現象不得不深思。現在人這麼愛造惡業，其手段跟古人比起來有增無減，甚至超越無數倍，如今的倫理道德、人文教育也日漸薄弱，根本無法跟古人相比。所以，這個世界看似科學技術日新月異、不斷向前發展，無數人對此紛紛歌功頌德，可是由於人心日益惡化，到了最後，生存在地球上的人類肯定越來越迷茫、越來越危險。

因此，大家應多思維人身難得的道理，不要像這些世間人一樣，整天鼓吹及時行樂。當然，我們也不是悲觀主義者，對真假黑白看不出來，盲目地認為人生皆

苦。畢竟佛教的智慧無比敏銳，超過任何世間學問，如果享樂真有一個亮點，佛教中可以發現得到，但佛陀從來也沒有提倡過享樂，可想而知究竟是為什麼。

其實，如果造惡業，人身完全超過餘道眾生，再沒有比人身更容易成為惡趣墜石的了。有些人一輩子所造的惡業，令自己萬劫不復，多生累劫都在地獄受苦，比如一個領導發動戰亂，或者毀壞佛法，其下場確實不堪設想。漢地歷史上就有幾次滅佛運動，其中規模最大的，莫過於「三武一宗[72]」。

北魏太武帝：他脾氣暴躁、為人凶殘，曾三次下詔打擊佛教，令全國各地碎佛像、焚佛經，佛像經典無復遺存。同時，佛教沙門無論少長，全部坑殺，絕不留情。若有逃竄者，一經捕獲，必將斬首示眾或坑殺。因而，當時國境之內，看不見一個出家人。

北周武帝：破毀寺塔，焚燒經像，勒令僧人還俗。後來他滅了北齊，又對北齊實行排佛政策，焚毀一切經像，廢4萬所寺廟，賜王公大臣充為地宅，300多萬僧尼被迫還俗。佛教一時之間銷聲匿跡。

唐武宗：下令焚燒皇宮內所有佛經，將宮中所供佛像皆深埋地下。令寺院停止講經說法。在全國共廢大、中寺院4600餘所，廢小寺廟近4萬所，還俗僧尼約26萬人。

後周世宗：雖沒有大量屠殺僧尼、焚毀佛經，但廢

---

[72]三武一宗：北魏太武帝、北周武帝、唐武宗、後周世宗。

大圓滿前行廣釋（二）附大圓滿前行實修法

滅寺院3萬多所，數萬僧尼勒令還俗，銷毀佛像用來鑄錢，以充實國庫。

這幾個朝代的皇帝，跟藏地的朗達瑪滅佛差不多。他們一個人在一輩子中造的彌天大罪，非常非常可怕。像唐武宗，是唐代21位皇帝中唯一反對佛教的，他在位只有短短6年，卻因看不慣佛教而下令滅佛，如果當時科學發達，他可能會對全世界的佛教進行破壞吧。

根據歷史分析，三武滅佛與道教有關，一宗滅佛跟儒教有關。不過也有人說，滅佛的根本原因是經濟問題，這四次滅佛事件都如出一轍。由於之前幾個朝代大興佛教，如此加大了財政支出，使國庫空竭。遇到外患，僧尼不能出征打仗，平時也不用繳納賦稅，給社會帶來很多壓力。出家人本當艱苦修行，現在都坐擁大量地產，成為了大地主，寺院經濟惡性膨脹。再加上皇帝認為佛教是印度的外來文化，與漢地土生土長的宗教有衝突，鑒於種種原因，之後採取措施滅佛。

為此，宋代宗頤禪師也作過檢討：「天生三武禍吾宗，釋子回家塔寺空。應是昔年崇奉日，不能清儉守真風。」意思是，天上降下來的三武毀滅我們佛教，寺院和塔廟都被毀壞，釋迦牟尼佛的弟子無家可歸，但究其原因，也是因為昔日佛教備受推崇時，許多出家人不能安貧樂道，守持清淨道風，以至於為今日種下了禍殃。

禪師的這番話語，我們後學者不得不反思。現在有

些出家人或修行人，知足少欲、生活簡樸，行持真正的佛法，這很值得稱道。但也有一部分人，遊手好閒、好吃懶做，對社會和佛教沒有任何貢獻，反而引發世人對佛教的誤解。作為一個佛教徒，倘若自己行持善法，對國家、社會會有非常大的利益，即使沒能力做一些事，以清淨心發願的話，無形中也會給眾生帶來幸福安樂，這是毫無疑問的。反之，假如沒有這樣做，而是對錢財非常貪婪，從不守持清淨戒律，行為也不如法，這種人氾濫成災的話，確實給社會帶來壓力。所以，大家在了解人身難得的同時，對歷史也有必要回顧，當前狀況要跟以前佛教毀滅的因素進行對比。

剛才說一個人若造下大罪，多劫中不能從惡趣解脫。因此，獲得這樣的人身時，無論是行善還是造惡，主權都掌握在自己手裡。有些人說：「我沒辦法學佛，被家庭監視著、被單位控制著、被業力牽引著……」其實跟別的眾生比起來，你還是有自由的。假如你變成一個旁生，想行持善法也力不從心，但現在你有了寶貴人身，面對社會、家庭的壓力，肯定可以想出方法應付，關鍵看自己心力夠不夠。有一篇文章叫《握住自己快樂的鑰匙》，裡面就說了，一個成熟的人能掌握自己快樂的鑰匙，他不必期待別人使他快樂，反而能將快樂與幸福帶給別人。同樣，未來快樂的鑰匙，也握在我們手中，關鍵看自己選擇什麼樣的方向。如果對因果循環深

信不疑，則不會眼睜睜地跳入深淵，但有些人因為環境、業力等的影響，對惡趣痛苦半信半疑，這樣一來，難免行為中會有一些偏差。

頌云：「此身行善即是解脫舟，此身造惡便是輪迴錨，此身一切善惡之奴僕。」我們這個身體若行持供燈、磕頭等善法，它就是解脫之船，依此可離開煩惱和痛苦的生死大海，趨達解脫和涅槃的彼岸；這個身體如果造殺生等罪業，那麼它就是輪迴之錨，會讓我們永遠在惡趣中不能解脫。此身就像是一個奴僕，可以把家裡打掃得乾乾淨淨，也可以弄得亂七八糟，所以，對於它的利害，我們不得不分析。人人都有一個身體，做任何事皆由它來實施，所以作為身體的主人——心識，必須以正知正念來守護，看身體到底在幹什麼，始終要有這樣一種監督。

我們因為往昔的善業，如今獲得了暇滿人身，故一定要利用它，求得殊勝妙法的精華，《入行論》亦云：「故應惜此身，獨為修諸善。」除了修持善法外，身體做無記事、甚至造罪業，我們千萬要制止。雖然見身猶如怨仇是眾苦之源，然也應善加保護，因為此身如果具足戒律長久存活，依靠它能作廣大福德。如云：「雖見身如怨，然應保護身，具戒久存活，能作大福德。」因此，行持善法之人，在世上就算住一天，也有很大的利益；而天天造惡業的人，倒不如早一點離開好，即使變成

旁生也比現在強，至少不會像人一樣造惡業。很多人成天吃喝玩樂、貪圖錢財，在追求今生的衣食住行和世間八法中，無義虛度了寶貴人身。假如我們修行人也是這樣，一輩子中沒有好好行持善法，那麼在臨終時，只能手抓胸口、追悔莫及，這是多麼令人痛心疾首的事啊！

當然，極個別人不知道前世後世存在，死時就像犛牛一樣，只有痛的感覺，此外對以前造業沒有後悔心，對後世的恐怖也沒有警惕心。其實有時看來，人類並不像所宣揚的那樣聰明，一些科學家和文學家自以為有智慧，可他們連有沒有來世都不清楚，對未來的事情漠不關心，這樣的人會不會很聰明呢？可想而知。《入行論》也說：「既得此閒暇，若我不修善，自欺莫勝此，亦無過此愚。」我們獲得了這麼好的人身，如果沒有修持善法，再沒有比這更愚笨的了。別人騙你倒沒什麼，但若自己騙自己，哪有比這更過分的？遺憾的是，現在很多人因前世業力和後天教育所致，已經到了愚不可及的地步，非常可憐。

在座的道友，如今獲得了信仰佛教的人身，理應生起歡喜心。無垢光尊者在《大圓滿心性休息・人身難得》中，專門講了以歡喜心來隨念人身⑦。說實話，你們有沒有這種感覺？是否覺得在茫茫人海中，成千上萬的

⑦《大圓滿心性休息》云：「今生具義來世果，皆自暇滿人身生，故當數數生歡喜。」「故讚暇滿勝天身，已獲人身當生喜。」

人不知後世存在，而幸運的是，自己對來世還是有點準備，雖不敢說修行非常好，但對造惡業有種恐怖感，看身邊人造惡業也覺得觸目驚心？如果有了這種感覺，就會知道珍惜這個人身，用它來渡越生死苦海。

要知道，今生是決定永善或永惡的關鍵。就像孩子的讀書時代，是決定將來能否找到好工作的關鍵，我們現在也是如此，獲得暇滿人身的短短幾十年，可決定自己來世是永遠快樂，還是永遠痛苦。所以，大家要深深思索：如果今生沒有依靠人身得到堅固地（佛果），來世很難再獲得這樣的人身，一旦轉生於惡趣中，到時根本沒有正法光明，對取捨之處也懵然不懂，則很難從惡趣中出來，只會越來越向下墮入無邊深淵，故從現在開始就必須百般努力。

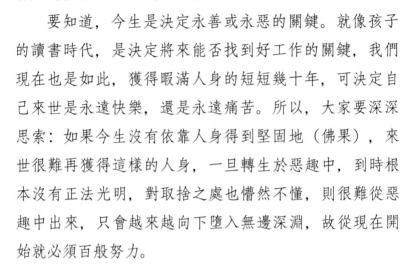

觀想的過程中，一定要以加行發心、正行無緣、後行迴向三殊勝來攝持。即最初要為利益天下無邊的眾生發菩提心；之後在觀想時，不一定非要閉著眼睛，你可以對法本再三閱讀，最後自會產生定解。有些人正聽課時，覺得人身真的難得，但這種感覺就像黑夜的閃電般，很容易就消失了。堪布阿瓊也比喻道，如同在火裡燒得通紅的鐵，一取出來就會馬上變黑，這些人也是同樣，正在觀想時眼淚簌簌直流，但出座之後，一點感覺都沒有了，這就是沒有長期串習的緣故。若能長期串習、一直思維，就會覺得人身實在難得，在這個世間

上，除了好好地修持善法，其他一切名聲、地位、悅意外境都不可靠。正如有些大德所說，就像你本來非常信任一個朋友，結果有一天他騙你了，從此之後你很絕望，對他會生起極度厭惡之心。我們若對世間一切也像這樣極度厭惡，說明自己真正產生了厭世心。

四種厭世心中，第一個就是人身難得。一旦這種定解在心中生起，便會長期有種出離心，除了希求解脫外，對什麼都沒興趣。誠如米拉日巴尊者所言：「無人山谷岩洞中，恆具出離厭世心，上師乃為三世佛，強烈堅信永不離。」我非常喜歡這個偈頌。米拉日巴在無人的岩洞裡，並不是一兩天，而是恆時對輪迴一切毫無興趣，就像男女感情破裂後，覺得整個世界沒有意義一樣，始終有種厭離心；同時，堅信上師與三世諸佛無二無別，不是今天看見上師特別高興，過兩天就捨棄上師、誹謗上師，而是對上師的強烈信心永不退轉，這是修行中特別關鍵的兩個要點。

我們通過以上學習，對於暇滿難得的道理，必須屢次三番地觀修，並付諸於實踐。經過實地修行，對此生起定解的界限到底是怎樣的呢？應當像金厄瓦格西[74]一樣。金厄瓦格西從來都是徹夜不眠，全心全意修持善法。見此情景，善知識仲敦巴怕他身體受不了，不禁關

大圓滿前行廣釋（二）附大圓滿前行實修法

74金厄瓦格西：本名楚逞巴，曾師事仲敦巴，得秘密指授，又曾師事南交欽波、滾巴瓦等，得二諦指授，對性空義有所悟解。他通梵文，能翻譯，頗有影響，開噶當派教授一派。

切地說：「弟子呀，身體的疲勞還是要消除，否則會導致四大不調。」金厄瓦格西回答：「身體健康固然重要，但我一想到暇滿難得，就覺得無有空閒休息。」金厄瓦格西終生沒有睡眠，總共念了九億遍不動佛心咒⑮。

這個界限比較高啊，要像金厄瓦格西一樣，永遠不睡覺，連一個小時也不行，我們可能很難以做到。華智仁波切應該是有不同層次的要求，最高層次是像金厄瓦，如果實在不能達到，至少也要很精進、不偷懶。

一個人一輩子念了九億遍心咒，真的非常了不起。上師如意寶講過，他老人家也念了九億遍不同本尊的心咒，有一個字的，也有十幾個字的。但即便是一個字的，念一億遍其實也不容易，以前我們發願念「阿」字時，我就念得不是很多。最近我也一直念某個咒語，但每天都念十萬遍，很費勁的，平時這個事情、那個事情也多，只有起得早、睡得晚，才能擠出一點時間，否則，像我這樣瑣事多的人，修行非常困難。

你們若想好好修行，千萬不要偷懶，否則，假如睡得太厲害，幾個小時不知不覺就過了。《入行論》中說：「此筏難復得，愚者勿貪眠。」我們這個人身船筏，可渡過生死輪迴的大海，一旦失去了就很難再得，故愚笨的人不要天天睡懶覺。薩迦班智達也說：「諸人

---

⑮不動佛心咒：嗡占扎馬哈若卡那吽啪的。此心咒功德非常大，能息滅天龍夜叉所造的一切違緣，治癒世間的各種疾病瘟疫。即使念一遍，也可消除五無間罪等一切罪障，息增懷誅的事業皆能成辦。

壽短其一半，夜間入眠如死亡。⑯」我們這個人身本來就短暫，如果一半都入於睡眠，則非常可惜。

像金厄瓦格西那樣從來都不睡覺，對我們來講非常困難，但即使沒有這種境界，也要盡量生起人身難得的定解。假如這個理念非常強，確實不容易睡懶覺，比如你明天一早要辦大事，要去北京、香港、美國，肯定想睡也睡不著；如果一點感覺都沒有，便會睡得很香，人身難得修得越不好，睡的時間就越長。所以說，現在很多人特別貪睡，主要是因為修行特別差，這個一定要想方法解決。

當然，完全不睡恐怕也不行。以前上師如意寶講過，該休息的就要好好休息，當時我比較年輕，有點不理解，心想：「晚上的時間這麼珍貴，最好只睡一點點就可以，怎麼上師這樣說呢？」可是自己到了一定年齡，就能明白上師的苦心，該睡的時候是要睡，不然的確不行。但也不能像世間人一樣，整天渾渾噩噩的，什麼善法都不做。這個「度」一定要把握好，不能走極端。

總之，沒有生起人身難得的定解之前，大家務必要精進修持。

大圓滿前行廣釋（二）附大圓滿前行實修法

---

⑯世間諸人的壽命非常短暫，其中一半時間是夜裡像死去一般地睡眠。

下面是這一品的總結偈：

雖得閒暇而乏真實法，雖入佛門而耽非法行，

我與如我愚癡諸有情，獲得暇滿實義祈加持。

華智仁波切謙虛地說：雖已獲得暇滿人身，可修法上還是特別欠缺；雖然早就入了佛門，但仍耽著貪嗔癡所引發的種種非法行。對於我和像我這般愚癡的有情，祈願諸佛菩薩、傳承上師、護法神加持，一定要生起暇滿難得的境界。

其實祈禱很重要。《前行備忘錄》後面對四種觀修專門有祈禱和發願，沒有好好祈禱的話，光是想一想絕對不夠。你們修的時候，一定要合掌念誦，閉著眼睛憶念：「依靠上師諸佛菩薩加持，讓我生起暇滿難得的境界。」對此要有強烈的希求心，對上師也要有不可思議的信心，在這種狀態中開始觀修，修行勢必會成功。否則，以無所謂的態度隨便想想，不可能生起任何境界。

希望大家能真正生起人身難得的定解，這比什麼都重要。有了這個為基礎，那上面一層層的修行，一點困難都沒有。相反，假如基礎沒有打好，上面的建築再富麗堂皇、光彩奪目，到了一定時候也會轟然倒塌。所以，打基礎對每個人來講至關重要！

【暇滿難得之引導終】

第二十八節課

《大圓滿前行》中，首先是學習四個共同加行。其中暇滿難得已介紹完了，（雖然文字上給大家介紹了，但你們實地修行得如何？這要靠自己。）現在講第二個——壽命無常。

二、壽命無常

在每一引導文前面，作者都有個頂禮句，以讚頌根本上師的修證和功德：

現見三有無常幻化相，捨棄今世瑣事如唾涎，

苦行修習追隨先輩跡，無等上師足下我敬禮。

這是華智仁波切向根本上師如來芽尊者作頂禮。我們修行的過程中，也要經常祈禱上師，祈禱時可用這一偈頌，藏傳佛教的很多修行人都有這個傳統。比如你修壽命無常，最初要修上師瑜伽，接著正式觀修無常之前，還要再次合掌祈禱根本上師，願依靠上師的加持，令自相續真正生起無常的觀念。以誠摯的信心進行祈禱、頂禮，這是非常有必要的。

那麼，如來芽尊者到底有什麼功德呢？

「現見三有無常幻化相」：他以智慧現見到三界輪迴（欲界、色界、無色界）皆為無常幻化，全是空性、

大圓滿前行廣釋（二）附大圓滿前行實修法

205

無我、無常的體性，沒有絲毫實質可言。

「捨棄今世瑣事如唾涎」：因此對現世中的一切瑣事，如榮華富貴、地位名聲，不但不耽著、不希求，反而像唾液一樣拋棄。

前不久我看了如來芽尊者的傳記，內容非常精彩。傳記中也說，他對世間美如天人、富如龍王的種種顯現，一瞬間的羨慕之心、希求之心也沒有，從小到圓寂之間，對佛法具有無比信心，一生中希求正法，捨棄世間八法，一心一意地依止上師。那種行為，是一般人難以想像的。

「苦行修習追隨先輩跡」：修學佛法方面，他追隨前輩大德的足跡，一直堅持苦行。

從許多上師的傳記中也看得出來，他們修法離不開苦行，不像現在有些人，什麼苦都不願吃，順順利利、舒舒服服、快快樂樂就想獲得正法境界。雖說條件具足時，這也沒什麼不可以的，但極個別人好像有點過分，不想花時間、不想花精力，甚至把法都送到家門口了，他還不願意接受。如果讀了高僧大德的傳記，了解他們在求學中是如何精進，我們後學者確實值得汗顏。前輩大德們在希求佛法、看破世間、通達萬法勝義空性與世俗無常方面，的確十分超勝，如果我們說是這些上師的弟子，實在愧不敢當。

我經常想，以這個偈頌來對照，上師如意寶完全具

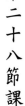

足這些功德：智慧照見三界一切，視世間欲妙如唾液一般，對人們羨慕的對境沒有絲毫貪執，一輩子就是為了佛法苦行，其精進跟得上前輩大德的足跡。所以，不管從加持、智慧、證悟哪方面來講，我們的上師都無與倫比，即生中遇到這樣的上師，確實非常榮幸、極其難得。

「無等上師足下我敬禮」：在具有如此超勝功德的根本上師足下，三門恭恭敬敬地頂禮，發自內心地祈禱：願上師相續中前行與正行所攝的一切境界，盡快融入我的相續，令我也獲得大恩上師的果位。

我曾提過很多次，在修行的時候，不能離開祈禱和發願。最近大家也在學《前行備忘錄》，有些比喻雖然有點難懂，但它是開悟者的智慧流露，其意義遠遠超過世間尋伺者所寫的文章，如果你有誠摯的信心和清淨的智慧，肯定能獲得相應的證悟境界。其實我們看一本書，作者的境界非常重要，假如作者有大悲心、無常觀，對萬法本性有所證悟，那麼讀者一定會有受益，得到不同程度的境界。所以，這次修加行的同時，我要求大家共同學習《前行備忘錄》，這樣一來，相信很多人的相續能變得更加充實完善：以前剛強難化的性格，逐漸會變得柔和、調柔，對佛法的信心越來越增上，對世間萬物沒有太大貪執，即使人與人之間發生衝突矛盾，

大圓滿前行廣釋（二）附大圓滿前行實修法

自己也很容易化解。

　　其實，修行融入內心與否，關鍵要靠自己。如果法義沒有貫徹於心，表面上的學習，就會像世間人讀大學一樣，只是在文字上打轉轉，從來沒想過調伏內心。這次我傳《前行》的方式，完全是一種實修引導，給大家宣說得也非常廣。其實裡面還有很多甚深寶藏，但自己「工具」有限，沒辦法再深入下去，只是盡可能地挖出來一部分（我自己覺得很珍貴），與有緣的道友分享。我實在無能為力的那一部分，待你們通過自己的信心和智慧去了解。

　　下面所講的觀無常十分重要，大家在修學的過程中不要忘記祈禱和發願，同時要把其中內容逐字逐句記得清清楚楚，然後再進行思維和觀修，這即是所謂的觀察修和安住修。作為初學者，剛開始肯定不能直接安住，所以在修每一個引導時，首先應該觀察修，然後觀察與安住輪番修，最後才能自然安住——修什麼樣的法都要這樣，麥彭仁波切在《定解寶燈論》中講得很清楚。有些人做不到時時觀無常，這說明你還沒有達到安住的境界，此時應當再三地看書、再三地思維，這種字面上的分析探索，實際上也叫修行，是通過觀察的方式深入內涵，故而也必不可少。

　　丙二（壽命無常）分七：一、思維外器世界而修無常；二、思維內情眾生而修無常；三、思維殊勝正士而

208

修無常；四、思維世間尊主而修無常；五、思維各種喻義而修無常；六、思維死緣無定而修無常；七、思維猛厲希求而修無常。

丁一、思維外器世界而修無常：

由眾生共同福德所形成的四大洲、須彌山、天界、鐵圍山等外器世界⑦，雖被認為是堅不可摧、牢不可破，存留的時間長達數劫，但它們也是有為法，沒有一個恆常不變的，最終必將因七火一水而毀於一旦。誠如《四法寶鬘論》所言：「此等一切外器世間界，七火一水風吹離散時，髮尖稍許殘存亦無有，盡皆空空如也若太虛。」

包括現在科學家，實際上也承認這種觀點。他們認為，銀河系也好，地球、月亮、太陽也好，都是在剎那運動變化的。根據科學預測，如今地球的壽命已達46億年，太陽的壽命也有50億年，再過10億年地球就會滅亡⑱……儘管許多研究結果不盡相同，但沒有一個人認為它會常恆不變、永遠存在。

當然，我們對這方面不太專業，從來沒有研究過，一提起器世界，可能很多人馬上想到的，只是自己的房

大圓滿前行廣釋（二）附大圓滿前行實修法

⑦外器世界是由眾生共業形成的。比如，地獄眾生的共業形成了地獄，南贍部洲眾生的共業形成了南贍部洲。用現在話來說，中國眾生的共業形成了中國，美國眾生的共業形成了美國。包括我們這個喇榮山溝，也是學院四眾弟子的共業和福德形成的。

⑱英國《自然》雜誌刊出一份科學布告說：「從事研究的科學家推定，地球在未來9億年內，仍然適宜生物存在。到了10億年後，太陽漸漸膨脹，為一顆紅巨星，其外層火焰，將燒烤地球。至10億年後，地球上已全無生物存在。」

子。就像螞蟻和小蟲一樣，因為心眼比較小，境界也有限，所以只關心自己的窩，除此之外的大世界，管他三七二十一，從來也不掛在心上。我以前讀中學時就是如此，一上地理課，便不好好聽講，臨近考試時，把書上的問題一個一個裁下來，一條一條藏在袖子裡，準備到時候偷看——我不是想教壞小孩子啊，你們可不要學我！現在是21世紀，我原來讀書時是20世紀，完全跟你們不相同。

外在器世界確實是無常的。有一個道友跟我說，他在學《如意寶藏論》時，第六品專門講器世界的毀滅，那時他生起了很強的無常觀，看著對面的山就覺得：「整個器世界都是無常的，這座山雖然看起來非常壯觀，但到一定時候也必定現前無常。」我們見到一些高樓大廈時，也應該這樣想：「這個建築物由鋼筋水泥支撐，看似非常結實，好像幾百年、幾十年不壞，但有為法畢竟是無常的，最終也會毀壞無餘。」

大家對無常一定要有明確的見解，不要像有些世間人，根本沒有無常觀，修法一直拖拖拉拉，最後什麼都不成功。噶當派的很多修行人，為何將精力主要放在觀修無常上？就是因為一個人如果無常修得好，他肯定會精進，絕不可能睡懶覺，也不可能忙於世間無義瑣事，經常找藉口不修行。反之，如果無常觀沒有修好，即使得了多少灌頂、獲得多少竅訣，也不過是書本上的文字、

以後的希望，除此之外不可能實地修持。鑒於此，前輩大德們對無常教言非常重視。

有些人認為：「身體是無常的，這我倒承認，但外面的世界那麼廣大，不可能一下子就毀滅吧？」確實，我們也沒說它一兩天就毀滅了，但其本體並非恆常，最終定然難逃無常的命運。明白這一點後，通過對比也可進一步了知，不管是所依的器世界，還是能依的身體和心識，最後都要示現無常，如此一來，自己對幻化般的世界會生起極大厭離心，而這種厭離心，就是修行的最好助緣。

希望你們能生起《前行》每一個引導的境界，一旦生起這些境界，修行肯定圓滿，不會半途夭折。今天我跟一個道友交談時，對此就深有感觸，我說：「有時候我感覺自己很幸運，剛來喇榮時，就是從《前行》開始修學的。雖然辯論研討也很重要，但對初學者而言，必須要從《前行》、《入行論》下手！在我的心目中，《前行》是一生中最重要的修法。倘若沒有打好基礎，就像在鬆土上建造豪華宮殿，裡面裝修得再富麗堂皇，使用的材料、勾勒的花紋再講究，但由於基礎不牢固，遲早有一天也會倒塌。」

現在有些上師不注重前行——當然我不是說哪個上師不對，畢竟每個上師都有自己攝受弟子的方法。但我個人覺得，若沒有打好前行基礎，即使給弟子灌了很多

大圓滿前行廣釋（二）附大圓滿前行實修法

頂，講了很多大圓滿或禪宗的竅訣，正講授時弟子好像完全懂了，上師欣喜萬分，認為自己後繼有人，弟子也是千恩萬謝，把上師視為再生父母，可是再過一段時間，師徒關係會變成怎樣也不好說。假如沒有打好基礎，弟子相續中的證悟大廈，很容易逐漸倒塌，最後一點也不剩。這種現象如今是比較普遍的。

所以，大家不要把前行留在口頭上，而應像華智仁波切和上師如意寶那樣，發自內心地把它看作重要修法。只有這個基礎打好了，以後學五部大論、顯密深法，或出去弘法利生，才不會被各種外境束縛。比如說你無常觀得好，到城市裡遇到許多誘惑時，可輕而易舉就看穿其本質，作為凡夫人，即使偶爾因前世習氣而產生煩惱，也不可能長期留存，就像勇士倒地會一躍而起一樣，在任何違緣面前，都會立即用正知正念來守護，而且這種力量很強。但如果前行的境界比較脆弱，這種力量沒有提升，那遇到違緣就會手忙腳亂，覺得魔眾的邪惡力量勢不可擋，很難以對抗違緣的怨敵。

話說回來，器世界最終必定會毀滅。而毀滅的因緣，一方面是因為萬法無常，因緣滅盡時自會消散；另一方面，也是眾生造業比較嚴重，如《大樓炭經》云：「遭火災變時，天下人皆行非法邪見不見正，犯十惡事……」不管怎麼樣，外面的世界終有一天會示現無常。跟浩瀚的宇宙世界比起來，我們每個人實在是微

第二十八節課

不足道，但在這個地球村中，畢竟也是一個「地球公民」。其實地球公民不僅包括人類，也包括旁生等其他眾生，我們是地球村的公民，犛牛同樣也是如此，彼此之間都是鄰居。然遺憾的是，現在很多人不懂這個道理，肆意殺戮動物、破壞生態平衡、工業污染嚴重……致使自己的生存空間越來越狹窄。也許七火一水的災難還沒降臨之前，依靠人類的惡行，就已經導致了自身滅亡。針對這些現象，世界各國召開了大大小小的會議，想提出一些解決方案，但至今為止，只能在某種程度上緩解，卻無法從根本上徹底解決。

我們活在這個地球上，對生存的環境也有責任保護，哪怕你住在一個小屋子裡，周圍也要搞好衛生，應該有種環保意識。有些人因為素質關係，只是關心自己的衣食，除此之外，對整個大環境想也不想，這非常不好。我們每個人應當關心周邊環境，同時要以慈悲心愛護那裡生存的動物，若能如此，人與自然之間會增上和諧的氣氛，天人也會撒下吉祥的花雨，人們的生活定會和平安樂。相反，假如人類惡心遍滿、行為粗暴，對自然界肆無忌憚地破壞，則定然感召種種災難。近年來，世界各地為什麼頻頻出現地震、火災等不悅意的天災人禍？實際上就是跟眾生的行為有關。

這一點不但佛教界這樣認為，西方很多科學家也承認人與自然之間有一個謎，但要解開這個謎，他們暫時

大圓滿前行廣釋（二）附大圓滿前行實修法

沒有「鑰匙」。而我們佛教中，用無常觀、緣起觀來進行分析，這些問題就能迎刃而解。

學過《俱舍論》的人都清楚，此大劫的毀滅需要二十個中劫，其中十九個中劫是毀壞有情世界，一個中劫是毀壞器世界。到了壞劫時，有情世界先從地獄開始空，地獄中業力深重者，若要繼續感受此果報，則轉生到他方世界的地獄中；業力稍輕者，則以法性力產生善心，逐漸向上轉生為餓鬼。之後，餓鬼、旁生、人等也如前一樣次第滅盡，有些轉到他方世界，有些依靠法性力而向上轉生……內情眾生由下而上逐漸化為烏有，第一禪天以下的所有眾生無一存留。（本來，人類要想轉生於色界一禪天，必須通過修行達到一緣等持。但在壞劫時，則不必通過修行，依靠法性力即可生起一種禪定，獲得一禪境界。）

在此之後，天空中依次出現七個太陽。所謂的七個太陽，有些經論說真正有七個太陽，有些經論說是具有七個太陽熱度的一個太陽，但此處華智仁波切的觀點，與無垢光尊者《如意寶藏論》⑲及《長阿含經》的觀點一致，都承認是七個太陽。對於這些內容，我也作了詳細對比，這裡的說法跟《長阿含經》的完全相同，但與《俱舍論》的略有差別。（當然，《前行》是修心法，

---

⑲無垢光尊者在《心性休息大車疏》中說：「出現了一個具有百俱胝太陽熱量的太陽而焚毀一切。」同一位大德之所以有兩種不同觀點，可能是根據不同經典所致。

《俱舍論》要詳細剖析，二者的風格迥然有異，對此我也不必多講。如果你們對《俱舍論》有興趣，則可參閱它的講記和注疏，下面的問題在第三品中有敍述。)

具體而言，第一個太陽出現時，燒盡一切樹木園林⑧；第二個太陽出現，使得一切溪流池沼無餘乾涸（包括喇榮溝裡，覺姆洗衣服的潺潺小河，也全部化為烏有）⑧；第三個太陽出現，使一切大江大河，如印度的恆河、尼連禪河，漢地的長江、金沙江、黃河等，全部乾涸⑧；第四個太陽出現，使得無熱惱大海也滴水不剩⑧；第五個太陽出現，深達一百由旬的大海之水蕩然無存，隨後逐漸乾涸到兩百由旬、七百由旬、一千由旬、一萬由旬直至八萬由旬深度，剩下的水，又從由旬、聞距開始，到最後，連牛蹄跡許的水也乾涸無餘⑧（現在科學家認為，太陽漸漸會變成一顆紅巨星，在高溫燒烤下，10億年後，地球上已無生物倖存，與此處只是說法不同而已）；第六個太陽出現，焚毀

⑧《長阿含經》云：「人盡無餘已。此世敗壞。乃成為災。其後天不降雨。百穀草木自然枯死。」
⑧《長阿含經》云：「二日出已。令此世間所有小河．汱澮．渠流皆悉乾竭。」
⑧《長阿含經》云：「三日出已。此諸大水。恆河．耶婆那河．婆羅河．阿夷羅婆提河．阿摩怯河．辛陀河．故舍河皆悉乾竭。無有遺餘。」
⑧《長阿含經》云：「四日出已。此諸世間所有泉源．淵池．善見大池．阿耨大池．四方陀延池．優缽羅池．拘物頭池．分陀利池．離池．縱廣五十由旬皆盡乾竭。」
⑧《長阿含經》云：「五日出已。大海水稍減百由旬。隨後逐漸乾涸到七百由旬……是時，大海稍盡，餘有七百由旬、六百由旬、五百由旬、四百由旬乃至百由旬……其後海水稍盡。至七多羅樹、六多羅樹．乃至一多羅樹……其後海水轉淺七人、六人、五人、四人、三人、二人、一人。至腰、至膝、至於[跳-兆+專]、踝……其後海水猶如春雨後。亦如牛跡中水。遂至涸盡。不漬人指。」

大圓滿前行廣釋（二）附大圓滿前行實修法

大地、雪山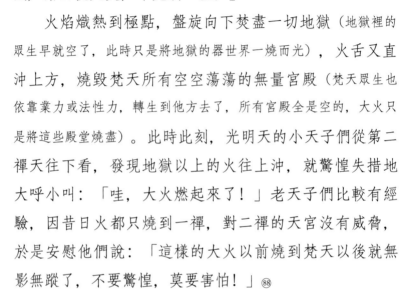⑧⑤；第七個太陽出現，須彌山、四大洲、八小洲、七金山⑧⑥及鐵圍山全部燒成一片火焰，連一個微塵都不剩⑧⑦，如《德施請問經》云：「滿一劫之時，此世必毀滅，諸山被火焚，不見剩一塵。」

火焰熾熱到極點，盤旋向下焚盡一切地獄（地獄裡的眾生早就空了，此時只是將地獄的器世界一燒而光），火舌又直沖上方，燒毀梵天所有空空蕩蕩的無量宮殿（梵天眾生也依靠業力或法性力，轉生到他方去了，所有宮殿全是空的，大火只是將這些殿堂燒盡）。此時此刻，光明天的小天子們從第二禪天往下看，發現地獄以上的火往上沖，就驚惶失措地大呼小叫：「哇，大火燃起來了！」老天子們比較有經驗，因昔日火都只燒到一禪，對二禪的天宮沒有威脅，於是安慰他們說：「這樣的大火以前燒到梵天以後就無影無蹤了，不要驚惶，莫要害怕！」⑧⑧

就這樣，經過七次大火之後，一禪以下的世界全部變成空無。此時，二禪天形成水雲層，軛木、箭矢般的傾盆大雨從天而降，光明天以下猶如鹽溶入水般毀滅消失。（二禪天接近毀滅時，裡面的有情也都遷移到他方去了，以

---

⑧⑤《長阿含經》云：「六日出已。其四天下及八萬天下諸山．大山．須彌山王皆烟起燋燃。猶如陶家初然陶時。」
⑧⑥七金山：《阿毗達磨論》中說，是自內而外逐層環繞須彌山周圍的七重大山，即擔木山、持軸山、持雙山、善見山、馬耳山、持邊山、象鼻山。
⑧⑦《長阿含經》云：「七日出已。此四天下及八萬天下諸山．大山．須彌山王皆悉洞然。猶如陶家窖焰起。」
⑧⑧《長阿含經》云：「風吹火焰至光音天。其彼初生天子見此火焰。皆生怖畏言。咄。此何物。先生諸天語後生天言。勿怖畏也。彼火曾來。齊此而止。」

水毀滅的只是器世界。）經過了七火一水之後，此時沒有大地，只有一個風輪[89]，下基的十字杵金剛風向上翻滾，三禪天以下猶如風卷塵埃般滅絕一空。

那麼，一禪、二禪、三禪為何分別以火、水、風而毀滅呢？《俱舍論》等經論中說，一禪、二禪、三禪各有不同的分別念過患，比如一禪有尋伺，如火，故用火來滅盡；二禪有喜樂，如水，故用水來滅盡；三禪有呼吸，如風，故用風來滅盡。四禪因為已遠離了禪定的八種過患[90]，故而不被水火風所壞。（四禪既然在一大劫中不被毀壞，那會不會變成常有呢？並不會。無垢光尊者在《如意寶藏論》中說，四禪的眾生，最終要麼以法性力遷移到他方世界去，要麼會示現死歿。）到了最後，容納在一個三千大千世界中一百俱胝數的四大洲、須彌山及天界會全部滅亡，萬事萬物變成一大虛空。所以佛在《無常經》中云：「大地及日月，時至皆歸盡，未曾有一事，不被無常吞。」

其實，萬法無常的道理相當深奧，覺囊多羅那他在《印度佛教史》中就有一個故事說：阿育王最初造過一些惡業，後為懺悔而建了八萬四千佛塔，供養如來舍利。佛塔竣工之後，為了慶祝並迴向善根，他準備供養僧眾三個月。他迎請了很多僧人，在林苑中作大供養，

---

[89]風輪：乃器世界的最底部，《菩薩藏經》云：「風輪量高六萬八千俱胝。」大地最初形成就是依靠風輪。
[90]禪定的八種過患：欲界的憂、苦，一禪的尋、伺，二禪的喜、樂，三禪的呼、吸。

尤其對坐在首座的一位老比丘特別有信心，對他的供養尤為豐厚。

這個老比丘寡聞，而且極笨，一個偈頌也不能念誦，他吃完以後，坐在下座的人問：「你知道國王為什麼對你特別敬事嗎？」老比丘答：「不知道。」他們說：「國王打算供齋後就來聽法，你需要講經說法。」這話正中老比丘要害，他想：「我受具足戒雖已有六十年，但一個頌詞也不懂。剛才若知道這個，就應把好食物讓給其他比丘吃，請他說法。但現在我都吃完了，吐又吐不出來，怎麼辦呢？」他想來想去，極為痛苦。

當時，林苑中有一位樹神，知道了老比丘的想法，他思忖道：「若是老比丘不講法，國王做了這麼大功德，最後可能會生起邪見、退失信心。」於是變化身形來到老比丘面前說：「假如國王前來聽法，你就說：『大地山嶽也要歸於無有，何況是你的王位了？大王好好想一想吧！』」

過一會兒，國王果然來了，給老比丘供養一套金色法衣，坐而聽法。（藏地也有這種傳統，供養僧眾時，對老修行人要特別供養。比如有二十位僧人一起念經，對其他人供養二十塊錢的話，那麼對上座要供養四十塊錢。當時印度可能也是這樣。）老比丘如上所述說了。國王由於具有信心，聽得毛髮直豎，深深思維其義，依此而獲得一定境界。

隨後，樹神又對老比丘說：「你作為一個出家人，

第二十八節課

也不要白白耗費信徒的財物！」老比丘覺得言之有理，於是向阿闍黎請求教授，專心修行，三個月以後，證得阿羅漢果位。

可見，無常法真的很殊勝。你們出去時，如果有大老闆作大供養，之後請你傳法，你一點都不會的話，也可以說：「大地山嶽皆要歸於無有，何況是你的財富了？你好好想一想吧！（眾笑）」這也是一個大法，倘若他真有信心，肯定會得利益。

既然大千世界最後也會變得空無一物，我們如秋蠅一樣的人身，又有什麼恆常穩固的呢？《佛所行讚》中也說：「劫火鎔須彌，海水悉枯竭，況身如泡沫，而望久存世？」劫末火能鎔銷須彌山王、枯竭四大海水，我們這如水泡般的身體要想永遠存留，簡直是可笑之事。

所以大家要明白，大山會毀滅的，大海會毀滅的，整個世界也會毀滅的，沒有必要特別執著。現在有些人對無常修得不好，總認為房子是實有的、轎車是實有的、身體是實有的……什麼都是實有的，為了實有的東西而產生實有的執著，最後修行絕不會成功。如果我們觀修過無常，就不會有這些困擾了。

總之，對上述的道理，大家要認真思維，誠心實修。漢地有一個偈頌說：「當勤精進，如救頭燃，但念無常，慎勿放逸。」我們也應該這樣來觀想，現在務必要精進，不能明日復明日，把修行一直拖拖拉拉，而應像

美女的頭髮著火了，要以最快的速度撲滅一樣，我們也要用最快的速度憶念無常、精進修持，切莫在放逸中度日。我們這個人身難得易失，什麼時候會離開世間也不好說，所以，何時想起來行持善法，何時就要馬上行持，不要一拖再拖。造惡業、幹壞事可以緩一緩，明天再說，而行持善法的話，最好是現在就做——現在就要出家，現在就要精進修行！

第二十八節課

第二十九節課

前面剛講了，器世界的一切法刹那變化，沒有一個恆常不變的，包括我們學習的經堂也是無常的。前不久我給你們一一列舉過，從法王開始講經一直到現在，經堂換了多少次？我給漢族四眾弟子傳法的十幾年來，經堂又換了多少次？包括你們學習《入行論》的過程中，學習的道場也是一換再換，這就是無常的標誌。不說別的，你們看看自己的住處，小時候住的是什麼房子？讀書時住在什麼環境中？現在又住得怎麼樣？未來會變成什麼樣？所以，從很多方面來觀察，一定會了解到器世界的無常。

其實，無常的概念，我們讀中學時也有涉獵，即萬事萬物都在運動變化，沒有一個是絕對靜止的。（以前我有一個老師，現在可能已「圓寂」了。他一點都不信佛教，對我承認佛法中善有善報、惡有惡報非常不滿。有一次我提問題時，他有點不高興，當著全班的面，點名批評我說：「萬事萬物雖然是運動變化的，但你這種思想有問題的哦！」他的表情我至今仍記憶猶新。他還說我沒出息，長大後肯定會犯法的。）世間知識中雖然也有這種觀念，但並沒有像佛教一樣系統深入地抉擇，更沒有像《前行》這樣，讓我們結合自心來具體修持。很多人口口聲聲都會說一切無常，可心裡有沒有生起無常觀，迫不及待地想修持佛法，對世間斷除常有的執

大圓滿前行廣釋（二）附大圓滿前行實修法

著？這還有待於觀察。只有把無常修好了，才會有一種動力，在修行佛法方面，日日夜夜以無常來鞭策自己、監督自己。

所以，大家一定要在觀無常方面下功夫。偶爾覺得世事無常，這誰都生得起來，比如你聽了一堂課，看了一本好書，或者遇到親人死了，會突然覺得一切都太無常了，以後要好好修行。但若想無常觀在相續中一直不退，對很多人來講並不容易。因此，大家對《前行》要經常學、經常串、經常看，如果沒有這樣，凡夫人很容易被外境誘惑，暫時的境界就如雲間日光一樣，一下子會被違緣的烏雲遮蔽了。故而，前輩大德說《前行》也是正行，甚至比正行還重要，原因就在於此。

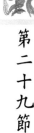

我認識一個修行人，她對大圓滿和禪宗的話題非常重視，但一講起壽命無常、輪迴痛苦，就不屑一顧、嗤之以鼻。如今過了這麼多年，聽說她的修行並不理想。我也相信她原來是有一些境界，但若想在相續中根深蒂固，就一定要修加行。修的過程中，並不是為了完成數量，而必須要從質量抓起，對每個引導有切身體會，內心真的要有轉變，這就是修行的一種量。比如你祈禱上師時，最好能眼淚直流、汗毛豎立，即使做不到這一點，表情上也要對上師有恭敬心；或者你觀想無常時，不能停留在口頭上，內心什麼感覺都沒有，最好要從骨髓裡有一種顫動之感，自身確實有一種覺受。

222

所以，修行不能注重表面形式，儘管這些形式也屬於善法所攝，但實際上意義並不大。不管修哪一個法，最好能發自內心有種感覺，只有嘗到了它的味道，今後才不容易改變。否則，別人說無常很好，你就修一修，過兩天別人又說無常沒意義，不如修什麼什麼法，你馬上人云亦云、隨聲附和，這是不合理的。如果你品嘗過它的味道，修行中便會有一種定解，這樣的話，就不容易隨外境所轉、被外緣所改變。

丁二、思維內情眾生而修無常：

上至非想非非想天（有頂）、下至無間地獄，六道的眾生不計其數，不像地球上有六十幾億人口這麼簡單，但如此多的眾生，沒有一個能逃脫死亡。（已獲得長壽持明果位，或者不捨肉身而直接飛往清淨剎土的個別大德除外。）如《解憂書》云：「地上或天間，有生然不死，此事汝豈見，豈聞或生疑？」

任何事物有生就有死。以前一休把師父心愛的杯子打碎了，他不敢直接告訴師父，等師父回來後問：「什麼東西可以生而不死？」師父說：「一切事物有生就有死，哪有不死的？」一休從背後拿出杯子的碎片說：「那您的杯子死了。」結果師父也沒責罵他。

世間上的任何生命，有生必然有死。從善趣天界以下，有生而不死的事情可謂見所未見、聞所未聞，人們也絕不會有「到底死還是不死」這種模棱兩可的懷疑。

大圓滿前行廣釋（二）附大圓滿前行實修法

《無常集》云：「非空非海中，非入山林間，無有地方所，死主而不至。」無論是虛空中、大海裡，還是山林間，沒有死主閻羅去不了的地方，為逃避死亡而躲到何處也沒有用。假如真有個不死之地，佛菩薩的慈悲心那麼大，必會將無量眾生安置於此，但事實上這是不可能的。

我以前也講過一個故事：兩個學因明的僧人去某處求學，晚上因找不到落腳處，就想借宿在一個老太太家。老太太除了一個女兒，家裡沒有別人，她問：「你們是不是學因明的？學因明的人很麻煩，最好不要住在我家，不然的話，到時候會給我出難題。」他們聽後連忙懇求：「我們雖是學因明的，但肯定不給您出任何難題！我們實在是走投無路，找不到安身之地，請行行方便，讓我們歇一晚。」老太太見他們說得誠懇，就勉強答應了。

吃過晚飯後，老太太在身上摸摸摸，摸到一隻小蝨子，就叫女兒說：「你趕快把牠放在不死的地方（意即比較安全之處）。」一個僧人聽到了，馬上說：「老菩薩，如果有不死的地方，可不可以把我們兩個也一起放在那兒？」老太太特別不高興，生氣地說：「你們這些學因明的，嘴巴就是這樣，剛才不是說不給我挑毛病了嗎？早知如此，就不讓你倆住在我家！」

因此，不死的地方哪裡都沒有，假如真有這樣的地

方，有錢的人、有權力的人、有能力的人，花多少錢、付出多少代價都願意去。然而，人終有一天會死，這是誰都逃不脫的命運。對一般人來講，通常也有這種認識，只不過死緣不定、何時會死這種念頭，除了修行好的人以外，人們普遍都沒有。所以，我們懶惰的主要根源之一，其實就是無常觀得不好。

尤其是生在壽命不定的南贍部洲，又時逢末世，壽量不像初劫時那樣，動輒便是六萬歲、八萬歲，如今人壽非常短暫，死亡很快就會臨頭。實際上，我們自從出生那一天起，便一步一步地向死亡靠近，壽命就像漏底的水池，從來不會增加，只有越來越少，死魔猶如夕陽西下的陰影般，片刻不停地向我們逼近。許多人過生日時特別開心，眾人都唱「祝你生日快樂」，其實這非常愚癡，就像是一頭待宰的犛牛，離屠夫越來越近時，有人在旁邊「祝你快樂」，可想而知牠會不會快樂。所以，有時候人們的行為值得觀察。

我們的生命是無常的，誰也無法確定何時何地會死，誰也沒有把握明天或今晚、甚至僅僅現在呼吸之間，自己會不會命歸黃泉。任你再智慧淵博、精通教理，但也不敢斷言「我現在肯定不會死」，最多是以懷疑心猜測「我不會死吧」，而無法舉出確鑿有力的依據，得出顛撲不破的因明推理：我現在決定不會死，因為什麼什麼之故。

大圓滿前行廣釋（二）附大圓滿前行實修法

所以，《地藏經》中云：「無常大鬼，不期而到。」死神從不與人約定時間，他往往出乎意料地降臨，讓我們一命嗚呼。有時看到一些臨死之人，感觸還是比較大。前兩天我去上羅科瑪鄉，有人請我給一個死者超度，我去的時候她還沒斷氣，兒女親眷都圍在身邊哭，她身體雖然不能動，但心裡比較清楚，聽到我在念經，稍微會合掌一下。她的經濟條件很不錯，但辛辛苦苦了一輩子，死時什麼都帶不走，不願意也沒辦法。不過她的離開方式還可以，因為前一兩個月病了很長時間，自己也覺得沒希望了，臨死前就做了一些準備。

然而，很多人不一定有這種福報，誠如《入行論》所云：「死神突然至，嗚呼吾命休。」死神突然就來了，自己根本來不及準備。所以生命真的非常脆弱，但世人最大的毛病就是沒有無常觀，天真地以為死亡不會那麼快到來，有了這種心態，修行肯定不成功。《因緣品》中也說：「明日死誰知，今日當精進，彼死主大軍，豈是汝親戚？」明日是否會死，誰也不知道，故只要有一口氣、有一點修行機會，就務必要精進，否則，難道你跟死主閻王是親戚嗎？想通過搞關係就不用墮入惡趣，而直接前往極樂世界？

所以，大家在日常生活中，要經常憶念「我會不會死」。比如你上廁所時，應該想「我會不會死在這裡」；去提水時，要想「我會不會死在路上」；晚上睡

覺時，也想「我明早會不會醒不過來」……生命確實在呼吸之間。佛在《四十二章經》中，問下面的弟子：「生命有多長？」有人說是「幾天」，有人說「在飯食間」，佛陀都搖頭說不對。後來有人說：「生命在呼吸之間。」佛陀才予以首肯、點頭稱是。⑨

人的生命極其脆弱，我們住的房子若沒遇到自然災害，差不多能保證幾十年不壞，可是我們的生命卻無法跟誰簽合同，保證它能存活幾十年。龍猛菩薩在《親友書》中也說：「壽命多害即無常，猶如水泡為風吹，呼氣吸氣沉睡間，能得覺醒極希奇。」意即我們的生命危害眾多、順緣極少，就像風中水泡一樣會瞬息破滅，晚上沉沉地睡去，平緩地呼氣吸氣，但誰也不敢肯定在此期間不會死亡。如果沒有死去而能安然醒來，真是一件非常希奇的事。

這樣一說起來，沒有修行經驗的人，可能覺得沒什麼好希奇的：「我身體好好的，又沒病，睡覺怎麼會死呢！」但你有沒有想過，假如晚上地震來了、房子塌了，突然死亡也不是不可能的事。前段時間就有個道友在禪房裡閉關，不知道什麼原因，房子突然起火了，等大家發現時，她早就死在裡面了。對她而言，當天早上

大圓滿前行廣釋（二）附大圓滿前行實修法

---

⑨《四十二章經》云：「佛問諸沙門：人命在幾間？對曰：在數日間。佛言：子未能為道。復問一沙門：人命在幾間？對曰：在飯食間。佛言：子未能為道。復問一沙門：人命在幾間？對曰：呼吸之間。佛言：善哉，子可謂為道者矣。」

肯定沒想到「今天是我離開人間的日子」，否則，倒可以提前做些準備。曾有一個對佛教半信半疑的人，他跟我說：「要是每個人知道自己能活多少歲再死，提前做一些準備，那多好啊！不然，什麼時候死都不清楚，有時覺得特別可怕！」他希望能像北俱盧洲的人一樣有固定壽命，但這樣有也可以，沒有也可以。

總之，每個人很快都會死。在座的幾百個道友中，明年今日肯定一部分已經離開了，但由於我們沒有神通，不知道其中是否有你有我。現在有些人只看眼前，根本不管死時怎麼辦、死後怎麼辦，甚至一提起這個問題，馬上就撇開不談，連面對的勇氣都沒有。其實，我們如今不是迴避的時候，應該是面對的時候，這方面一定要盡快做好打算。

修行人若對無常觀得好，一旦自他身上出現無常，就能夠坦然接受。我們經常也看得到，有些修行比較好的人，自己接近死亡時會面帶微笑，看見親朋好友死時，也不會哭天搶地，因為他早就明白生命像風中燈燭一樣，沒有什麼永恆性。但是沒有學過佛的人，自己身上遇到無常或者看見親人死亡，就特別特別難受，這與沒修行過有很大關係。

每個人的生命會遇到很多違緣，如龍猛菩薩在《寶鬘論》中說：「死緣何其多，生緣何其少，彼等亦死緣。」就算是飲食、吃藥等生緣，有時候也會變成死

緣，我們晚上睡下去而沒死，理應覺得非常希奇。有些法師解釋「呼氣吸氣沉睡間，能得覺醒極希奇」時說，能在呼吸之間大徹大悟，真是希奇。這種解釋方法不對，因為下面也作了一些闡述，再加上結合上面的內容看，正在講無常的時候，不可能突然來個「大徹大悟」，要真有的話，那倒是很希奇。所以，給別人講法時，一定要有傳承，要把裡面的內容全都搞懂，否則很容易產生誤解。

現在社會上的很多人，雖知總有一天要死亡，但相續中並沒有生起「死期不定」的觀念。以前上師如意寶講過，這一點其實很關鍵，尤其是寧瑪派和噶舉派中學無常的人，對這個修法相當重視，若能真正產生定解，修行必定會很精進，不可能天天懈怠放逸。

蓮池大師在《竹窗隨筆》中說過，世人如果有了嗜好，便不分晝夜，把時間都花在上面，並引用了詩詞說明他們耽執賞玩、飲酒、詩賦、下棋的行為。最後大師說：出家人貪酒的固然不多，但對其他三事沉迷的，卻未必能避免。如此把寶貴的光陰白白浪費掉，豈不是太可惜了！

現在也有很多這樣的修行人，對無常觀得不好，在分別念的吹動下，每天忙忙碌碌做了不少，但這些是否對來世有意義，一定要觀察。如果你生起了無常觀，隨時都會憶念當下會不會死，而無常若修得不好，就會為

大圓滿前行廣釋（二）附大圓滿前行實修法

了幾十年後的事天天打算——「我再過五十年吃什麼呀？喝什麼呀？到時候該如何生活？」心裡一直盤算很多很多，以至於時時執著常有的生計，在患得患失中虛度人生。

這部《大圓滿前行》真的非常殊勝，希望你們對每天講的內容反反覆覆讀，以真正理解其中涵義。若能如此，會強制性生起一種厭離心，知道一切是無常的，對感情親情、名利財產等萬事萬物，不會特別去執著。

有個佛友就跟我說：「您以前說得對！螞蟻天天辛苦積累的食物，下一場冰雹就沒有了。同樣，我們辛辛苦苦積累一輩子的財富，來一場金融危機的冰雹，一下子什麼都沒了，一切變得空空如也，只有望著無邊無際的藍天……」所以，無常修得很好的人，遇到違緣時會想起一些教言；如果無常修不好，此時就會怨天尤人：「我真是太倒霉了！怎麼辦？跳樓自殺好，還是吃安眠藥好？」由於不知道萬法本體即是無常，就會覺得厄運突然降臨到了自己頭上。其實也不是這樣，每個人的境遇都有因有果，所以相信善有善報、惡有惡報，並不是有些人的精神有問題——呵呵，這句話不解釋的話，你們誰也不懂。但要解釋它的密意，只有我本人有權利。

許多人辛辛苦苦追求今生的安樂幸福、榮華富貴，可正當天天沉湎於此時，死主閻羅很可能手持黑索、緊咬牙關、獠牙畢露突然就來到你的面前。（漢傳佛教和藏

傳佛教中，中陰法王或死主閻羅都是這種形象。對有些眾生而言，死時確實能見到這些，有時候是沒斷氣時現前，有時候是斷氣以後出現，不過也不是每個眾生都能見到。）到那時，縱然你是國家軍委主席，擁有英勇的軍隊也無濟於事，成千上萬的士兵把你緊緊圍繞、加以保護，依然無法擺脫死主的魔爪；縱然你是國家總統、國家主席，擁有強大的勢力也於事無補，死亡一旦來臨，全國人民再敬仰你也愛莫能助；縱然你擁有豐富的財產、智者的辯才、美女的身色、奔馳的良駒，都統統無法拖住死主的腳步。

假如用錢能換取自己不死，那富可敵國的大老闆、一擲千金的大富翁，即使傾家蕩產也願意。我看見有錢人到醫院去換心臟、換肝臟，花多少萬都不眨一下眼，只要能夠多活幾年，傾盡所有也在所不惜。以前我在上海時，聽說一個老闆非常可憐，他雖然腰纏萬貫，穿的衣服特別高檔，但一直可憐巴巴地求醫生：「只要我能不死，就算只有一絲希望，你怎麼樣也可以，錢方面沒有任何問題！」可是醫生也束手無策：「慢慢看吧，你先回去好好療養再說。」——我們在醫院裡若聽到「你先回去療養」，應該不是個好消息，可以直接去寺院念頗瓦了，沒有必要哭哭啼啼，非要求醫生護士再想個辦法。

修過無常的人面對死亡，與普通人完全不同。以前也講過，我曾帶一個老修行人去馬爾康醫院看病，查出

來他得的是肝癌，雖然醫生沒在他面前暴露實情，但醫生的有些表情，明眼人一看就清楚。所以他跟我說：「不要浪費時間了，我還是回寺院去。你們也不要這樣，沒什麼好痛苦的。」他主動要求回去，我就把病情如實地告訴了他。他聽後臉色一點也沒變，淡淡地說：「肯定沒辦法了，沒事，回去吧。」這就是修行人的態度。

死亡真正來臨時，我們即便鑽進無隙可乘的鐵箱子裡，外面有數十萬勇士手持鋒利兵刃，箭矛尖端指向外面保護著，也絲毫守護不了、遮擋不住。（世間人大多不願意死，而修行人有時恰恰相反。尤其是念阿彌陀佛的老年人，若念得非常有把握，就會覺得隨時離開都可以，甚至想早一點死，這樣就能見到阿彌陀佛了，否則，沒有擺脫這個肉身的話，就一直見不到阿彌陀佛。這種人對死亡非常有把握。但世間人可能接受不了，他們覺得人間最快樂，根本不願意離開人間，更想像不到死後會有什麼快樂的境界。）當死主閻羅將黑索套在你脖子上時，你只能面色鐵青、淚眼汪汪、五體僵硬地被帶往後世。

此時此刻，勇士無法救護，大德不能吩咐㊟，飲食無法引誘，無處可逃、無處可躲，（要死之人，逃到天涯海角也躲不掉。如果逃到美國、加拿大就會不死，有錢人可以統統移民。然而紅頭髮的人對死亡也特別害怕，以前法王去美國時，很多人對死亡的恐懼，跟我們黑頭髮的人沒有太大差別，甚至好像他們更怕死。有一次，一個得了艾滋病的人，一直講述如果世界上有藥

㊟德高望重的人也不可能吩咐死主不要接近。

232

能讓自己多活幾年，他寧願花多少錢，他在全世界到處尋找明醫，但也沒辦法，因緣滅盡的時候，怎樣也逃不開死亡。）無依無怙、無親無助、無計可施，沒有任何尊者能以大悲心庇護，哪怕是大慈大悲的長壽佛、藥師佛親自降臨，也無法延緩壽命已盡的死亡。

不懂佛教的人經常會問：「怎麼活佛加持後還會死，上師加持後還會死？」這種說法非常幼稚。《俱舍論》裡講過四種眾生，有些是福報盡了而壽命沒盡，有些是壽命盡了而福報沒盡，如果你是壽命已盡，即使藥師佛來到面前也沒辦法，但若壽命沒盡而只是福報盡了，那麼念經做佛事可以起到作用。所以具體問題一定要具體分析，不要隨便妄下斷言。

我們明白無常的道理後，切切不可懶惰懈怠、一拖再拖，而應誠心修持臨終時決定有益的正法。當然，在修行過程中，懶惰是最大的障礙，如果你特別懶惰，就算活的時間再長，修行也不會有長進。因此精進十分重要，哪怕只精進一天，收穫也不可思議，《法句經》云：「若人壽百歲，邪學志不善，不如生一日，精進受正法。」因此，大家萬萬不要懈怠，否則，人身本來就短暫，再加上中間有很多散亂違緣，修行什麼時候才能成功啊？

《禪林寶訓》云：「聖賢之學，固非一日之具。」可見，成就並非是一兩天的功夫，它需要常年如一日的

大圓滿前行廣釋（二）附大圓滿前行實修法

積累。有些人認為：「我已經修行三年了，為什麼還不成就呢？」是，你雖然修行三年了，但仔細核算一下，這三年中，你到底有幾個小時在修學佛法？你不可能不吃不喝，所有的時間都用來修行，因此真正算起來，三年中可能只修了一個月。即使修了一個月，它質量如何也有待商榷。比如，你每天早上修半個小時無常，此時你安住在這種境界中沒有？有些人在這半個小時中，前十五分鐘迷迷糊糊，中間隨便觀一觀，後面又開始胡思亂想，所以你說自己修了半個小時，其實連十分鐘的功夫也沒有，這樣一來，又怎能奢望獲得成就呢？

要知道，修行不能懶惰懈怠，否則修學很容易磨盡。《大乘理趣六波羅蜜多經》中云：「懈怠之人，猶如春杵，有二種事：一者不能自使，日益損壞。二者不能自立，棄地即臥，漸不堪用，以火焚之。」一個人如果太懶惰，一方面對修行提不起興趣，同時還不能真正把握自己。很多人修行之所以不成功，最大的違緣就是懶惰、不精進。如果不精進，說明你沒有無常觀，如此一來，早上肯定會呼呼大睡，睡幾個小時都沒問題。以前的高僧大德不是這樣，他們有了無常的鞭策，心裡始終有一種力量，晚上怎樣也睡不著，白天從來不願散亂，無意義的事情根本與自己無緣。

現在菩提學會的很多人，觀無常方面跟以前相比，有了很大進步。以前整天渾渾噩噩的，在吃喝玩樂中度

日，過了幾十年也不會心疼，而如今，雖然有時也難免散亂，但散亂之後，自己會有慚愧心：「唉，今天一天都沒好好修行，我這個人真是壞蛋！」開始拔頭髮、掐肉、用拳頭打自己以示懲罰，這樣很不錯。我們修行的時候，內心的力量要提升起來，在這方面，許多高僧大德也有很好的故事。

假如無常觀不好，其他修行就更不用提了。因此，希望大家不敢說像前輩大德那樣，所有的時間都用來修行，但至少行為上要跟過去有所不同，不要太過懈怠了，否則世出世間什麼法都不能成功。如果無常觀得好，修行自然會有一種動力，其實修行到了一定時候，最好是要「自」動，而不是「他」動，不要今天法師勸你修行，明天輔導員勸你修行，不勸的話，自己就沒有自覺性，這樣很麻煩的。就像一個孩童對學習沒興趣，完全讓父母老師天天督促做作業，不做就要挨打、不讓吃飯，那麼一旦家長不在身邊，他不會自覺去學習，肯定會出去玩、看電視的。凡夫人也是這樣，沒有善知識引導的話，每天都會散亂懈怠。所以我們要好好地祈禱上師三寶，以令自相續真正生起無常觀，如此一來，修行就不敢散亂了。

以上所講的內容，首先要從道理上明白，然後在實際行動中去修持。

第二十九節課

第三十節課

現在正在講「壽命無常」。壽命無常分七個科判，今天講的是第三個。

丁三、思維殊勝正士而修無常：

在此賢劫中，將會出世一千尊佛，以往已出世了包括釋迦牟尼佛在內的四佛，在此之前還出世了勝觀佛、寶髻佛等佛陀[93]，每一尊佛不可能單獨降世，其周圍均會有不可勝數的聲聞、緣覺、菩薩等眾眷屬圍繞。這些佛來到世間，都曾以三乘法饒益無量所化眾生。可現在，只剩下釋迦牟尼佛的教法，除此之外的諸佛都已趨入涅槃，其教法也依次隱沒。比如寶髻佛，大家都會念他的名號，但他當時是怎麼轉法輪的，文字上都沒有。如今只有釋迦牟尼佛的《大藏經》，其他佛的《大藏經》聞所未聞，只不過在某些經典中，偶爾會有古佛留下的偈頌，此外根本沒見過他們的教法。

而在現今這一教法中，尤其是果法期時，五百阿羅漢、無數大菩薩等眷屬眾，紛紛現身於世，這從《毗奈耶經》、《阿含經》等中也看得出來。但他們也同樣依次於法界中趨入無餘涅槃。

---

[93]七佛中的前三佛不屬於賢劫，即毗婆尸佛（又名勝觀佛，過去莊嚴劫第九百九十八尊佛）、尸棄佛（又名寶髻佛，過去莊嚴劫第九百九十九尊佛）、毗舍浮佛（過去莊嚴劫第一千尊佛）；後四佛屬於賢劫，即拘留孫佛、迦那迦牟尼佛、迦葉佛、釋迦牟尼佛。

大圓滿前行廣釋（二）附大圓滿前行實修法

例如，眾生主母大愛道比丘尼，有一次見佛陀示現打噴嚏，就祈請道：「佛陀長久住世！」佛陀說：「你不應該這樣說，應該說佛法長久住世。佛陀如果長久住世，執著常有的眾生就不會生起厭離心。」如是教誨之後，大愛道比丘尼為了懺悔，便與五百位比丘尼一起示現涅槃。（我原來講歷史時也說過，如果是凡夫，這相當於自殺，但因為是阿羅漢，生死自在，所以想走就走了。）以此緣起，佛陀最終也示現涅槃──大愛道比丘尼示現的有些緣起不太好，剛開始出家時，對佛教住世就有影響，最後示現涅槃時也是如此。

　　大愛道比丘尼涅槃之後，過了幾天，目犍連、舍利子到餓鬼和地獄界去，看見外道本師在那裡受苦。外道本師求他們回人間時，轉告自己的弟子要捨棄自宗，隨學釋迦佛的教法。二位尊者回去後，舍利子先向外道轉告這番話，但因為沒有前世業緣，外道徒沒有聽見。於是目犍連又去轉達，外道聽後怒不可遏，把他打得皮開肉綻、奄奄一息。事後，舍利子用法衣將目犍連的法體包好，背到祇陀園，悲傷地說：「對我好友目犍連死去的消息，我聽也不願意聽，何況是親眼見到了？」於是他與八萬阿羅漢先行趣入涅槃。緊接著，目犍連也與七萬阿羅漢一起入滅了。

　　之後，佛陀示現涅槃。有些書裡說，當時隨佛陀涅槃的，有八千萬阿羅漢。此時，按照共同乘的觀點，佛

陀及其聖者眷屬已紛紛隱沒，佛法猶如火燃盡後的煙一樣，無人傳授，受到眾天人的譏毀，隨後三藏開始逐漸結集。

由此可見，無常是誰也逃脫不了的。佛陀獲得了圓滿證悟，斷除了一切障礙，最終仍要顯示涅槃；「神通第一」、「智慧第一」的聖者，尚且抵抗不住無常衝擊，更何況是我們脆弱如螞蟻般的凡夫人了。上師如意寶在《無常道歌·瀑布妙音》中也說：「斷證圓滿能仁與佛子，雖曾示現如空群星般，正因揭示無常而涅槃，回想此意深知皆無常。」意思是，在此娑婆世界，曾出現過大量斷證圓滿的佛與佛子，其數多如夜空繁星，然而為了向有常執的眾生顯示無常，他們皆一一示現涅槃。細思此義便會深深了知：一切萬法皆是無常的本性，任誰也無法改變。

尤其是到了印度以後，看到許多佛教聖蹟，會很傷感。如《大智度論》云：「十力世尊身光具，智慧明照亦無量，度脫一切諸眾生，今日廓然悉安在？何有智者不感傷？」具足十力的佛陀身光赫奕，智慧通達一切，度生事業也無有邊際，可如今佛陀又在哪裡呢？除了留下一些殘存的遺蹟，此外什麼都沒有。一想到這些，智者豈會不感到悲傷？

佛陀在轉法輪的過程中，其實無常法一直貫徹始終。噶當派的教言中說：佛陀最初在鹿野苑轉四諦法輪

時，無常、苦、空、無我四諦中，第一個就是無常。佛陀轉完三轉法輪，最後要示現涅槃時，先宣講了一部《涅槃經》，之後說：「諸比丘，一切皆由因緣而生。」同時解開上身的袈裟，讓弟子觀看如來身相，並教誨道：「如來出世猶如曇花現世，你們以後要常觀一切萬法皆為無常。」說完之後，前往薩拉雙樹中間，以吉祥臥示現涅槃。《阿含經》中也記載，佛陀要接近涅槃時，跟弟子們說：「諸比丘，世間無一法可依靠，應當捨棄世間，尋求不生不老、不病不死、無有恩愛別離的寂滅涅槃，汝等應常念無常遷變之理。」因此，佛陀的最後遺囑，就是讓我們長期憶念無常遷變之理，這也是佛法的最深教義。

自古以來，許多大德為什麼強調無常法很重要，原因就在於此。所以你們不管是在家人、出家人，相續中一定要生起無常的觀念，當然光是生起還不夠，還要為了後世有所準備，精進行持善法，只有這樣，修行才會成功。如果沒有這種觀念，雖然表面上希求大法，但實際上佛法不一定成就。

在無常面前，不管聖者還是凡夫，終將無一存留，統統被無常吞沒。（當然，聖者只是一種示現而已。）阿那律古佛示現涅槃時，曾留下一首偈頌言：「有為法如雲，智者不應信，無常金剛來，摧聖主山王。」意即一切有為法就像浮雲般無有堅實，智者不應對其產生信賴，一

240

旦無常金剛到來，即使是聖者佛陀的色身、堅固的須彌山王，也會被摧毀無餘。

當然，對佛陀示現涅槃，我們不能說「佛陀死了」。個別法師講法時，講的意思雖然對，但表達方式不合適。有些人說「佛陀80歲的時候走了」，好像在描述一個老年人；還有些人說「佛陀臨終時剛好80歲，老態龍鍾，非常可憐」，這樣來形容佛陀很不合理。要知道，佛陀是金剛身，其本體不生不滅，示現無常只是為了鞭策眾生。

現在有些學者對佛陀進行研究時，遣詞用句非常非常不對，他們只是把佛看成一個王子，到80歲時人老了，無奈只有離開人間，好像跟孔子、孟子沒什麼差別，只不過智慧高一點、傳法多一點而已。這種認識是很大的誤解。我們作為佛教徒，應明白小乘中認為佛是什麼樣的，大乘中認為佛是什麼樣的，大乘的金剛藏乘又認為佛是什麼樣的，對此充分認識之後，才能對佛有全面的了解。我以前之所以翻譯《釋尊廣傳》，就是想讓大家對佛陀有全面認識，明白佛陀多生累劫的發心，否則，很多人只是把佛當成普通人來對待，示現涅槃就好像一個老年人去世了一樣，這肯定是不合理的。佛陀在《大般涅槃經‧金剛身品》中，曾很明確地說過：「如來身者，是常住身、不可壞身、金剛之身、非雜食身，即是法身。」佛陀在眾生面前顯現涅槃，只是一種

大圓滿前行廣釋（二）附大圓滿前行實修法

示現，實際上真正的佛陀就是法身。因此，對佛陀的本來面目，大家應從各方面來了解。

　　如今認識佛教、懂得佛教的人不是特別多，但我們既然是佛教徒，就應通過學習歷史，全面、整體地了解佛陀與佛法。比如說，要想了解藏傳佛教，就必須通達藏地各大教派的傳承歷史；要想了解漢傳佛教，就應懂得淨土宗、禪宗等各宗祖師弘法利生的事蹟。然而現在末法時期，有些人對藏傳佛教一竅不通，卻開口閉口說藏傳佛教不如法，有些人對佛教也一無所知，以分別念隨便臆測佛教，然後對佛教的言行思想加以詆毀，這都是非常愚癡的行為！

　　以上講了佛陀及其眷屬的無常。此外，在佛教發祥地印度，從《印度佛教史》等歷史上看，往昔出世過許多具足地道功德、神通無礙、結集經教的阿羅漢。這些阿羅漢曾對佛教典籍作過三次結集。

　　一般來講，論典中第一部是《大毗婆沙論》，共同乘認為由許多阿羅漢所作；經典中第一部是《般若八千頌》，它是蓮花王朝後期，在月護國王的王宮裡出現的，顯宗稱為《般若八千頌》，密宗則叫做《真如續》，很多史學家認為它是最早的經典。敦珠法王在《敦珠佛教史》中也講過：有些人認為，通過三次結集，佛經才全部立成文字。這種說法不合理，因為《般

若八千頌》是三次結集之前就出現於世的。

我家鄉那一帶有種習俗，不知道別的地方有沒有：作為在家人，每家要請一部《般若八千頌》。至於其中原因，我曾問過一些老年人，但他們也不知道，說是以前就有這個傳統。在「文革」期間，佛教基本上在每家每戶隱沒了，後來宗教稍微開放時，街上有賣《般若八千頌》，聽說一下子就被請光了。具體什麼原因也不是特別清楚，反正一家人重新立一個家的話，首先要請一部《般若八千頌》。

除了三次結集的阿羅漢以外，印度還出現了二勝六莊嚴、八十大成就者等許多聖者。

何為二勝六莊嚴呢？

在大乘佛法中，佛陀授記的龍猛菩薩是中觀創始人，佛陀授記的無著菩薩是唯識創始人，面見文殊菩薩的陳那論師是因明創始人，這三位稱為三大造論鼻祖。而解釋他們觀點的，蓮花中降生的聖天論師，解釋龍猛菩薩的中觀；能背誦九十九萬部經典的世親論師，解釋無著菩薩的唯識；獲得自在、面見聖尊的法稱論師，解釋陳那論師的因明，後面這三位叫做三大注釋開創者。

其中，「二勝」是指龍猛菩薩和無著菩薩，其餘四位加上功德光和釋迦光（戒律的造論者和注釋者），稱為「六莊嚴」。也有史書中說，「二勝」是功德光和釋迦光，其他六位則是「六莊嚴」。這八位尊者，大乘佛

教中沒有不承認的，他們在人間廣弘釋迦牟尼佛的教法，故叫「二勝六莊嚴」。此外，有時候還會提到「二大希有」，即指皎月論師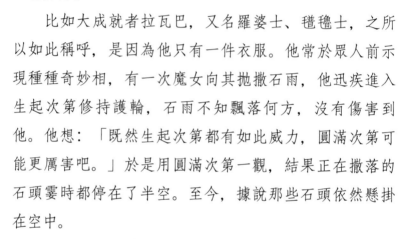94、寂天論師。

除了以上這幾位聖者，印度聖境中還出現過八十位大成就者，如薩繞哈巴、布瓦巴、拉瓦巴等。對此，《密宗大成就者奇傳》、《印度八十四大成就者傳》中也有介紹。

比如大成就者拉瓦巴，又名羅婆士、氆氇士，之所以如此稱呼，是因為他只有一件衣服。他常於眾人前示現種種奇妙相，有一次魔女向其拋撒石雨，他迅疾進入生起次第修持護輪，石雨不知飄落何方，沒有傷害到他。他想：「既然生起次第都有如此威力，圓滿次第可能更厲害吧。」於是用圓滿次第一觀，結果正在撒落的石頭霎時都停在了半空。至今，據說那些石頭依然懸掛在空中。

還有一次，拉瓦巴尊者在皇宮前睡了十二年。任何經過的人如果沒向他頂禮，腿就會僵直而無法邁步。包括國王，經過他的面前時，也不得不對他恭敬。

後來，尊者在尸陀林行持禁行時，國境內五百名魔女尋釁而來，準備害他。她們來到尸陀林時，見尊者住處只剩下一件衣服，除此之外，不見尊者的蹤影。這些魔女經過商量，把尊者這唯一的衣服切成五百片，然後

94皎月論師：又名月官，或旃札古昧。

一一吞進肚子裡。這時，尊者忽然現身，對她們發出詛咒，把她們變成五百隻母羊。母羊們跑到國王面前，異口同聲說：「我們本是持咒母[95]，尸陀林有一個比丘把我們變成這樣，請國王一定要降伏他，還我們真身！」

國王來到尸陀林，見尊者因為衣服被吃了，赤裸裸地站在那裡。他對國王說：「你們國家的持咒母將我的衣服吃得一乾二淨，我要把她們全部找來。」於是通過勾招，除了三個持咒母，其他的都來到尊者面前。

尊者用契克印對每個魔女一指，她們當即變成各種頭像的動物。尊者命令她們把衣服吐出來，她們一一吐出之後，尊者一片片進行縫補，最後發現還差三個碎片，應該在國王的王妃那裡。國王派人把她們找來，她們也如前一樣吐出衣服碎片，尊者把它們補成一件完整的衣服，並穿在了身上。

縱然是以上所講的這些大成就者，在無常面前也無法逃脫，最後都會示現涅槃，如今已無一人在世，僅有記載他們出世情況的傳記留在人間。

在藏地雪域，往昔也出現過鄔金第二大佛陀——蓮花生大士。有些人或許問：「蓮花生大士怎麼是第二大佛陀，佛陀哪有兩個啊？」其實這種說法不對，像龍猛菩薩、世親論師，都被稱為第二大佛陀，漢地天台宗的智者大師，後人也稱之為「小釋迦」。叫小釋迦都可以

---

[95]持咒母：梵音曼扎巴德，意為具有俱生咒和加持咒能力的魔女。

的話，第二大佛陀也沒什麼不能說的。如果你知道了蓮花生大士對佛教的貢獻，以及他在末法時代的不共威力，就不得不生起信心。正因為有了蓮花生大士的加持，如今五濁橫流雖然在不斷興風作浪，但藏傳佛教依然完好無損、日益興盛。

蓮花生大士依靠灌頂令眾生成熟、依靠傳講教言令眾生解脫，如此廣轉法輪時，出世了君臣二十五大成就者、耶瓦八十大成就者等。（這只是有文字記載的，沒有記載的還有成千上萬、不計其數。）之後，又湧現了舊派（寧瑪巴）的索宿努三師⑯、新派的瑪爾米塔三師⑰等不可思議的智者及成就者。

（寧瑪巴索宿努三師的歷史，在《敦珠佛教史》中有，但很多人可能不知道。今年我也許能把《敦珠佛教史》翻譯完，希望你們每個人到時看一遍，看了以後，你會對藏傳佛教歷史有新的認識。為什麼很多人對米拉日巴的傳記比較熟悉？就是因為大概在60年代，張澄基把它譯成了漢文，所以一提到米拉日巴，大家都耳熟能詳，而一說努欽‧桑傑巴協，誰都不認識。所以我覺得了解歷史非常重要，假如你知道一些大德的成就相，就不容易對他產生懷疑和邪見。）

這些大成就者大多數都已證得成就果位，可自由自

第三十節課

---

⑯索宿努三師：舊譯密乘中最早的三位佛學家的合稱，即索‧巴協旺丘，宿‧釋迦窮乃和努欽‧桑傑巴協。
⑰瑪爾米塔三師：塔波噶舉派創始人瑪爾巴譯師，米拉日巴和塔波瓦醫師三人的合稱。

在地駕馭四大，示現有實變為無實、無實變為有實等離奇之神變，火不能焚、水不能溺、土不能壓、不墮險地，完全遠離了四大的損害。例如，米拉日巴尊者在尼泊爾的尼祥嘎達雅山洞中禁語而住，當時來了許多獵人，他們問：「你是人還是鬼？」尊者一言不發，一直端坐著凝視虛空。於是這些獵人向尊者射出大量毒箭，然而都沒能射中。接著又將尊者拖到水中、丟下深淵，可尊者縱身向上，依然返回原地安坐。最後他們在尊者身上堆積木柴點火，火卻怎樣也燒不起來……像這樣的大成就者，最終都會示現涅槃，所以我們真的要思維，進而生起一種無常觀。博朵瓦尊者曾有兩千多弟子，其中五百弟子對現世生起了厭離心，觀修無常得到了驗相。我們這裡不知道會有多少人，真正覺得一切萬法皆為無常？

前面講了器世界和有情世界都是無常，此處說尤其是大成就者，一切獲得自在、地水火風駕馭自如，但也做不到與世長存、長生不死，我們凡夫人就更不用說了。

其實一翻開歷史，很容易切實感受到無常。比如你看了印度高僧的傳記、藏地大德的傳記，對無常就會有所感悟：「萬法確實是無常的，你看那麼多大成就者曾湧現於世，他們的神變神通、成就證悟無法想像，可是

大圓滿前行廣釋（二）附大圓滿前行實修法

現在一個也沒有了。」同樣，漢傳佛教也是如此。像淨土宗，從廬山東林寺的慧遠大師開始，一直到印光法師之間的十三代祖師，全部已紛紛趨入涅槃，如今留下的只有他們的教言和歷史。還有律宗，從唐代道宣律祖開始，直至弘一大師之間的十一代祖師，也無一留存於世。還有華嚴宗，從印度的馬鳴菩薩、龍猛菩薩，一直傳到中國的杜順和尚等(98)，這之間的七代祖師，現在只剩下歷史而已。甚至非常興盛的禪宗也是同樣，印度第二十八代祖達摩祖師東來傳法，成為中國禪宗初祖，一直傳到六祖惠能大師，之後正如達摩祖師所授記的，只傳心印，不傳衣缽，禪宗至今都沒有第七代祖。雖說如此，但禪宗分成了臨濟宗、法眼宗、曹洞宗等五宗，現今這五宗的法脈儘管依然不斷，一直在傳承，但前輩大德卻依次示現涅槃。

漢地高僧大德中，其實有許多諸佛菩薩的化現。譬如剛提到的杜順和尚，是中國華嚴宗的初祖，他生平神異事蹟很多，被稱為是文殊菩薩的化身。怎麼知道他是文殊菩薩的化身呢？杜順和尚在世時，道德高尚，不攀外緣，每天白天上山耕地，晚間回寺誦《華嚴經》，天天都是如此。（我非常羨慕這種行為，表面上看平平淡淡，實際上對修行極有幫助。修行人就應長期堅持一種行為，不然，今天

(98)華嚴宗七祖：第一馬鳴菩薩，第二龍樹菩薩，第三支那之元祖帝心尊者杜順，第四雲華尊者智儼，第五賢首大師法藏，第六清涼大師澄觀，第七圭峰大師宗密。此七祖宋淨源奉敕記之。見《八宗綱要》。

看見一個上師——「上師您真是如意寶，您有沒有教言賜給我？我要開始學！」上師給你講了以後，過段時間熱情就消失了，又要去找另一個上師。在你的一生中，一會兒找文殊菩薩化現的上師，一會兒找觀音菩薩化現的上師，一會兒找大勢至菩薩化現的上師……每天這樣找來找去，最後自己也不知方向，不知到底學了什麼、忘了多少。這種習慣不是很好，你對有緣上師和有緣教法生信的那一天起，直到最後離開世間，應該一直保持不變，使其成為一生的依託，這很重要！）

他手下有一弟子，跟他學法有十多年了，剛開始信心很大，但慢慢久了以後，見師父白天種地、晚上念《華嚴經》，覺得這很平常，沒有什麼可學的，不如到五台山朝拜文殊菩薩，求開智慧。他向師父請求，師父說：「不必去了，在這裡修行和去五台山拜文殊菩薩是一樣的。」弟子不明白師父的意思，一再求道：「師父，我已發願朝山，請您慈悲，了我心願。」師父見他去意已決，便開許了。臨行前交給他兩封信，一封給青娘子、一封給豬老母，讓他順便送去。

弟子將信收下，立刻啟程。他按信上的地址沿路打聽，找到了青娘子，沒想到她是一個妓女。他十分驚訝：「師父怎麼會有一個當妓女的朋友？」但信封上明明寫的是給她，因此便照樣交給她。那個妓女拿過信，拆開一看，說：「我知道了，我的工作已做完，現在該走了。」說完坐著圓寂了。弟子覺得奇怪，將信撿起一

看，信上說：「觀音，我現在事情辦完了，要走了，你也跟我走吧。」原來青娘子是觀音菩薩。可是他還沒有醒悟。

他又繼續趕路，按第二封信的地址找到豬老母，原來牠是一頭豬。豬老母接到信之後，用鼻子拱開看看，當場也死了。弟子又覺奇怪，撿起信一看，信裡寫的是：「普賢，我現在事情辦完了，要走了，你也跟我走吧。」但這愚笨的弟子，還不覺悟。

後來他到了五台山下，遇見一位老人，老人問：「你來五台山做什麼？」他回答：「朝拜文殊菩薩。」老人說：「你師父就是文殊菩薩，你不拜師父，卻千里迢迢來拜文殊，真是捨近求遠！」說完就不見了。這時他才恍然大悟，於是立刻回頭，趕快回去見師父。可是當他到寺院時，師父已圓寂多時。

可見，文殊菩薩、觀音菩薩、普賢菩薩，分別以不同的方式度化眾生，諸佛菩薩的化現不可思議，在旁生中也有，在妓女中也有，在高僧大德中也有，只可惜很多人並沒有認識。無垢光尊者也說過：「我在世的時候，你們對我不一定起信心，我的教法也不一定興盛。」的確，一位具德上師生前常默默無聞、無人問津，弟子也不知曉上師的功德，一旦上師辭世，方憶念起上師的偉大，但卻再也見不到上師，只留下無窮的追憶與悔恨。

第三十節課

不僅文殊菩薩的化身最終會圓寂，阿彌陀佛的化身也無法擺脫無常的命運。在歷史上，永明延壽禪師，公認為是阿彌陀佛的化身，其來歷也有這樣一段故事：永明延壽大師在當時深受吳越王的禮敬，被尊奉為國師。有一天，吳越王打千僧齋，只要是出家人，一律平等對待，都可以前來應供。雖說是平等供養，但擺設的桌位有上下座之別，首席的位子誰都不敢坐，由於永明大師是國師，大家便請他去坐。永明大師很謙虛，怎麼都不肯，就在推推拉拉的時候，來了個穿著破爛的大耳朵和尚，看大家都在那裡推讓，就不客氣地往首席上一坐。這一坐下來，吳越王也不好意思趕，但心裡很不舒服：「國師都沒有坐首席，卻被一個不認識的和尚坐上去了。」但他總算是出家人，也就不便說話了。

供齋之後，大家都散了。吳越王問永明大師：「我今天供齋，有沒有聖人來應供？」

永明大師說：「有啊！定光古佛今天來了。」

吳越王忙問：「是哪一個？」

永明大師答：「就是坐在首席的那個大耳朵和尚。」

吳越王聽了很高興，趕緊派人去追。派去的人到處打聽，最後在一個山洞裡找到了他。那些人頂禮膜拜，請他到皇宮去應供。大耳朵和尚說了一句：「彌陀饒舌！」之後就圓寂了。

那些人當下傻眼了，不知該如何回去交差，但轉念想想他剛才的話，原來永明大師就是阿彌陀佛，於是趕快回去報告吳越王：「定光古佛走了，但阿彌陀佛還在。」吳越王歡喜得不得了，趕緊去見永明大師。快走到禪房門口時，裡面一個人慌慌張張跑出來，差點跟吳越王撞在一起。吳越王問：「什麼事情這麼慌張？」「永明大師圓寂了！」（一位佛菩薩化身圓寂時，許多大德也會隨之紛紛圓寂，這種現象在歷史上比較多。）

以上分析了印度、藏地、漢地的高僧大德，儘管這樣的大成就者曾經不乏其數，但最終都顯示了無常，現在僅有傳記留存，更有甚者連傳記也沒留下來。尤其是藏地伏藏大師相當多，他們來到這個世間，饒益了無量無邊的眾生，其經歷特別精彩，蓮花生大士也說：「在不同的地方出現一位伏藏大師，他們全是我的紀念碑。」包括我們小小的色達和爐霍，也出現過一些伏藏大師，他們留下的伏藏品非常非常多，可有些在歷史上根本沒有記載。我以前也看過敦珠法王的《敦珠佛教史》，我們這附近的很多伏藏大師，裡面基本上都沒有寫。因此，昔日出現過許許多多大成就者，只是有些沒有聽說罷了。

我們以往昔所造惡業為因，而形成的不淨肉身，只是一種四大假合，它被迷亂之風所吹，與惡劣習氣相連，無法確定將於何時何地毀滅。以前的大成就者們尚

且會示現涅槃，我們這些凡夫人，無論是能依的心還是所依的身體，就更沒有任何可靠性了。好比進口的精緻產品如果都容易毀壞，國產的假冒偽劣商品就更不用說了。所以為了令這個虛幻的身體獲得實義，我們從現在開始，一定要觀修死亡無常，三門策勵行善修福。

塔波仁波切曾有一位弟子，是藏地公認的大成就者。一個康巴的修行人聞其美名，特地前來求法，但他什麼也沒有傳。後來那人再三地祈求，他便拉著他的手誠懇地說：「你也會死！我也會死！上師的教言沒有別的，我發誓沒有比這更殊勝的竅訣了。」康巴人聽完後，依此教言精進修持，終獲成就。（如果是現在有些人，上師告訴他：「你也會死！我也會死！」他不一定滿意，可能想：「這一點我也懂，不用你給我傳。」但真正有信心的弟子，通過這種教言就能獲得成就。）

總而言之，大家要多看一些歷史，通過各種方式了解以前的高僧大德，然後想：「這些大成就者當時那麼了不起，但也無法避免無常，更何況是像我這樣的凡夫人了？我肯定會離開世間，離開世間時唯一有利的是什麼？就是解脫法。所以從現在起，我一定要觀修無常，精進修持對解脫有利的佛法！」

大圓滿前行廣釋（二）附大圓滿前行實修法

第三十節課

第三十一節課

下面繼續學習《大圓滿前行》。

這次講《前行》的速度比較慢，所以大家一定要修行。現在很多人在修的過程中，感覺不錯，反應也很好，希望你們再接再厲。當然，修前行跟修其他密法不同，很多人喜歡修拙火定，做火供、薈供，還有一些其他儀式，儘管這也是密宗行為，你若有生起次第、圓滿次第的境界，這樣修持也有功德，但我希望大家最好先把加行修圓滿。

修加行的時候，我一而再、再而三地強調過，首先要修共同加行，這個基礎若沒打好，後面的不共加行很難修起來；如果不共加行沒有修好，密宗更深的境界則不可能出現。所以，藏地很多智者和成就者，對共同加行確實非常重視。

我以前的一個同學（他出家了，也是個堪布），在青海那邊求學，前兩天他來我家住了幾日，我們在聊天的過程中，他說青海果洛州有一位慈誠上師，現在六十多歲了，他一生中修了16次五加行，最後一次是在六十歲時修的。據這位上師自己說，修五加行並不難，只是六十歲時磕頭，稍微有點力不從心。他對共同加行和不共加行極有信心，過幾年就會修一遍，在「文革」期間也從未間斷過。而且他戒律非常清淨，從小就出家，儘管藏

地出現了很多動亂，但他一直沒有還俗，並以隱蔽的方式再再修加行，從共同加行一直到不共加行，就這樣修了16遍。我同學在那邊待了很長時間，還講了他的許多事蹟，我聽了之後非常隨喜。像這樣的修行人，如今在藏地比較多，只不過大家不了解而已。

所以我們這次也要把共同加行、不共加行修圓滿。對前行不能停留在口頭上、數量上、形象上，而應對每個引導文，真正有一種感覺，如此才能起到真實的作用，修行才有源源不斷的動力。

當然，在這個過程中，極個別道友可能會半途而廢，各種情況都會發生，但我希望，大家還是要盡量堅持。包括我自己在內，為什麼每天都跟道友們一起磕頭？就是因為機會難得，不想以各種理由隨便放棄。現如今，口頭上講《前行》的人比較多，而實際行動中修持的人比較少，這是不行的。不管你是什麼樣的身分，對修持前行都務必要重視。

就我個人而言，以前對前行沒修過很多次，只是修過一遍，那時候我剛出家，完全是一味追求數量，對共同加行也觀得不多。而這次，我每天在傳講之前，都好好地思維過，對共同加行的感覺很強烈。比如一講到「人身難得」，內心中確確實實覺得，其他什麼都不重要，得到人身後修持善法最重要；一講到「壽命無常」，裡面的每個道理對我來講，都真真切切、絲毫不

虛。雖然我表達能力比較差，心裡所想的不一定能給你們倒出來，但我先看一遍的時候，自己的確有這種感覺，也對傳承上師和諸佛菩薩有誠摯、清淨的信心。

希望你們通過這次修行，一輩子也有個大的轉變，並對生生世世有重大利益，我的發心即是如此。所以在修行過程中，每個人要反觀自己：形形色色的社會上，雖然眼前的對境層出不窮，但最重要的就是要先修好加行，至於其他形象上的修行或行為，可以暫時先放下來。

前面講了諸佛菩薩、高僧大德等無與倫比的聖者，終究都會示現無常。今天開始講有威望、有錢財、有地位的人，最終也會紛紛離世，沒有一個能長久活在世間。

丁四、思維世間尊主而修無常：

不管在天界還是人間，壽命長達數劫、威德圓滿的諸位天神和仙人，也不能擺脫死亡，最終都要面對生老病死。那天我們舉行一個儀式時，有個道友就說：「對我們日本來講，也很需要佛法，因為日本人同樣要面對生老病死。」我覺得說得很有道理。其實，世界上任何一個人，都需要佛法。為什麼這樣講呢？比如像我，小學一二年級的課程肯定不需要，因為我已經畢業了；醫學這些也不需要，因為我沒有當醫生；但是佛法一定會需要，因為我要面對生老病死。就好比對病人而言，不論他是什麼人，病了都必須吃藥，同樣，不管是日本

人、中國人、美國人，還是天界或地獄裡的眾生，若想擺脫輪迴中的生老病死，都離不開佛法。因此，我很希望佛法傳遍世界每一個角落，充滿每一個人的心田。

其實我們好好想想，國家總統是否需要佛法呢？肯定需要。街上乞丐是否需要佛法呢？也肯定需要。因為他們都要面對生老病死，一旦來世墮入惡趣，照樣會痛苦。所以從理論上觀察，不需要佛法的眾生，一個也沒有，只不過有些眾生暫時不接受而已。就像旁生，牠肯定也需要佛法，但由於沒有斷除強烈的煩惱，我們直接給牠灌輸佛法教義，牠勢必無法接受。

言歸正傳，學過《俱舍論》的人都知道，跟人的壽命比起來，梵天、帝釋天、遍入天、大自在天等可謂萬壽無疆，他們可以住留數劫，偉岸身軀高達一由旬⑨及一聞距⑩，其身所擁有的光彩，甚至比日月更勝一籌，可是他們也同樣免不了一死。

就拿帝釋天來說，佛經中記載：昔日，帝釋天臨命終時，以神通觀察，知道自己將轉生為一陶師家的驢。就在他身體出現五大衰相、憂心忡忡之際，他及時想起佛陀是三界中的唯一怙主，於是趕緊去找佛陀尋求庇佑。

當時佛陀在耆闍崛山石室中，坐禪入普濟三昧。帝

第三十一節課

---

⑨由旬（逾繕那）：古印度長度單位名。五尺為弓，五百弓為一俱盧舍，八俱盧舍為一由旬，約二十六市里許。
⑩聞距（俱盧舍）：古印度長度單位名。古印度以人壽百歲時代所用弓之長度為一弓，一俱盧舍為五百弓，相當於二十五市尺。

釋天見到佛後，稽首作禮，至心皈依佛法僧三次。他還來不及站起來，就發現神識忽然離體，已投生於陶師家的驢腹中。此時，母驢掙脫繩子四處亂撞，砸碎了陶師的許多陶器。陶師一怒之下，痛打母驢，傷及腹內幼胎，帝釋天的神識因此回到原來身體中，五德還備，復為天帝。

佛陀從三昧中出定後，讚言：「善哉，天帝！你能在臨命終時，皈依三寶，以此功德，罪業已滅，不再受苦。」佛又講了一些無常的道理。帝釋天聽後歡喜奉受，當下證得須陀洹果。

可見，即便是天王，最終也難逃一死。世人追求的道教之長生不老、仙人之永恆不死，也只不過是時間長短而已，實際上都不能不死。《功德藏》亦云：「梵帝自在轉輪王，無法擺脫死主魔。」在座的道友再過一百年，還有多少會留在人間，自己也可以想一想。其實，死亡對我們來說並不遙遠，儘管每個人都貪生怕死，但也沒有辦法，因為無常的本性即是如此。

此外，具足五種神通⑩的天人及仙人，雖依靠神變的威力可逍遙自在暢行空中，但是到了最後，他們也無法逾越死亡的命運。《解憂書》云：「大仙具五通，能行於虛空，然而卻不能，詣於無死處。」

《法句譬喻經》中有這樣一則公案：佛陀在王舍城

⑩五種神通：神足通、天眼通、天耳通、宿命通、他心通，缺少漏盡通。

259

時，城中有梵志⑩兄弟四人，個個都獲得了五通，可令天地倒置，日月無光，移山倒海，無所不能。他們通過神通觀察，得知七日後四人會命盡身亡，於是共同商量逃避死亡的辦法。

一個人說：「我潛入大海，上不出海面，下不至海底，一直浮在中間，無常鬼怎會知道我在哪裡？」

一個人說：「我鑽進須彌山中，合上山的表面，令其無有絲毫縫隙，無常鬼怎會知道我在哪裡？」

一個人說：「我隱藏於虛空中，無常鬼怎會知道我在哪裡？」

一個人說：「我藏入喧鬧的大集市中，無常鬼隨便找一個人好了，又何必非找我不可？」

四人商量好以後，便按照各自的想法藏了起來。

結果七日之後，藏在空中的，墮地而死，猶如果熟從樹上落下；藏在山中的，在山中喪亡；藏在大海中的，當即死亡，被魚鱉所食；藏入集市中的，在眾人堆裡自然死去。

佛知道這件事後，對比丘們說：這四人愚昧，不通達生命的真相，古往今來，有誰逃脫得了死亡？眾生欲求不死，終不可得。

因此，壽命已盡的人，就算很想活下去，到處求醫生、求官員、求很多人，但誰也沒有辦法，包括釋迦牟

---

⑩梵志：1、志求生於梵天的人。2、在家婆羅門。3、一切外道之出家人。

尼佛也無計可施。有些歷史中講過：當年琉璃王誅殺釋迦族時，佛陀為向世人展示業力不可思議，於是藏匿了釋迦族的幾個孩子。其中兩個被置於月亮上，兩個被藏入大海中，兩個被納入缽盂裡。屠殺結束後，這六個孩子雖沒受到絲毫損害，但都自然而然死亡，無一倖免。故而，大限到來之時，不論你住在何處、逃往何方，死亡決定降臨，縱使佛陀也無法改變業力，更何況是世間醫生了？

大家在修行過程中，要從道理上認真思維。雖然這個道理誰都懂，但很多人由於無常觀得不好，從未與自身聯繫起來，不管死亡落在自己身上或是親友身上，都非常痛苦。如果深刻體會到了死亡無常，那無論發生什麼事，都會覺得這理所當然，以心平氣和的心態去面對，根本不可能如是痛苦。所以，學過大乘佛法、尤其是觀過無常的人，在死亡面前確實很勇敢。而一般的世間人，就算學識淵博、無所不知，離開人間時也會手足無措，出現種種悲哀的狀況。

以上講了天人、仙人等不能避免無常，下面觀察一下人世間的尊主：

在印度聖地，據藏地多羅那他在《印度佛教史》[103]中

---

[103]《印度佛教史》：印度佛教史籍。藏傳佛教覺囊派學者多羅那他（又名慶喜藏）著於1608年。全書以王朝的更迭為經，以佛教著名大師的傳承為緯，記述自釋迦牟尼去世後，直到印度波羅、斯那兩王朝覆滅時，佛教在印度流傳及盛衰演變情況。

大圓滿前行廣釋（二）附大圓滿前行實修法

所稱，首先出現了許多財富力強、高居於首的轉輪王，後來又出現了眾敬王。《紅史》中說，眾敬王是世間上最早的國王。在人類最初形成時，大家沒有我所的執著，財富共同享用，且每個人身上都有光。後來因眾生福報慢慢消盡，人類出現了男女之別，財富也需要進行分配，這其中經常發生矛盾，於是眾人私下商量，通過民主選舉，選了一個人做國王，史稱「眾敬王」。（人類最早的國王，就是通過民主選舉產生的。可見，現在的民主選舉傳統，應追溯至眾敬王時代。）為什麼叫眾敬王呢？因為他德高望重，受到大多數人的恭敬。之後，他的後代沿襲下來，一直到釋迦牟尼佛的父親淨飯王。除此之外，印度東西方還有三巴拉[104]、三十七贊扎王[105]等地位顯赫的國王，都曾紛紛降臨於世。印度君主制度結束之後，還出現過甘地等許多人道主義者。可如今，這一切都成了輝煌的歷史，沒有一人留存於世。

　　所以，從整個印度的王統歷史來看，很容易了解到一切無常。

　　在藏地雪域，許多國王都是諸佛菩薩化身。比如，第一位國王涅赤贊布（漢譯為肩座王），就是除蓋障

---

[104]三巴拉：嘎薩巴拉、得瓦巴拉、熱薩巴拉。
[105]贊扎王：東印度帖木噶拉（今孟加拉）的贊扎部族中產生的著名國王，如阿嘎夏贊扎王、扎雅贊扎王、塔瑪贊扎王、噶瑪贊扎王、比喀瑪贊扎王、噶瑪贊扎王、比瑪拉贊扎王，等等。

菩薩的化身。他是眾敬王的後裔，天生手腳像天鵝蹼一樣，印度人覺得這是種惡兆，就把他趕出國境。他流浪到了藏地，很多牧民遇到他後，問：「你是從哪裡來的？」他用手指向虛空，人們便以為他是從天上來的，於是對他很恭敬，將其扛於肩上，擁立他為國王，所以叫「肩座王」。

自涅赤贊布以來，藏地出世過天赤七王、地賢六王、中德八王、初贊五王、幸福十三代、極樂五代等許多國王——如涅赤贊布、穆赤贊布、丁赤贊布……以前我讀師範時，對藏地的歷史非常感興趣。有時候老師上漢語課或音樂課，我就在下面看歷史書，開始背這些帝王的名字。

那麼，為何叫「天赤七王」呢？因為這七位君王壽終時騰空而去，沒有屍骨遺留下來，他們的陵墓都建在天界中，猶如虹身成就一樣。鑒於此，現在有些人認為，藏地最初也信上帝。（前段時間，有個美國人去北京。他坐地鐵時問一些人信不信上帝，有些人說根本沒有上帝，他就特別特別生氣：「怎麼你們連上帝都不承認！那算什麼人啊，笨得跟旁生一樣。」）

為何叫「地賢六王」呢？因為他們的陵墓都建在石山和草山之間，因此叫地賢六王。

為何叫「中德八王」呢？他們的陵墓都建在建在河流之中，故又稱水德八王。

大圓滿前行廣釋（二）附大圓滿前行實修法

初贊五王，其陵墓都建於國中。

幸福十三代，是從拉托托日後的下一任君王（赤甯松贊）開始的。當時拉托托日的皇宮上，降下《六字真言》、《寶篋經》、佛塔等三寶所依，並有授記：「再過五個朝代（指松贊干布時代），將有人精通其意義。」這標誌著佛教在西藏的開始。從拉托托日之後一直到赤熱巴巾的十三代，佛教跟以前相比頗為興盛，如國王松贊干布，他迎娶了兩位公主，獲得了釋迦牟尼佛等身像等諸多三寶的加持所依，並在藏地創立了文字，金剛手菩薩化身的大臣嘎爾東贊也到很多國家，跟各國的外交關係有了長足進展。以此等原因，所以叫幸福十三代。

幸福十三代的後期，即從國王赤松德贊到赤熱巴巾之間，又稱為「極樂五代」。例如國王赤松德贊，他迎請了無與倫比的蓮花生大士和菩提薩埵，翻譯了《大藏經》和許多論典，建立了藏地第一座寺院桑耶寺等，當時佛教盛極一時。國王赤熱巴巾也是如此，他對佛教十分恭敬，平時把頭髮繫於兩邊，看到佛教徒就鋪在地上，一邊讓持咒的密宗瑜伽士踩在上面，一邊讓出家的僧團踩在上面，同時他對佛法的貢獻也非常大。

這些國王的豐功偉績，還可從其領土上窺見一斑。如《紅史》、《青史》、《白史》中記載，觀音菩薩化身的國王松贊干布在世期間，依靠幻化的軍隊，征服了上至尼泊爾、下至中國的大片領域。（國王松贊干布的威力

第
三
十
一
節
課

相當大，但領土問題歷來較為敏感，我們在這裡暫時不分析，主要是從無常的角度來觀。）

文殊菩薩的化身天子赤松德贊在位期間，也統轄了南贍部洲三分之二的領地。（這些都有非常可靠的歷史，尤其是根登群佩研究得十分準確，他雖然活得不長，五十幾歲就圓寂了，但對歷史的研究頗具權威，這一點現在國際上也承認。）

法王赤熱巴巾時期，在印度恆河岸邊豎立起一塊鐵碑，作為印度與西藏界限的標誌。（根登群佩在《印度聖山記》中講過這回事，他還在《遊國記》裡說，恰譯師去印度時，晚上便住在鐵碑那裡，第二天他離開藏土，過了恆河就到了印度。由此可見，當時藏地的地界位於恆河那裡。後來我們去印度時，到處打聽鐵碑在哪兒，但恆河特別大，最終也沒有找到。）而且他也收服了印度、中國、格薩、達蘇（伊朗）等許多國家作為附屬國，從此之後，每逢新年宴會，各國使臣需在同一天內齊聚拉薩，舉行獻禮進貢等儀式。（如果你翻開歷史，從藏地大德弘揚佛法的經歷中，也可以看出赤熱巴巾時期藏地領域及其與附近國家的關係。）

藏地這些國王，昔日統治的疆域那麼大，最後也都紛紛離開人間，儘管他們曾擁有如此威力，現在也都成了歷史，除此之外沒有什麼留存下來。

漢地其實也是一樣。像夏、商、周、秦、三國、兩晉、南北朝、唐、宋、元、明、清等朝代中，很多國王或皇帝非常有能力，尤其是秦始皇、漢武帝、唐太宗、

宋太祖、康熙皇帝，算是中國歷史上最有作為的皇帝了，但他們如今一個也沒有活在世上，由此也看得出來，萬法確實是無常的。

我們還學過歷史、地理、天文學等知識，像物理方面的愛因斯坦、牛頓，也已不在人世；還有造紙的蔡倫、天文學家張衡、數學家祖沖之，以及酈道元、賈思勰等等，這些人雖曾出現於世，但現在已全部離開，對於他們的事蹟，後人只能從書本上了知。

不說這些大人物，包括我們家裡的人，這些年來有什麼變化，自己也應該清楚。我小的時候，別人叫哪一家時，通常會以父親那代人的名字來稱呼；前幾年，則以我們這一代人的名字來稱呼；而現在我到我們村子去，我們這種年齡的已被淘汰，比我們小的那些人成了新主人。一代一代就這樣更替，如花開花落一樣，無常就在我們眼前。然而，很多人身邊雖有春夏秋冬、白天黑夜的遷變，可相續中存在堅固的常有之心，根本不明白無常的真相。所以，大家必須要有深刻的無常觀，噶當派很多大德認為「無常觀如果修得好，一切法皆不在話下」，原因就在於此。

總之，倘若思維上述道理，那我們現在所擁有的住房、受用、眷屬、權勢，自以為是何等何等的優越，但與上述仙人、國王等比較起來，簡直就成了蜂巢一樣。

有些人修了一個繡殼房子，就認為：「我的房子多

好看啊！」然後專門在房子裡掛一些像。有些居士把房子裝修完了，就覺得好像修成了「布達拉宮」一樣，特別開心。然而，這些並不是很堅實，就像蜜蜂把蜂巢弄好了也很高興，但到了冬天時，它的命運會如何也不好說。故而，佛經中云：「嗟乎有為法，其性皆無常，生已死隨至，智者應深知。」

但一般來講，凡夫人無常觀特別差，除非是前世善根不錯的人，才會對無常有一種感覺。昨晚我身體不好，有點睡不著，就翻了一下《宋高僧傳》。裡面有位知玄禪師，他大概活了73歲，對漢地佛教的貢獻非常大。他很小的時候，對無常觀得相當好，在5歲時，祖父讓他寫詩詠花，他說：「花開滿樹紅，花落萬枝空，唯餘一朵在，明日定隨風。」意思是什麼呢？花開的時候，滿樹都是紅紅的，花落的時候，樹枝全部空蕩蕩的，即使只剩一朵還開在樹上，明天也一定會隨風飄落下來。引申而言，我們現在活在世間時，表面看起來很興盛，可是死亡到來時，每個人都會離開，即使剩了一兩個，其生命也不可能恆存，早晚有一天會撒手人寰。

還有一位靈裕禪師，他在88歲時圓寂。當時隋文帝對他非常敬重，多次請他到朝廷當國師，都被他藉故推辭了。後來皇帝見無法勉強，便經常賜給他很多財物，並為他在山中建寺。他一生中大力弘揚佛法，將要離開人世時，提筆做詩云：「今日坐高堂，明朝臥長棘，一

大圓滿前行廣釋（二）附大圓滿前行實修法

生聊已竟，來報將何息？」留下這個之後，過幾天就自在而逝了。

如果我們也像這些大德一樣，把無常深深地刻在心中，那修行就會很容易。這些大德一輩子想的都是佛法，不圖名也不求利，畢生中一直認真修行。可我們現在不是這樣，很多人對世間的執著特別強，口頭上說要修行佛法，實則無法擺脫各種誘惑。所以，有時候看了漢地有些大德的傳記，真的令人心生慚愧。包括《敦珠佛教史》（又名《藏密佛教史》）中，也有許多伏藏大師、密宗瑜伽士及藏地修行人，他們一輩子是怎麼過的？我們又是怎麼過的？兩相對比之下，確實我們不管是居士還是出家人，實在無法與古人相提並論。

漢地有一位澄觀大師（即清涼國師），他曾在生前發了十大願：一、長期依止一丈四方之室，除了三衣一缽，不留任何財物；二、對名利猶如鼻涕般拋棄；三、目不視女人；四、不到在家人的家裡走動；五、長期誦《法華經》；六、長期讀誦大乘經典，普濟群生；七、常宣講《華嚴經》；八、一生晝夜不臥；九、不為虛名而欺惑眾生；十、不退失慈悲菩提心。

我看了以後對照自己，白天晚上不睡覺也做不到，除了三衣以外不接觸金錢也做不到，名利全部拋棄好像也做不到……跟前輩大德比起來，我們心力特別差，實在是值得羞愧。但即便如此，自己還是要有信心，對佛

法應盡量修學。在此世間上，除了修行佛法和利益眾生，世間欲妙沒有任何意義，對此理當深信不疑，因此，我們要發願盡心盡力以佛法來利益眾生，有時間的話，好好修持無常為主的一些妙法。

對於以上道理，大家應該深深思維，並加以觀修。根登群佩在《修行教言》中也說：「無常之身無絲毫實質，今當勤修精藏勝妙法。」我們這個身體無有絲毫恆常性、穩固性，因此一定要利用它，精進修持最甚深的妙法。這對每個修行人來講非常重要。

同時，還要經常祈禱上師三寶，讓無常的境界盡快在相續中生起，若能如此，對世間法就不會有興趣，對佛法也不會天天找藉口推脫。現在外面有些居士，金剛道友整天給他打電話：「你可不可以認真聽課啊？不要去那裡啊。」如果他有了無常的動力，就會覺得世間法不重要，修學佛法才最重要，如此一來，聽課便會主動前往。但如果他無常修得不好，就會像調皮的孩子一樣，成天需要別人督促，然而再怎麼提醒，有時候他也很難轉過來，只有對無常生起定解，自己對自己進行鞭策，修行才會真正有成效。

大圓滿前行廣釋（二）附大圓滿前行實修法

第
三
十
一
節
課

第三十二節課

　　《前行》這次講得比較廣，可能需要兩三年時間，希望在座的道友，不管城市裡的還是學院常住的，都應該善始善終。極個別人如果要離開學院，回到各個地方之後，還是應該繼續學習。現在依靠種種方便方法，各地均設有學習佛法的道場，誰要是想學的話，都有這個因緣。

　　兩三年對人的一生來講，其實並不長，倘若你不能將《前行》學圓滿，那三個阿僧祇劫中行持善法、斷除障礙，更是非常困難。所以，我們自他應該發這個願，否則，末法時代的環境十分惡劣，我們所見的、所聽的，會給自己帶來種種違緣，讓修行不能繼續下去。為此，我個人也經常祈禱，若能將這部法傳講圓滿，實在是不可多得的成就。當然，如是五濁猖獗的時代中，不管是講者還是聽者，真要完成這一巨大任務，還是有一定的難度，但無論如何，我們都要以堅強的心勇往直前。

　　要知道，無論是哪個教派的高僧大德、虔誠的居士，學習這部法都不矛盾，這樣的傳承，不管哪個教派都可以接受。比如《前行》中所講的內容，漢傳的天台宗、淨土宗、華嚴宗，沒有一個不承認的，如果你不承認，那不承認壽命無常還是輪迴痛苦？這樣一一剖析就

大圓滿前行廣釋（二）附大圓滿前行實修法

會發現，各大教派對《前行》都可以接受。藏傳佛教中也是如此，只不過是有些竅訣不同而已，實際上內容都大同小異。我們也學過薩迦派、格魯派、覺囊派、噶舉派的種種竅訣，從前輩大德的傳記來看，他們並沒有偏袒執著自己的教派。

　　最近有些人關於磕頭的問題經常問我：「除了法王如意寶以外，可不可以觀想我自己的上師？」還有些人很直接地說：「我對您實在生不起信心，可不可以觀其他上師？」我回答說：「從講課開始到現在，我從沒要求對我祈禱、對我起恭敬心。只不過我對法王如意寶有很大的信心，所以勸大家祈禱法王如意寶。但如果你覺得與法王的緣分不太足，信心不太夠，那觀想你的根本上師也可以，續部中並沒有說非要祈禱某一個上師。以前我用過一個比喻：倘若絨草和太陽之間沒了火鏡，絨草便無法燃燒，同樣，我們與佛陀之間如果缺少了上師，就不能得到佛陀的真實加持。當然，這個火鏡必須是真品，若是假的，則無法吸收太陽光，同樣，按照續部和《毗奈耶經》的觀點，上師也一定要具足法相，只要是具相上師，不論他是漢族人、藏族人、蒙古人，甚至其他國家的人，都沒什麼不可以的。」有些人認為：「某民族的上師才好，我們本民族的不好。」這是孤陋寡聞的一種表現，其實上師不分民族和國界，只要對眾生有悲心、對空性法門有理解，都可以作為如來傳承的

第三十二節課

補處。

　　在學習的過程中，大家對法一定要重視。現在有些人修行不錯，把瑣事完全拋之腦後，一心一意地修學佛法，而有些人只是掛個名而已，有時間就隨便學一學，沒有時間就不學，這對他雖然或多或少也有點利益，但卻無法令佛法深入內心。比如我要求的每天磕頭，這不是那麼簡單的，尤其對懶惰者來講，身體不願意動，喜歡一直躺著睡著，磕兩三百個頭就開始叫苦連天。但如果是精進者，就會感到難得的人身太珍貴了，一天磕兩三千個頭根本不夠。

　　我對大家的要求，並不是按特別精進者的要求來衡量，但你們也不能太懶怠，除了吃喝玩樂，覺得什麼都是一種壓力。我經常想，凡夫人做善事就像爬山一樣困難，哪怕是磕十五分鐘的頭，也頻頻看手錶，希望時間快點到。但假如是造惡業，或者住於無記狀態中，十五分鐘一晃就過了，根本沒有什麼感覺。好比你跟朋友聊天或打電話，不要說十五分鐘，兩三個小時也一下子就過了。所以，寶貴的時間在無意義中空耗，對我們來講輕而易舉，而把時間用在佛法上，對自他而言相當困難。以前大城市裡的許多人，對佛法教理一竅不通，如今雖然有點明白了，但也不要留在文字上或口頭上，一定要融入自己的心。一旦佛法融入於心，就會融入生活當中，行住坐臥皆不離佛的慈悲加持。

大圓滿前行廣釋（二）附大圓滿前行實修法

學院的有些出家人，有時候看確實不簡單，他們原本在社會上有地位、有名聲、有財富，榮華富貴樣樣俱全，現在卻將一切拋棄，來到這樣氣候惡劣、條件缺乏的寂靜山裡求學，如此發心實在令人稱歎。然而，凡夫人偶爾的出離心很難恆常保持，有些人十幾年後道心不退且蒸蒸日上，這是我們應該希求的，而有些人最初的信心太猛厲了，兩三天看著上師一直哭，我都擔心他眼淚會不會乾了，以後真需要哭就哭不出來了——當然，個別人是前世因緣甦醒，相續中的善根自然萌發，這個時候情不自禁、無法控制。但我覺得剛開始的時候，信心不要太大也可以，「君子之交淡如水」，否則，將來會不會變化太快也不好說。

總之，我們修加行不那麼容易，但這確實很重要。假如沒有修加行，即使你得了非常高深的灌頂、竅訣，對自相續有利無利也很難說。現在我們這樣修加行，對每個人肯定非常有利，只不過有些人煩惱深重，不能圓滿修持而已。還有些人無法將所有的法融會貫通，便自我輕視、自我蔑視，覺得「我這個壞蛋，什麼都修不來」，天天用拳頭打自己的頭，這也沒有必要。畢竟我們不是聖者，肯定有強烈的貪心、可怕的嗔心、迷惑的癡心，以這三大煩惱為主的八萬四千煩惱，必定時時纏縛著我們。但即便如此，學習佛法和不學佛法還是有天壤之別，你學了法以後，對生活的態度會有很大差異。

所以，大家道心不退非常重要，剛開始信心不強烈也不要緊，但這種信心必須要永恆。

下面講壽命無常的第五個問題：

丁五、思維各種喻義而修無常：

此處是依靠各種比喻和意義來觀修無常。

有些比喻對觀無常起很大作用，如米拉日巴在《道歌集》中，就用了八種比喻形容無常：一、繪畫的金色佛像終會褪色；二、美麗的鮮花到秋天會被寒霜凍死；三、高谷奔騰咆哮的瀑布，流至平原會緩緩無力；四、綠綠的稻田終會被鐮刀砍割；五、精美的綢緞也會被利剪裁截；六、精勤積累的珍貴財寶，人死時終會被捨棄；七、初三的新月清麗動人，但不久就會變得形態臃腫；八、初生的孩子極可愛，突然遭受違緣也會夭折。通過這八種比喻來說明萬法的無常遷變。

沒受過無常教育的世間人，不會有這種概念，我看到有些出家人、在家人，對這方面一無所知，好像覺得世間恆常不變，自己能住世千萬年一樣。其實這是一種錯覺。如果你修過無常法門，對萬法的執著會相當淡薄，一旦眼前出現巨大無常，也不會措手不及、手忙腳亂。比如親人朋友突然死了，最密切的人行為有天大變化，沒學過無常的人肯定接受不了，要麼選擇自殺，要麼精神崩潰，這是非常不值得的。因此，作為世間人，懂得無常也很有必要。

大圓滿前行廣釋（二）附大圓滿前行實修法

那天我看了一下，菩提學會成員大多數是四五十歲以上，其實二三十歲的人學無常最好，因為在這個年齡段，很多人最執著的就是感情，倘若感情上出現了變故，自己就會痛不欲生。但若明白了無常的道理，即使失去最喜歡的人，心裡也有所準備，知道一切都是無常的，可用「無常」這兩個字來控制自己。然而我統計了一下，不知道是什麼原因，二三十歲的人基本上都不學，連10%的比例都不到。其實，現在許多年輕人非常可憐，對感情等極度執著，不成功就服藥自殺，這樣倒不如學一下無常，你如果認識到了萬法無常，背一個教證也可以代替許多安眠藥或老鼠藥。

　　下面開始講正文：

　　總體來思維劫的增減，也同樣是無常遷變的性質。（這個概念對我們來講，不太容易理解。因為人的壽命相對於一劫來講很短暫，以短暫的壽命來思維漫長的時間，可能會比較難懂。）

　　在往昔初劫時，因福報所感，人們的生活非常快樂。那時候空中沒有日月，所有人都是憑藉自身的光芒照明，依靠神變行走空中，身體高達數由旬，以甘露為食，幸福美滿可與天人相媲美。然而由於煩惱和不善業所致，誠如《俱舍論》所云：「先前有情如色界，而後漸次貪執味。」後來眾生福報日趨直下，人與人之間產生我所執，還出現了男女相，身上的光也自然消失，大地上開始產生莊稼等，逐漸變成了如今這種狀況。如今

的狀況是什麼樣呢？人壽不到百歲，而且每個人強烈執著自己的國家、自己的家庭、自己的群體，為了保護各自的財產名聲、政治經濟等，日日夜夜地忙碌著，所造的惡業層出不窮……（人類這些變化，一般歷史中很難見到。你們也學過國外歷史、中國歷史，裡面敘述的只是短短幾千年的人類文明，除此之外，根本沒有更超勝的時空概念。而相比之下，佛教與此有很大差別。）

我們現今的壽量、福報等還算是不錯，但隨著人們煩惱越來越粗重，勢必導致福德越來越減弱，壽命越來越短暫。最後到了人壽三十歲、二十歲、十歲時，飢饉劫、疾疫劫、戰爭劫分別會盛極一時，南贍部洲的眾生幾乎瀕臨滅絕。

具體而言，疾疫劫出現時，在七個月零七日中，瘟疫疾病到處肆虐，人們得病即死，藥石無效，大多數人都難以倖免，最後人類所剩無幾。

戰爭劫出現時，並非哪個國家發動侵略戰爭，而是人心殘忍到極點，相續中充滿殺心，自己所見之人猶如怨敵，隨便拿起一件什麼東西，都成了殺人利器，於是見人必殺、逢人必砍，如是互相殘殺，經過七日七夜。

飢饉劫出現時，在七年七月七日中，大旱無雨，井河枯竭，五穀不生，五味隱沒或變味，物資、珍寶、屋舍等也漸漸毀壞。由於飢餓難忍，人們甚至將人壽百歲時的人骨挖出來熬湯喝，將之作為最勝營養。去年我遇

大圓滿前行廣釋（二）附大圓滿前行實修法

到一個阿壩州紅原縣的人，他告訴我：50年代藏地和漢地鬧飢荒時，也有人經常去尸陀林挖骨頭，如果找到了一些人骨，就回去在鍋裡熬成湯，喝了以後兩三天都有力氣，全身熱呼呼的。（有時候看，我們如今有飲食、有衣服，這種生活真的很幸福。但有些世間人或修行不好的人，心裡還不滿足，一直抱怨沒有這個、沒有那個，欲望的溝壑始終無法填平。）

到了最後，誠如《俱舍論》所云：「劫以兵疾飢荒盡，次第七日月年止。」在經過七日的刀兵劫、七個月零七日的疾疫劫、七年七月七日的飢饉劫之後，99%的人類都已經滅絕，許多地方徒留財產而無主人，處處是一片荒無人煙、人跡罕至的景象。

到那時，彌勒菩薩所示現的幻化身，將為剩下的人們，傳揚斷除殺生之妙法。（不殺生確實很善妙，如果世間上大多數人都吃素、不殺生，就能化解各種戰爭等刀兵劫，人心逐漸得以淨化，給全世界帶來一種和諧。）此時人類身高到了一肘左右，人壽增長到二十歲。爾後逐漸遞增，到了人壽八萬歲時，怙主彌勒出世，在賢劫千佛成佛的地方——印度金剛座示現成佛，之後轉大法輪[106]（對於人類的未來，佛教描述得清清楚楚，而世間學者只是一種預測，沒有明確的定論，其他宗教也

<hr />

[106]《彌勒下生經》云：「坐龍華菩提樹下，得阿耨多羅三藐三菩提。在華林園，其圍縱廣一百由旬，大眾滿中。初會說法，九十六億人得阿羅漢。第二大會說法，九十四億人得阿羅漢。第三大會說法，九十二億人得阿羅漢。彌勒佛既轉法輪，度天人已，將諸弟子入城乞食。」《增一阿含經》云：「爾時去雞頭城不遠，有道樹名曰龍華。高一由旬，廣五百步。時彌勒菩薩坐彼樹下成無上道果……爾時彌勒初會八萬四千阿羅漢，第二會有九十四億人，第三之會九十二億人民，皆是阿羅漢，亦復是我遺法弟子。」

無法做到這樣。所以，我們作為佛教徒，理應知道佛教的偉大。）

這樣往返增減滿十八次以後[107]，人類的壽命長達無量歲，此時勝解佛[108]出世，在印度金剛座示現成佛。此佛的壽量、事業最為廣大，住世壽量是前面賢劫千佛壽量的總數，饒益眾生的事業也等同於千佛事業的總和。

以上這些道理，對凡夫人而言無法想像，有信心的人雖可對此深信不移，但要想如實了知，恐怕有一定困難。就像對天文地理一竅不通的人，給他講銀河系、太陽系或者地球，他可能很難理解。原來我上初中時，有個王老師給我們講地理，我們好多藏族學生連漢語都不懂，更不要說地理了，所以一直傻傻地看著。老師說地球地球，大家都不明白是什麼，最後他非常失望，只好在黑板上畫一個圓，說：「反正你們知道地球是圓的就行了。」同樣，現在我們一講這些時空概念，對佛法沒有信心、對未來沒推測過的人也很難相信。但不管怎樣，劫的增減變化就是如此，到了最後，這一賢劫也會杳無蹤影。所以，觀察劫之增減，也不離無常的本性。

因而，萬法無有任何實質可言，器世界也好、有情世界也好，全部都離不開無常的本性。《方廣大莊嚴

[107]《俱舍論講記》中說：「住劫總共需要經歷二十個中劫。其中第一個中劫與最後一個中劫比較慢，中間十八個中劫則十分快速。第一個中劫是人壽下降，即初劫人壽為無量歲，這樣下降到八萬歲，再從八萬歲下降到十歲；最終一個中劫是人壽上增，即從人壽十歲增至無量歲；中間則是人壽上增到八萬歲，再下減到十歲之間為一中劫，如此往返十八次，也即十八個中劫。住劫共有二十中劫。同樣，世間的形成、毀壞、滅空都是二十中劫。這樣的八十個中劫，即稱為一大劫。」
[108]勝解佛：賢劫千佛中的最後一佛。

大圓滿前行廣釋（二）附大圓滿前行實修法

經》云：「三界皆無常，如秋日浮雲。」其他經中也說：「三界無常如秋雲，眾生生死如觀戲。」三界無常遷變就如秋天的白雲——秋天的白雲，漢地不一定看得見，因為有些城市裡連天都看不見，白雲就更不用說了，尤其是東北那一帶，在高速公路兩邊，儘是大工廠裡冒出的黑煙，除此之外基本看不到白雲。印度以前可能好一點，但現在幾乎也跟漢地一樣。不過在藏地，秋雲也好、春雲也好，都非常清楚，這些雲瞬間就出現了，瞬間又消失了，同樣，任何一個法也不例外，大家要懂得這個道理。

　　無常的道理在文字上很簡單，但你們內心有沒有對此產生定解，這要靠個人努力。雖然大家同時聽受無常的法義，但由於每個人的緣分和接受能力不同，得到的利益也有千差萬別。以前我們讀書時亦是如此，一個老師上同一堂課，下面學生所學到的知識不盡相同，甚至有些人不但沒有學到什麼，反而對老師生嗔恨心，各種各樣的情況都會有。

　　其實，學習這些法很有必要，你們有能力的話，應在自己懂得的基礎上，將這些道理隨時隨地傳給有緣人。有些人不想當法師，認為這沒有地位，但我覺得法師的地位是很高的。上師如意寶一輩子都在講經說法，並沒有追求世間地位，從歷史上看，很多的高僧大德，像阿底峽尊者、宗喀巴大師、靜命論師，也是一生都在

當法師、當論師，對世間的貢獻不可思議。因此，極個別的法師和輔導員，應當懷著利他菩提心，將自己所懂的甚深無常之理傳給別人。

那天我去學校時，聽有些老師在講無常法，從很多學生的表情上看，他們已經懂得了。我當時想：「如果世間學校都宣講無常的道理，那多有意義啊！這樣孩子長大之後，就不會像現在社會上有些人一樣，睜眼閉眼都是想錢，除了錢以外，好像來到這個世界沒有其他目標。倘若懂得了一點佛法教理，他們就會知道生活的尺度，懂得把握分寸。否則，稍微有點能力便貪得無厭，沒有絲毫控制能力，得不到就憤世嫉俗、怨天尤人，這種人的一生，始終處於恐慌與痛苦之中，沒有任何快樂。」

放眼當今時代，唯一能救護眾生的妙藥就是佛教，如果依靠佛教調伏自己身心，確實有百利而無一害。（當然，佛教也不一定所有人都接受，佛陀在世時尚且如此，現在這樣惡劣的時代更不用說了。）因此，大家平時要懂得佛法教理，尤其是有智慧、有能力的人，應該對佛教更細微、更深奧的理論進行研究。假如你沒有這麼廣大、深邃的智慧，至少也應掌握生存的基本原則，以及能獲得解脫、不墮惡趣的基本竅訣。

下面分別觀察四季變遷也是無常的：

夏天，所有草地一片青翠，雨水猶如甘露般普降，人們盡情享受舒心悅意的美景，五顏六色的鮮花爭奇鬥

豔、絢麗多彩。尤其是藏地的夏天，真好似天境一般，坐在姹紫嫣紅的花叢中，看著森林美景、山河泉水、藍天白雲，再沒有比這更享受的了。我可能分別念比較重吧，一到春天和夏天，就喜歡去小河邊，坐在那裡一邊聽河水的聲音，一邊遙望整個自然界，內心的歡喜之情無法用語言描述。前段時間，我跟幾個道友到河邊休息時就說：「如果我要死，寧願在冬天死，不願在春天和夏天死，因為這個環境太美了，真不想離開。」

夏天的景色雖然美，但到了秋天，瑟瑟的冷風會將綠野變成黃色，所有的花草也漸漸枯萎凋零。秋天遍地都是落葉，給人帶來一種無盡的淒涼之感，此時會深深感到萬法無常。

到了冬天，地凍如石，滴水成冰，寒風凜冽，就算是經過許多馬路⑩尋覓，也找不到夏天盛開的一朵鮮花——不過現在科學比較發達，你冬天時乘飛機去海南，那就感覺不一樣了，我們這邊全是冰，而那邊全是鮮花，就好像到了另一個世界。但在藏地，春夏秋冬四季分明，季節變化特別大，你對一切無常會有明顯感受。禪宗也有一首偈頌說：「春有百花秋有月，夏有涼風冬有雪。」實際上也是在說明無常的道理。

如此春去秋來、寒來暑往，秋天、冬天、春天等依次出現，前前季節的一切顯現都會變成另一番情形，這

⑩馬路：一匹馬一天所走的路程。許多馬路即一匹馬許多天所經過的路程。

282

些是我們有目共睹的無常實例。所以，無常修得好的人，會將四季的更替作為修行的順緣。而沒有修過無常的人，恐怕不一定能找到這種感覺。

同樣，如果我們思量昨天和今天、今天早晨和今天晚上、今年和明年……也會發現萬法時刻都在遷變之中。比如，昨天我想好好修行，今天就沒有這個打算了；原本我計劃明年做這件事，但到時候分別念又全部變了；今年我想到什麼地方去，結果最後又不去了。所以說，無論何事何物，都沒有恆常、可信、穩固的。

特別是我們所住的城市、村落、寺廟等中，也可以清楚地看到：從前財產豐厚、興旺發達之人，現今也有淪落衰敗、甚至家破人亡的現象；昔日窮困潦倒、勢單力薄之人，如今竟變得財運亨通、勢力雄厚……這些現象都離不開無常的本性。

因此，上師如意寶在《無常道歌》中說：「若能觀想一切內外法，乃為指示壽命無常書。」假如以智慧觀察內外諸法，就會發現無論是外境的春夏秋冬，還是身邊的親友住宅，都是指示壽命無常的善知識。包括外面菩提學會的道友，剛開始有哪些人，後來離開了多少，如今又新加入一些，這部分人還是會變的……所以從我們周圍的事物上，也很容易看到無常的影子。

舉世聞名的印度泰姬陵，號稱世界七大奇蹟之一，從它的故事中也可以發現萬法無常之理：

泰姬陵是印度國王沙‧賈汗為愛妃芭奴所建。據說芭奴是一位絕世美女，她21歲時就嫁給了三王子庫拉姆（即後來的沙‧賈汗），婚後二人同甘共苦，形影相隨，足跡遍布疆場。後來，庫拉姆經過一場血戰，繼承了王位，他給自己取名為沙‧賈汗，意為世界之王。

　　但是好景不長，芭奴在跟隨沙‧賈汗南征時，因難產而死，當時年僅39歲。在婚後的18年裡，她共為沙‧賈汗生下14個子女，存活的只有四男三女。

　　在她臨死前，沙‧賈汗緊擁著奄奄一息的愛妃，問她還有什麼心願。芭奴告訴他，只希望能擁有一座舉世無雙的陵墓……

　　芭奴之死，令沙‧賈汗悲痛欲絕。為了表達相思之情，他傾舉國之力，耗費無數錢財，下令2萬餘名工匠參與建造，歷時22年才完成了這座潔白晶瑩的泰姬陵。此陵竣工之後，沙‧賈汗殘忍地下令砍掉所有工匠的拇指，因為他仍記得愛妃的遺願——擁有一座「舉世無雙」的陵墓，他不希望看到另一座可與泰姬陵媲美的建築出現在這個世界上。（也有說被砍掉的工匠拇指，跟他愛妃的遺體埋在一起。）

　　沙‧賈汗本想在河對面再為自己造一座一模一樣的黑色陵墓，中間用半邊白色、半邊黑色的大理石橋連接，與愛妃相對而眠。誰知泰姬陵剛完工不久，他兒子就弒兄殺弟篡位，他也被囚禁在離泰姬陵不遠的阿格拉

堡。此後整整8年時間裡，他每天只能透過小窗，淒然地遙望著遠處河中的泰姬陵倒影。最後他視力惡化，僅借著一顆寶石的折射，來觀看泰姬陵，直至最終憂鬱而死。

從他最初的不可一世到最後的鬱鬱而終，可見世上沒什麼是常有的。包括以前的薩達姆，他剛當選時，舉國上下歡騰一片，每家每戶都掛著他的像，許多人對他萬分崇拜，連國內的主要機場也命名為薩達姆國際機場。但後來他關在監獄裡，被執行絞刑後，人們也同樣歡歌笑語，慶祝連連。

因此，世間上的一切法，誠如上師如意寶所說，皆為指示無常的善知識。器世界、有情世界的種種顯現，如果你能觀，則統統是無常的比喻；如果你不能觀，那書本裡講的竅訣再殊勝，有些人也會當成耳邊風，對自相續不一定有利。所以，希望各位道友從周圍的事物上，能深深體會到無常的甚深意義！

大圓滿前行廣釋（二）附大圓滿前行實修法

第三十二節課

第三十三節課

　　我一而再、再而三地強調過，這個前行法，文字上不像中觀、因明、般若那麼難懂，但要想意義融入於心，也不是那麼容易的，必須要聞思與修行長期結合、不能脫離。

　　我經常想，這次給大家講的《前行》較為全面，不知以後會不會出現無常而善始善終，但像現在這樣的傳講進度，我還是比較滿意。對你們很多人而言，不管以前修什麼教派的法，顯宗也好、密宗也好，學習本法都有利益。所以，儘管沒有別人讚歎我，但我自己覺得這樣的學習機會很珍貴，一直非常認真地對待，每次講課的過程中，都有種無法言喻的歡喜心，確實覺得這個法太重要了。

　　有緣聽受此法的人，也應該再三地觀察，看這個法門對你是否重要。表面上看，許多公案和教證誰都會講，但這個要解釋的話，必須要有一種體驗。說句大言不慚的話，我講《前行》還是有種增上慢，自認為講得比較不錯。讓我講大圓滿正行或中觀空性，因為平時修行比較差，不一定講得來，但《前行》中人身難得、壽命無常等每個道理，我不是修了一天兩天，而是多年來一直在串習、一直在思維，如今也算是生起了真實定解。以這種境界給別人傳講，應該是可以的。

大圓滿前行廣釋（二）附大圓滿前行實修法

對於《前行》的內容，你們不要停留在文字上，而要確實感受到它的甚深意趣，然後自己加以串習。其實，這裡面的每一個道理，對不管是什麼教派的人都有利。我們學習這部法，暫時沒必要分教派，就像一個人快餓死了，別人給他東西吃，他強調自己是什麼民族什麼宗教的，只能吃糌粑、不能吃米飯，這沒有必要。同樣，我們在輪迴的沙漠中，已經餓得奄奄一息了，此時遇到佛法的美味佳餚，理當心甘情願、歡歡喜喜地接受。

廣講《前行》的過程中，如果我講得不對，你可以捨棄，但這樣的道理，對每個人來講不可缺少。現在很多上師經常灌頂、傳教授，雖然利根者依此可直接趨入普賢如來的果位，禪宗、密宗歷來也有這樣的歷史，但對大多數人的根基而言，加行的定解更為重要。如果你對壽命無常生起了深深正信，對萬事萬物就不會有太大興趣，生活上肯定有大的變化，以前你不知道終有一天會死，死時唯有正法才有利益，現在知道萬法無常之理後，明白了生命的真相，對今世的名利地位，就不會有強烈執著，修持佛法也很容易成功。所以，厭離心的來源，主要是觀壽命無常，若不了解這個道理，即使你表面上是個修行人，也只會天天忙於世間瑣事，解脫沒有什麼頭緒。

聽受這樣的法，大家應該有歡喜心。作為大城市裡的人，聽一堂課需要花時間、花錢財、花精力，但即便

如此，我覺得也非常有意義。你們從無始以來，尤其是即生中，在毫無價值的事情上花了多少精力，每個人應該心中有數，因此，如今為求解脫而聽受這樣的甚深妙法，付出一些代價也理所應當。

在此過程中，大家一定要有歡喜心。要知道，心的力量不可思議，有了歡喜心的話，從學院去色達二十多公里的路，很快時間就到了，但如果你特別不情願，那再近的路程也覺得非常累。常言說得好：「不怕身累，只怕心累。」確實，假如我們對佛法心不堪能，聽法肯定特別辛苦，但若有一種歡喜心，即使自己身體不好，或者出現種種違緣，也可以堅強地面對，並想方設法加以克服。因此，對佛法以歡喜心來接受，是極為重要的！

昨天講了春夏秋冬、寺院城市等的無常遷變，下面不說遠的，只是對我們身邊作觀察：生活在一個家庭中的人也是如此，歷代宗親、祖輩父輩全部相繼過世，現在只剩下他們的名字而已，自己同輩的兄弟姊妹等，也有許多已經離開人世，時過境遷，此時此刻我們全然不知他們轉生在何處。

每個人不妨回顧一下：在自己的家族中，祖祖輩輩死了多少人？有些人甚至連名字也不知道。在漢地，古代時有家譜，可現在根本不講究這些，你爺爺的爺爺的爺爺的爺爺是誰，恐怕都不清楚。如果真要追溯上去，

大圓滿前行廣釋（二）附大圓滿前行實修法

每一個家肯定出現過皇帝和公主，給家裡帶來無限榮光，然而經過了一代又一代，他們也被後人慢慢淡忘了。包括我們今生的兄弟姐妹、同班同學、鄰居道友，一個一個觀察時，有好多都去世了——前不久一個堪布跟我說，他在大經堂裡想找一個以前認識的人，但找了很久也找不到，現在的人全是新面孔，而十年前的老道友，死的死、走的走，基本上都沒有了。所以，無常何時何地都在不斷上演，但凡夫人被障礙蒙蔽了雙眼，始終把相續相同的事物執為常有，不說剎那變化的細微無常，就算是一年一年變化的粗大無常，也很難以認識到。

關於家人親眷的無常，記得《米拉日巴尊者傳》中有個很好的公案：有一次，米拉日巴想回家看看，在黃昏無人的時候，他先獨自跑到河邊，痛哭了一場，天一黑就走進村中。他回到家，看見外面的田莊上長滿了野草和荊棘，金碧輝煌的房子和佛堂，現在都已腐朽了。走進屋裡一看：《寶積經》被漏下的雨水淋得七零八落，牆上的污泥和鳥糞也零亂地撒落在上面，一部經幾乎變成了老鼠和小鳥的窩巢。他看到這些，想起從前，一陣淒然悲涼直襲心頭。

走到進門處，他看見一個大土堆，上面長滿了野草，用手挖開，發現裡面有一大堆人骨。他起先感到一陣迷惘，忽然想起這是母親的屍骨，心中一陣劇痛，竟昏倒在地上。過一會兒他甦醒過來，立即想起了瑪爾巴

上師的口訣，便安住於大手印的境界中，觀想把母親的神識、自己的心與上師的智慧融為一體。如是修行七天七夜，親眼見到父親和母親都脫離了苦趣，往生到淨土去了。

七天以後，他把母親的殘骨收好，想用這些骨頭做成佛像，又將《寶積經》上的鳥糞掃乾淨，發現雨淋損毀之處不太多，字跡還看得很清楚。便把母親的骨頭和《寶積經》一齊帶上，心中默默地發誓，要到護馬白崖窟去不分晝夜地拼命修行：如果心不堅持，為世間八風所動，寧願自殺也不願為其所誘惑；如果起了絲毫求安逸快樂之心，願空行護法斷取自己的性命！（藏地常有這樣的傳統，倘若家裡死了非常重要的人，父母或孩子特別傷心，就會在屍體面前發誓：「因為你的死亡，我要去出家，或者念什麼什麼經。」昨前天有一個人，因為家人死了，他就出家了，可能也是在屍體面前發了願吧。）

後來米拉日巴尊者說：「這一次我回家鄉，看見家園破毀、親人亡散，深深地覺悟到人生空幻無常。人們拼命賺錢、千辛萬苦成家置業的結果，也只不過是一個幻夢，使我更生出了無比的出離心。房屋就像火宅一樣，許多沒有受到人生痛苦的人，和那些忘掉人生終要一死及死後輪迴惡趣之苦的人，才會要尋求世間的快樂，但是看透了人生的我，將不顧貧窮飢餓和他人譏笑，決心要盡我的壽命，為自己和眾生的一切利益去修行。」

大圓滿前行廣釋（二）附大圓滿前行實修法

在座的道友也應如此，不管是身邊的親友去世也好，最信任的人欺騙你也好，都應深深認識到一切萬法無可信賴，在這種心態中發下堅定的誓言。《前行備忘錄》中經常提到發誓言，發誓時一定要發自內心地祈禱上師三寶慈悲加持，願自己的願望成真。否則，只是馬馬虎虎念《普賢行願品》，心裡從來都不觀想，雖然也有功德和善根，但它的力量並不強。以前噶當派和寧瑪派的許多修行人，為什麼下功夫的時間很短，但效果卻一日千里，就是因為心的力量很強。

關於萬法的無常，你們回去看家人的變化，也能產生一種出離心。比如，你以前讀書時是什麼樣的，現在回去後，所有的境況大大改變，這說明無常隨時都出現在眼前。這方面，沒有修行過的人，只會一味耽著於理論，唯有真正生起了無常觀的人，對世間瑣事才不會耽著，修行才會自然成功。

前段時間，有一個居士跟我說：「學習佛法對我的生活，有好處也有壞處。」我問他為什麼，他說：「以前我生活全是顛倒的，而現在，我跟那些人一點也不交往，因為不交往，生意一點都不好，這是壞處。好處的話，我現在不喝酒、不抽煙、不殺生，過的生活非常清淨簡單。」他說的也是真心話。的確，佛法一旦融入於心，肯定沒時間去散亂，也不會對瑣事有什麼興趣。就像一個快被槍斃的人，他明知生命這麼短暫，又怎會有

心情去看戲呢？所以，假如生起了壽命無常之感，勢必對你的生活有一些影響。

其實，無常在我們身邊很容易被發現。比如，世間上有許多人，前些年財勢圓滿猶如人間之莊嚴，可今年卻只有名字留在人世；現在有錢有勢、眾人羨慕的富豪，明年此時或下個月還在不在世，誰也不知道。美國著名財經雜誌《福布斯（Forbes）》，曾公布了「2009年全球富豪排行榜」，結果由於金融危機的影響，上榜人數大幅減少，擁有超過10億美元資產的富豪人數，去年還有1125人，今年就減少了近三分之一，只剩下793人。中國某財經雜誌也發布了2009年本土富人排行榜，其中2008年財富超過300億元人民幣的人有8位，而2009年1位也沒有；2008年財富超過200億元的人有26位，而2009年只有1位。在短短一年中，億萬富翁人數銳減，有些人一下子從高處跌入低谷，可見財富勢力皆為無常，沒有什麼可靠，如果它是常有的，永遠也不會發生這些變化。

從有錢人身上，我們輕易即可觀察到無常。以前亞洲女首富叫龔如心，她與丈夫白手起家，共同建立一個地產王國。後來她丈夫不幸死了，為爭奪巨額遺產，她和公公打了九年官司，並最終獲勝。1997年7月，美國《福布斯》雜誌公布的世界超級富豪榜中，龔如心以70

⑩人間之莊嚴：人間具有名望、德勢之人。

293

億美元個人資產，名列世界華人女首富，比英女王還要富有7倍。據香港市場人士估計，龔如心的身家可能超過400億港元，穩居亞洲女富豪榜第1位。但沒有想到，爭取到遺產一年半後，她就因患癌症而離世了。

江蘇有個富翁叫包存林，幾年前公司產值已達6至8億人民幣，然而2008年11月他突然身亡。關於他的死因，有人說是自殺，有人則說不是。但不管怎樣，他辛辛苦苦地積累了一輩子，死後全部都留在人間，可見財富並不值得追求。

麥彭仁波切在《二規教言論》中云：「眾生財富如閃電，身如浮泡無常性。」在《君規教言論》中也說：「身體猶如水中泡，財富宛若秋雲飄。」然而，世人耽著榮華富貴，真正能明白此理的寥寥無幾。憨山大師在《醒世歌》中說得好：「春日才看楊柳綠，秋風又見菊花黃，榮華終是三更夢，富貴還同九月霜。」春天才看楊柳的綠色，秋天又見菊花的黃色，通過綠和黃這二者的對比，可看出春天和秋天的無常變化，同理，榮華猶如三更的夢，很快時間就會醒，富貴也如同九月的霜，一下子就會化為烏有。因此，大家應經常思維這些大德的教言，若能對內在的身體、外在的財富看得淡，修行就不會很困難。

我們今日死還是明日死，其實誰也決定不了。《因緣品》云：「上午見多士，午後有不見。午後見多士，

翌晨有不見。」上午見到的很多人，下午有些就看不見了；下午見到的很多人，明早有些就看不見了。死亡有時候來得很突然，我隔壁有一個喇嘛，可能七十多歲了，昨天還好好的，今天上午就圓寂了。不過，修行人的圓寂，跟世間人完全不同，他在上師如意寶住世時，修行就比較好，今天他正在念《繫解脫》，告一段落時，金剛跏趺坐而圓寂了。我們暫時不讓別人去見，因為修大圓滿的人，死後不能馬上動屍體、去念經、很多人看，起碼要在七八天內把門關上。學院也有許多道友得過灌頂、修過密宗教授，像這些人死了的話，一段時間內最好不要跟人說。剛才有個堪布對我講：「如果我死了，先提前跟你打個招呼，最好七天中不要開我的門。」我開玩笑說：「你不要這樣講，不然，過段時間真死了也不好說。」

　　正如剛才《因緣品》所言，上午很多人在，下午有些就死了。但這樣的無常，世間人並沒有注意，人一死覺得很奇怪，然後就接受不了，馬上又哭又鬧。但你如果修過無常觀，父親死了也好、母親死了也罷，都覺得很正常，因為在漫長的輪迴中，每個人曾死過無數次，生過無數次，生死流轉接連不斷，這沒什麼可傷心的。

　　乃至觀察自家牲口圈裡的牛羊狗，以前已死去了多少，現在又剩下多少，這一切最終又變成什麼樣，皆不超出無常本性。尤其在藏地，這種感覺比較深。以前我

去上學，幾個月回來後，經常會發現很多牛羊已經死了，那時雖沒學過這樣的甚深教言，但可能是前世修過還是什麼，無常觀念比較強，從小對此就有一些認識。

總之，百年以前在世的人，如今沒有一個未死而遺留下來的，現今南贍部洲的所有人，在百年之內也會一個不剩地全部死亡⑪。無垢光尊者在《心性休息》中也說：「如今世間多數眾，百年之內定死亡。」因此，上至非想非非想天、下至無間地獄，內外器情所攝的萬法，恆常堅固的一事一物也不存在，這些可概括為生際必死、積際必盡、合久必分、堆際必倒、高際必墮。高際必墮與堆際必倒若合為一體，這四者即是所謂的「無常四際」，也就是無常的四種觀察方法。

這四種觀察方法，其實在佛經中也有記載，如《律本事》中說：往昔，舍衛城有四位商人，這四人各有所好：一位喜歡積財，一位好建房屋，一位愛與親友聚會，最後一位沉迷於養生。後來，佛陀針對他們所希求的事物，依次宣說了四句教言：「積聚皆消散，崇高必墮落，合會終離別，有命咸歸死。」意即積聚的盡頭只能是消散，崇高的盡頭只能是墮落，會合的盡頭只能是別離，生的盡頭只能是死亡。你們記得吧，在《釋尊廣傳》和《百業經》、《賢愚經》中，釋迦牟尼佛於因地

---

⑪這是一種低劣加否定，由於微乎其微、極不明顯，故表達時用了完全否定的語氣，但並不一定一個也沒有。

時，曾歷經了千辛萬苦，才獲得這樣殊勝的教言。所以，僅僅對此四種邊際，或五種邊際進行思維，也有非常不可思議的加持。

此外，親怨、苦樂、賢劣及一切分別念也是無常的。今天兩個人親密無間，明天就可能反目成仇；今天彼此不共戴天，明天又可能和好如初；還有人上半生無惡不作，下半生卻成了好人……下面會講很多這方面的道理，因而好壞、親怨等都是無常的。

我平時也常遇到這種現象：有些道友不聽話，我對他發脾氣，當時我會想：「今天對他發脾氣，但過兩天，我們兩個關係可能是最好的。」有時候我對有些道友印象很好，覺得他特別不錯，但也一直提醒自己，或許他過兩天會做出令我最失望的事，不能對他太信任了。所以說，人的心態也好、行為也好，全部是無常的，世間上沒有一個恆常不變的法。

下面對此稍作敘述：

生際必死：無論是任何人，即便他高如天空、厲如霹靂、富如龍王、美如天仙、豔如彩虹，可當死亡突然到來時，他也沒有剎那的自由，只能赤身裸體⑫、赤手空拳地離開人間，在對財產、飲食、親友、眷屬、受用等

⑫這是一種形象化的比喻，意思是什麼都帶不走，並不是真要把衣服脫光而前往後世。

大圓滿前行廣釋（二）附大圓滿前行實修法

依依不捨中拋下一切，就像從酥油中抽出一根毛般獨自而去。

「高如天空」：在這個世間上，有些人地位高不可及，像聯合國秘書長、美國總統、中國主席，以及各大宗教的教主等，可謂萬人之上、權傾一時，可是他們死時跟一般人沒有兩樣。

不說死的時候，即使他下台之後，也跟普通人沒什麼差別。我曾看過一本書，裡面講了美國的歷代總統，比如美國第一任總統華盛頓引退後回老家經營農莊，里根卸任後也當了農夫，等等。看了以後，令人唏噓不已、感慨萬千。他們在位時呼風喚雨、無所不能，最後竟然也變成這樣，實在是太無常了。

「厲如霹靂」：有些人十分厲害凶殘，如二戰的頭號戰犯希特勒，冷血殘忍、殺人如麻，當時很多人連他的名字都不敢提。我家有本寫希特勒的書，有時候翻一翻，也了解到一些這個人的無常。在二戰期間，因為他實行種族滅絕政策，約有600萬猶太人慘遭屠殺，不可勝數的其他種族者遭受滅頂之災。但看後來的有些照片，縱然是這麼厲害的人，也依然難逃無常之網。

還有中國的秦始皇、成吉思汗，也曾叱吒風雲、不可一世。就拿秦始皇來說，他吞併了齊國為主的六個鄰國，結束了戰國割據的局面，真正做到了一統天下。他認為自己的功績比三皇五帝都要大，理應用一個更尊貴

的稱號，於是自稱為「皇帝」。他是中國第一個皇帝，並規定：接替他皇位的子孫，應按照次序排列，第二代叫二世皇帝，第三代叫三世皇帝……這樣一代一代傳下去，一直傳到千秋萬代。結果才到了第二世，秦朝就滅亡了。

實際上，歷史是最好的無常教言。可現在學校裡講的歷史乾癟無味，只是讓學生記住某個朝代出生了什麼人，一點無常的感覺都沒有。那天我去一個學校時，順便聽了一下歷史課，自己當時對各個朝代的更替，還是有很多感觸。但可惜的是，由於教育體制和授課方式所限，老師並沒有將學生往這方面引導。

「富如龍王」：往昔，世間上有許多富可敵國的富貴者；如今，比爾·蓋茨、巴菲特等是舉世公認的大富豪，但這些人最終也要面臨無常。

「美如天仙、豔如彩虹」：貌美如天人般的美女俊男，就算多麼閉月羞花、沉魚落雁，受到無數人的愛慕，但臉上的皺紋也會日益增多，再怎麼做整容手術，用什麼工具也沒辦法熨平，（他們應該學學藏族有些人，一聽說自己有好多皺紋和白頭髮，就特別高興，沒必要別人一說「你老了」，就開始火冒三丈、大發脾氣。）

總之，不管是什麼人，死亡突然來臨時，只能放棄一切，隨業力飄往後世，此時財產、眷屬一個也帶不走，只能在戀戀不捨中獨去獨來。《無量壽經》云：

「人在世間，愛欲之中，獨生獨死，獨去獨來。」寂天論師也說過：「因吾不了知，死時捨一切。」「命絕諸苦痛，唯吾一人受。」人死的時候，命絕的痛苦，唯有自己一人承受，縱有多少親友圍在身邊，也無法讓他們分擔絲毫。此時此刻，就像從酥油裡拔出一根毛般，自己孤孤單單地離開人世，除了念經對自己有幫助外，財產、地位、名聲等沒有任何用處，全部都要統統放棄。

縱然是數以千計僧人的上師，也不能帶走一僧一徒；即便是數以萬計部落的首領，也不能帶走一奴一僕；哪怕是擁有南贍部洲一切財產的主人，也無法帶走一針一線。就連自己最為珍愛、精心保護的身體，也必然要捨棄。

像我們上師如意寶，以前不管到印度、美國，還是新龍、五台山，都有很多眷屬跟隨。比如去五台山時，隨行的藏族出家人和在家人，就有1萬多名；去新龍時（那時我剛來學院），60多位高僧大德隨同前往；1986年，上師去五台山之前，依次走訪了道孚等地的73所寺院，當時帶了25位法師；上師去印度、美國等地時，也帶著不少隨從。但他老人家最後示現圓寂時，卻把我們所有弟子全部留在人間，顯現上一個人離開了。前幾天寧瑪巴的貝諾法王也圓寂了，他老人家在印度、藏地有幾百座白玉派的寺院，眷屬也成千上萬、不計其數，然而示現涅槃時，只是一個人離開了。

要知道，面對死亡，唯一佛法才有幫助，其他一切都派不上用場。以前上師如意寶常引用《教王經》的一個教證：「國王趨入死亡時，受用親友不隨身，士夫無論至何處，業如身影緊隨後。」希望每個道友把它好好背下來。這雖然是佛陀對國王的教言，但實際上對每個人都同樣適用，當你趨入死亡時，財產、眷屬等世間美好不會跟隨，緊緊跟著你的是什麼呢？就是生前造的善業惡業。造善業會獲得快樂，造惡業則感受痛苦。《千字文》中也說：「禍因惡積，福緣善慶。」禍害是多次作惡積累而成，幸福是常年行善得到的獎賞——有個老師講的時候，說：「這只是封建社會的傳統說法罷了。」我聽後很生氣，她什麼都不懂，就在那兒多此一舉地解釋。

有些人活著的時候，身著綢緞、口飲茶酒、地處高位、美如天仙，但死了以後，身體也只是一具屍體，東倒西歪地放在那裡，令人見而生畏。以前張國榮死後，很多記者說屍體為什麼那麼難看；鄧麗君在泰國死後，也有一部分記者過兩天後紛紛拍照，說她的屍體不太漂亮。其實這不值得大驚小怪，人死了以後，沒有一個好看的。

《四百論廣釋》中曾有個故事說：有一國王對王妃極為寵愛，忽有一日王妃死了，群臣為了不讓國王太悲傷，便啟奏：「王妃沒有死，她變成魔鬼了，屍體已經

起來了!」國王一聽特別害怕，立即下令將王妃碎屍萬段。不久又稟告：「王妃死了!」國王大喜，令群臣敲鼓慶賀。其實，若觀察任何一個人的身體構造，就會明白死人與活人沒什麼差別。誠如米拉日巴尊者所言：「見而生畏之屍體，本為現在之身體。」我們見後特別怖畏的屍體，實際上就是生前愛執不捨的身體，只不過有一息尚存罷了。有些人對屍體不敢接近，給死人守靈時特別害怕，擔心屍體突然站起來。其實這沒有什麼，他生前站著時你都不害怕，如今暫時「睡」下去了，也沒什麼可害怕的。

按照藏地傳統和伏藏品的儀軌，人死以後，屍體會被繩子捆綁，用布幔遮蓋，以土石墊靠，生前用的碗也被扣在枕邊⑬，（噶當派有些格西無常觀得好，晚上睡覺時認為自己肯定會死，也會把碗扣下。但一般而言，人活著的時候，盡量不要扣碗，不然父母會不高興，認為這不吉祥。）無論活著時是多麼端嚴可愛，到那時都將成為令人發嘔之處。以前你在世時，躺在層疊舒適的床上，身穿溫暖羔皮或名貴華服，頭枕柔軟皮毛，甚至睡醒後稍有不適，也會翻來覆去、輾轉反側，覺得：「這個床上有一粒小青稞，好不舒服啊!」但死了以後，只是在身下墊上一塊石頭或草坯，或者躺在硬硬的棺材裡，頭上布滿灰塵，你一句抱怨都沒有，好像睡得特別舒坦。

⑬將死者生前用的碗扣在他枕邊，這是藏族民俗。

現在的殯儀館，據說專門有一項業務——給死人化妝，化妝費要花好多錢。有些人活著時從來沒有化過妝，死後卻被塗得五顏六色。不過，此舉根本沒有意義，你拿錢給屍體化妝，還不如給他供一盞燈、掛一點經旗，或者刻一個觀音心咒。一般在藏地，人死了以後，放骨灰或屍體的地方，通常會掛經旗、刻觀音心咒，這樣依靠三寶的加持護佑，靈魂就不會害怕。這一點非常重要。你們以後若有親朋好友過世，應將他的骨灰送至諸佛菩薩、高僧大德加持過的尸陀林，然後為他在不同的地方掛些經旗。即使你沒拿到他的骨灰，那麼一邊念他的名字，一邊掛經旗或刻觀音心咒，對他的利益也非常大。關於這一點，一些伏藏品和佛經中專門有記載。

講不完了，怎麼辦呢？外面有些居士常抱怨：「哎喲，聽課好累啊！我們希望快點結束，可您好像還要一直講，講這麼多幹嘛，早一點下課多好。保佑保佑，上師三寶加持，馬上下課！」哎，今天可能講不完了，本來還有一段，算了吧，講到這裡。

大圓滿前行廣釋（二）附大圓滿前行實修法

第三十三節課

《前行廣釋》思考題

『暇滿難得』

第16節課

70、什麼叫五種自圓滿？請大致作個解釋。為什麼叫「自」圓滿？對照自己，你是否具足？

71、今生能夠得到人身，為什麼說很有福報？怎樣才能讓這個人身不白白空過？請用你自己的理解加以說明。

72、現在有些說法是：不用辛辛苦苦修五加行，只要交錢或放生等就可以代替。對此你如何看待？

73、我們學佛的大環境怎麼樣？相較於古人為求法所經歷的百般磨難，你生逢如此時代，有什麼樣的感觸？

74、榮敦秋吉在圓寂前為弟子開示的教言，對你有哪些啟示？你今後有何打算？

第17節課

75、什麼叫地界中土？什麼叫佛法中土？你是否轉生於中土？請說明理由。

76、佛陀成道的地方，因何名為金剛座？空劫時，三千大千世界毀於一旦，為什麼金剛座還

大圓滿前行廣釋（二）附大圓滿前行實修法

能懸掛空中？既然如此，它是不是變成常法了？

77、菩提樹在歷史上遭受過哪幾次劫難？如今的菩提樹，與佛陀成道時的菩提樹有何關係？

78、印度和藏地是否歷來一直是中土？為什麼？以此道理類推，請分析漢地是不是中土。

79、佛法是如何在藏地逐漸弘揚開來的？了解這段歷史，對你有哪些幫助？

第18節課

80、什麼叫做根德圓滿？諸根不全之人對修法有何影響？請一一說明。

81、「業際顛倒」主要是指什麼？間接可引申為什麼意思？要想不成為業際顛倒者，在實際行動中應注意些什麼？你是怎麼做的？

82、怎樣才能對如來教法生起不退轉信心？通過聞思修行，你在這方面有哪些轉變？

第19節課

83、佛法在你心目中到底占有何等地位？在修學佛法的過程中，什麼樣的人會被魔有機可乘？什麼樣的人則不會？你屬於哪一種？

84、什麼叫五種他圓滿？請大致作個解釋。為什麼叫「他」圓滿？對照自己，你是否具足？

《前行廣釋》思考題

85、自之緣分圓滿，是屬於自圓滿還是他圓滿？請說明理由。

86、為什麼說佛陀出世極其難得？請從過去、現在、未來三世具體分析。明白這個道理，對你有哪些幫助？

87、今生能夠遇到密法，為何說這種福報不可思議？請引用教證說明，與密法結上善緣的功德。你對密法的信心如何？

第20節課

88、解釋頌詞：深寂離戲光明無為法，吾已獲得甘露之妙法，縱於誰說他亦不了知，故當默然安住於林間。

89、佛陀和高僧大德利益眾生的主要手段是什麼？如果不用這種方法，只是待在大德身邊可以嗎？為什麼？請引用公案說明此理。

90、什麼叫做聖教空世？轉生於此的眾生，是否根本聽不到佛法？請說明理由。

91、釋迦牟尼佛的教法，為何又叫普賢密意聖教？它會住世多長時間？請具體說明各個時期的特徵。

92、何為五濁惡世？你對此有哪些體會？在這種環境中，你打算如何修持佛法？

大圓滿前行廣釋（二）附大圓滿前行實修法

第21節課

93、為什麼說自己趨入佛門非常重要？趨入佛門分為幾種？你是哪一種？

94、什麼樣才是真正的佛教徒？捫心自問，你自己是不是？假如你身邊有許多相似的佛教徒，你打算如何正確引導他們？

95、修學佛法的過程中，為什麼善知識的攝受相當關鍵？你對此有哪些體會？

96、怎樣依止善知識才如理如法？你以前是怎麼做的？今後有何打算？

97、學習阿底峽尊者與庫鄂仲三人之間的問答，你有哪些收穫？其中哪一段最觸動你？為什麼？

第22節課

98、為什麼說先不要急於求高法，一定要打好前行基礎？你平時是怎麼做的？

99、佛法未來以何方式生存於世？怎樣世世代代相傳下去？請談談你自己的認識。

100、學習暫生緣八無暇和斷緣心八無暇，有何必要？它與十八種暇滿是什麼關係？

101、什麼是暫生緣？暫生緣八無暇包括哪些？具體怎麼樣對治？

《前行廣釋》思考題

第23節課

102、斷緣心與暫生緣相比，哪個更可怕？請說明理由。為此，我們應當怎麼做？

103、什麼是斷緣心？斷緣心八無暇包括哪些？你認為應該怎樣對治？你有這些違緣嗎？

104、麥彭仁波切說：「孩提時隨父母轉，韶華時隨朋友轉，年邁時隨子女轉，愚者恆時無自由。」你對此偈頌有何體會？今後有什麼打算？

105、有些人自詡為大乘行人，口口聲聲看不起小乘的法。對此現象你如何看待？你平時是怎麼做的？

106、在聽受密法、得受灌頂之前，首先必須要具備什麼誓言？明白這一點，對你有哪些幫助？

第24節課

107、判斷一個人修行好壞的標準是什麼？請說明理由。

108、怎樣做才不會草率進入形象上的修法？假如你周圍有人注重表面上的修法，你會如何引導他走出誤區？

109、在修行過程中，什麼才是真正的魔障？你對此有哪些認識？

110、為什麼說暇滿中只要有一種不齊全，就不具備真正修法的緣分？請用比喻加以分析。

大圓滿前行廣釋（二）附大圓滿前行實修法

第25節課

111、如果詳細觀察自相續，為什麼說即使單單具足十八暇滿也有很大困難？請具體說明。

112、除了轉生為獵人、妓女等以外，什麼樣的人也叫做業際顛倒？你是否屬於這一行列？

113、作為一名佛教徒，大小乘的信念如何在相續中生起？假如這一點力所不及，那最起碼要做到什麼？你做到了嗎？

114、請引用比喻說明：暇滿人身極其難得。並細心體會此比喻的含義，以令自己生起暇滿難得之感。

第26節課

115、為什麼佛陀說「得人身者，如爪上土；失人身者，如大地土」？你對此怎麼理解？

116、為什麼得到修學佛法的人身並不容易？請以現實生活中的現象進行分析。

117、名詞解釋：珍寶人身普通人身

118、明白六道眾生的數量比例，對你今後修行有哪些幫助？

第27節課

119、暇滿人身是僥倖獲得的嗎？請說明理由。為什麼說得到人身後卻無惡不作，這比惡趣眾生還下劣？

《前行廣釋》思考題

120、在漢地歷史上，有哪幾次大規模的滅佛運動？究其原因是源於什麼？你對此有哪些感觸？

121、為什麼說今生是決定永善或永惡的關鍵？明白此理後，你有何打算？

122、生起暇滿難得的界限是怎樣的？如果做不到這一點，最起碼應該怎麼做？如何把握這其中的度？

123、學習「暇滿難得」這一品，對你最大的幫助是什麼？

『壽命無常』

第28節課

124、在觀修每一個引導時，如何觀察修和安住修？你平時是怎麼做的？

125、怎樣思維外器世界而修無常？請大致說明。

126、器世界最終毀滅的因是什麼？你對此有哪些感觸？

127、一禪、二禪、三禪，為什麼分別以火、水、風而毀滅？懂得這個道理，對你有何啟發？

第29節課

128、怎樣思維內情眾生而修無常？請大致說明。

129、你怎麼理解生命在呼吸之間？明白這一點有

大圓滿前行廣釋（二）附大圓滿前行實修法

什麼用？

130、在死亡面前，人人都是平等的嗎？為什麼？請引用你周圍的事例進行分析。

第30節課

131、怎樣思維殊勝正士而修無常？請從印度、藏地、漢地三個角度加以分析。

132、為什麼說佛陀在轉法輪的過程中，無常法一直貫徹始終？了解這一點，對你有何啟示？

133、什麼是二勝六莊嚴？他們在佛教歷史上分別有哪些貢獻？

第31節課

134、怎樣思維世間尊主而修無常？請從天界、人間的角度分別說明。

135、古往今來，很多人竭盡所能、不惜一切，去追求長生不老。你對這種現象如何看待？請說明理由。

136、我們觀修無常方面，跟古大德比起來有何差距？你認為這主要是什麼原因導致的？

第32節課

137、在本課中，怎樣思維各種喻義而修無常？請大致說明。

138、何為飢饉劫、疾疫劫、戰爭劫？經過這三種劫之後，人類會變成什麼樣？後來依靠什麼法，人類的福報才開始逐漸增上？你對此有何感悟？

139、法王如意寶在《無常道歌》中說：「若能觀想一切內外法，乃為指示壽命無常書。」關於這一點，你有哪些體會？

第33節課

140、以我們身邊的人為對境，應當如何觀修無常？你在日常生活中，是怎樣觀無常的？

141、有錢人的身上會發生無常嗎？這對你有哪些啟示？請引用教證、公案加以說明。

142、一旦無常到來，唯一對自己有幫助的是什麼？請說明理由。

大圓滿前行廣釋（二）附大圓滿前行實修法

《前行廣釋》思考題

前行實修法

全知無垢光尊者　著

索達吉堪布傳　講

丙五、觀死亡不定而修無常：

前行：皈依、發心。

正行：觀想我們壽命的本質是無增唯減，剎那剎那趨近死亡。比如能活50歲的人，50年的時光日夜減少，一天也不可能增加。過了一天，壽命就減少一天；過了一小時，也就減少一小時；乃至一分一秒⋯⋯壽命漸漸終結。只因眾生愚癡，才不懂這個道理，認為過年時好高興，全家歡聚一堂，殊不知往死亡更邁進一步。誠如《妙法蓮華經》所形容的，房屋外面都起火了，可屋裡的孩童還在開心地玩耍，根本不知瞬間就會有滅頂之災。

因此，我應當清楚地了知：如同花鼠正在啃維繫生命的草繩一樣，這短短的生命終有一天會走到盡頭。可是我卻掉以輕心，好像能活幾千年一樣，一直為未來作著打算，從不觀察這個道理。（所以，噶當派的好多大德都說：無常觀修不好的人，修行絕對不成功。原因就在這裡。）其實，雖然死處無定、死緣眾多，我以後會在哪裡死、以何因緣而死，現在茫無所知，但有一點可以確信：我決定會死，而且這個時間很快。因此，我應當有被判死緩

大圓滿前行廣釋（二）附大圓滿前行實修法

者度年如日的恐懼，一定要抓緊時間趕快修行，現在不修更待何時？

以前藏傳佛教、漢傳佛教的很多大德，因把無常修得好，每天都不會懈怠。不像我一樣，經常睡覺或散亂。所以，我要從心裡生起無常的觀念，尤其是死期不定和死事決定，對此應反反覆覆地思維。

後行：迴向善根。

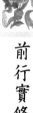

第十五修法終

丙六、觀有為法自性而修無常：

前行：皈依、發心。

正行：總的觀想柱子、瓶子等一切有為法[114]，全是因緣和合而成，最後會統統毀滅，沒有一個常有不變。分別觀想人壽無常，不管活70年還是100年，身心聚合的五蘊遲早會各自分散。

比方說，以前的城市、寺院再繁榮昌盛，最後也將毀於一旦，化為廢墟。像印度的那爛陀寺，如今只留下荒廢的牆壁，此外根本見不到昔日的輝煌；還有古代的皇宮禁苑，也只剩下點滴殘跡可去追憶。我的身心也是同樣，身體如同城市，心如同城中之人，只是暫時積聚在一起的，早晚都會分離。因此，詳詳細細審查之後，我一定要觀無

---

[114]《俱舍論》中說，凡依靠因緣產生的法，就是有為法。

常，從內心中深刻地去思維。後行：迴向善根。

第十六修法終

丙七、觀驟然死緣而修無常：

前行：皈依、發心。

正行：燃燒的燈火本是無常法，不可能待很長時間，很快就會燃盡，若突然為風所吹，則剎那就會熄滅。同樣，人的生命也是如此，雖說現在人壽百歲，但真正活到100歲的屈指可數，若突然出現猛烈的病魔、車禍、火災等橫死外緣，則剎那也無有自由存留。我也不例外，不一定何時就會出現此種情景，很可能沒有壽終正寢，便中間出現違緣而橫死、暴死。如今這樣的新聞層出不窮，我以後會不會成為其中一員？也未可知。既然生命如此無常短暫，我從現在起必須要精進修持正法。

【提示語】：

無常修得好一點，肯定會成為好修行人，但若無常修得不好，修什麼法都會「明日復明日」。我認識的有些居士，真的很可憐，每天都以特別忙為藉口，把自己的修行往後推，與山上的修行人相比，簡直不可同日而語。

希望你們每個人，山上也好、山下也好、山腰也好，從現在開始，應以無常的鞭子來鞭策自己，該修行

的必須要修。否則，很多人就像父母不在身邊的小孩，每天只會偷懶懈怠，根本沒有自制力，非要上師或道友在旁邊督促才肯修。對小孩來說，自願做作業的很少，父母在的話，不讓出去玩、不讓看動畫片，他只好心不甘、情不願地趴在桌上寫幾個字。凡夫人也是這樣，自願想好好修行的寥寥無幾。所以，大家要祈禱上師三寶，有一種監督自己的能力，要觀無常，好好地修行！

後行：迴向善根。

第十七修法終

丙八、觀獨自離世而修無常：

前行：皈依、發心。

正行：觀想任何一個眾生，最終都要離開人間，步入後世之道，生而不死的絕對沒有。到了那時，身臥最後的床榻，享用最後的衣食，言說最後的話語，必須放下眷屬、受用、親友等一切的一切，獨自前往後世。這樣的時刻何時到來，誰也無法確定。（我每次一出去，就擔心再也回不來了，這是自然而然的，也許是從小觀無常的緣故，也許是膽子比較小。哪怕一晚上不回家，也會想：今天要不要準備一下？所有的事情是不是最後一次了？）

倘若沒有學過無常，一旦死亡降臨，就會極為難忍、特別害怕。而學過這種法的人知道，世間所有眾生

前行實修法

都在不斷地前往這一條路，沒有什麼可怕的，自己早有死亡的準備，到時就能安住在境界中。所以，不信佛的大學教授跟信佛的文盲老太太相比，死的時候還是有很大差別。

既然我不一定何時就會出現此情此景，所以，現在必須趕緊修持正法。

後行：迴向善根。

第十八修法終

丙九、觀時代士夫而修無常：

前行：皈依、發心。

正行：觀想百年以前的人及動物等有情，現在幾乎一無所剩，如今人間的大多數眾生，百年之後也會所剩無幾。（我們今天在座的幾百個人，再過一百年後還能剩下多少？不要說一百年，就算再過二十年，相當一部分也會離開人間。二十多年前，我寺廟來學院參加法會的有六十多人，不久前重新統計了一下，現在好像只剩下十二個了。在短短的二十年中，百分之七八十的人均已辭世，所以無常並非幾百年後才出現，它的到來非常快速。）未來的一切眾生皆是如此。我也不能超越此規律。

想想自己的家庭，原來的家長是父親那一輩，後來又換成下一輩，再過一段時間，可能他們也都換完了。我從前出生地方的鄰居熟人、親朋好友、門犬牲畜、怨

大圓滿前行廣釋（二）附大圓滿前行實修法

家仇敵、兄弟姊妹等，許多已不在人世。一一觀察之後便會明白，我在這世上待的時間也不會太長，唯一有意義的事情，就是應當修行佛法。

後行：迴向善根。

第十九修法終

丙十、觀無可信賴而修無常：

前行：皈依、發心。

正行：觀想無論是高山、海底、虛空等處的眾生，人也好、動物也好，動物裡的水族也好、飛禽也好，最終無一不為死亡所害。

眾生有壽終正寢的因時而死，也有暴死、橫死的非時而死，尤其是人間死緣危害更多，甚至吃飯、穿衣、走路、睡覺等生緣，有時候也能轉化為死緣。（那天有位法師說：「我晚上身體不好，一直喘不過氣來，早上能醒過來，真的感覺很希有。」也許是山上比較缺氧，也許是無常觀得太好了，他每天早上醒來，都覺得：「多麼希有啊！」噶當派的格西都會這樣，但我們可能沒有這麼高的境界。）

所以，我的壽命無可信賴，不要認為自己永遠不死，而應常常憶念死期無定——死緣如此之多，我何時會死呢？

若能生起這樣的無常觀，肯定不會懶惰、懈怠、散亂，

前行實修法

320

修行勢必會成功。這也是噶當派和寧瑪派上師們的教言。

　　後行：迴向善根。

第二十修法終

　　丙十一、觀外緣不定而修無常：

　　前行：皈依、發心。

　　正行：觀想即便無有突然性的暴死、橫死，但死主也如落日之陰影般降臨，一天比一天接近。很多人認為，過年很快樂、過生日很快樂，其實沒什麼可快樂的，過了一年，就離死亡更近了一步。

　　從外緣上來講，損害生命的因緣也極多，諸如刀兵、毒害、地水火風的災難、怨敵、病、魔，甚至日常行為中的衣食不當，也會變成死亡之因。正如《寶鬘論》所言：「常住死緣中，如狂風中燈。」

　　既然生因少之又少，那我何時會死呢？（若一直這樣想，就會對修法有緊迫感，最終生起無常的境界。）

　　後行：迴向善根。

第二十一修法終

　　丙十二、觀勵力希求而修無常：

　　前行：皈依、發心。

前
行
實
修
法

正行：誠心觀修不管到哪裡去，可能都會面臨死亡。比如說，放假離開學院時，應想：「我會死在路上，或死在漢地吧。」去往某地，以及上台階、進屋子時，也想：「我可能會死在這裡吧。」住於旅店、住別人家裡，要想：「我會死於此處吧。」吃飯、散步、睡眠、做事時，都想：「這也許是我此世最後一次行為。」因此，我恆時應情不自禁地唯一觀修死亡。

【提示語】：

以前的高僧大德都是這樣，時時會憶念：「我明天肯定死。」「明年肯定不存在了。」那天我遇到一位上師，他就說：「我明年肯定不存在。」我開玩笑道：「您十年前也是這麼說的。這是修無常的標誌，明年您肯定還存在。」

真的，修無常的時候，應該要這樣觀想，如此一來，對修法定有非常大的幫助。否則，像現在世間人一樣，常常計劃自己十年後幹什麼、二十年後準備做什麼，利用現在的時間拼命搞世間法，把修法一直往後拖，很多修行是不會成功的。

所以，大家要經常觀無常，憶念一切行為都是最後一次。

後行：迴向善根。

此後一切威儀中皆當如是觀修。

第二十二修法終

乙三（輪迴痛苦）分三：一、總說生起厭離心；二、分別思維痛苦；三、推知今生來世。

丙一、總說生起厭離心：

前行：皈依、發心。

正行：觀想漂泊在三界中的老母有情實在可憐。他們從無始以來，接連不斷地流轉在輪迴中，對我而言，有些當過父母，有些當過怨敵，有些當過不怨不親的人，總之都是自己的有緣眾生，對他們應生起悲憫之心。

從自身的角度來講，我在輪迴中也流轉過無數次。僅將轉生為螻蟻的身體堆積一處，要比須彌山還高；將哭泣的淚水匯集起來，比四大海洋還多；為貪欲所斷的頭與肢體也不計其數。為此，要對輪迴產生極度厭離之心。

今生今世，即使我財產豐厚、眷屬圓滿、地位顯赫，榮華富貴皆已具足，一旦死亡來臨，也會像夢中享受幸福美滿一樣，最終無不是虛幻，醒來時一無所有。自他所貪執的今生和一切快樂，均不離此性，這一切又有什麼用呢？

假如沒有好好修法，在漫長的來世中，肯定還要不斷受苦。因此我發願：自現在開始，一定要修持解脫法，從輪迴中脫離出來。

【提示語】：

我們現在有兩種修行：一是前面講的「人身難得」，

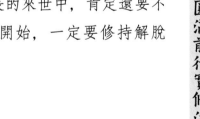

我感覺很多人修得不成功、不圓滿，所以要重新開始修。二是根據正常的進度來，要修現在這些引導文。

無論如何，大家在加行上要下一番功夫，如果下的功夫比較多，修其他法會易如反掌。就像農夫春天若好好播種，秋天收莊稼不會困難；反之，假如當時沒有細心播種，你再有怎樣的希望，收穫也不會大。

你們不要覺得我這個堪布天天囉唆，其實我講加行的時候會說，講正行的時候也會說。因為我深深地體會到，倘若加行的基礎不穩，修行的的確確難以成功。

每個人誰不想修行圓滿成功？要達到這樣的目標，我這個「老師傅」，還是稍微有點經驗。（原來藏地有個司機，開著一個破破爛爛的車，他說自己是老師傅，老師傅開的車一般都不太好。）不敢說是大成就者的經驗，但這麼長的時間裡，我接觸過很多人，也了解一些佛法，確實感到兩點很重要：聞、思、修當中，修行很重要；修行當中，先修加行很重要。加行也要從共同加行修起，否則基礎不太穩，這一點大家要切記！

後行：迴向善根。

前行實修法

第二十三修法終

丙二（分別思維痛苦）分六：一、地獄之苦；二、餓鬼之苦；三、旁生之苦；四、人類之苦；五、非天之

苦；六、天人之苦。

丁一（地獄之苦）分四：一、八熱地獄之苦；二、近邊地獄之苦；三、八寒地獄之苦；四、孤獨地獄之苦。

戊一、八熱地獄之苦：

前行：皈依、發心。

正行：觀想八熱地獄的痛苦：

復活地獄的眾生聚集在烈火燃燒的境地，彼此好似不共戴天的敵人相見一般，以業力之兵刃相互殘殺。全部死亡時，立即從空中傳來「願復活」的聲音，於是它們又復活了。生死往返交替，業力未盡之前，一直需要感受這樣的痛苦。

黑繩地獄的眾生身上被閻羅獄卒畫線，再被用火紅的鐵鋸鋸割，鋸開的部位又粘合，之後再鋸。如是感受極大痛苦，千萬年中求生不得、求死不能。

眾合地獄的眾生來到兩座山中間，相對的大山變成自己以前所殺過的動物之頭像，兩山互相碰撞時，它們全部死去，當山分開時它們就恢復如初。又像前面一樣反覆感受痛苦。

號叫地獄的眾生被放入鐵熔液中燉煮，因備受煎熬而大聲哭號慘叫。

大號叫地獄的眾生被趕至雙重鐵門的鐵室內，被火焚燒而受苦，並遭受閻羅獄卒以火錘擊打。

大圓滿前行廣釋（二）附大圓滿前行實修法

燒熱地獄的眾生被放在沸騰鐵水中燉煮，腹部燃火，受盡熬煮之苦。

極熱地獄的眾生在鐵室的烈火中燃燒，獄卒用三尖矛從它們雙肩及頭頂刺入，而且全身被燃燒的鐵片所纏。

無間地獄的眾生在十六個近邊地獄所圍繞的燃火鐵室中，飽嘗前七種地獄的所有痛苦，並與火融為一體，只能發出號叫聲而身體顯不出來。

總之，這八熱地獄並非神話，現在有無量眾生正在感受如此難忍之苦。我自己以前也造過許多業，死後很可能墮入其中。因此，如今我必須精進修法，將來千萬不要轉生於此。

後行：迴向善根。

第二十四修法終

戊二、近邊地獄之苦：

前行：皈依、發心。

正行：觀想近邊地獄的痛苦：

近邊地獄是位於無間地獄周圍的十六個地獄，每一方有煻煨坑、屍糞泥、利刃原、無灘河四個，四方共有十六個近邊地獄。

1、煻煨坑：無間地獄的眾生感受劇烈痛苦後，業力

稍微減輕時，便覺得四方的門打開了，於是紛紛從地獄中出來。這時看見遠處有一片好似涼蔭遮掩的妙壕，滿心歡喜疾步前往，結果卻踏入了煻煨坑中，被燒得肉焦骨爛，痛苦不堪。

2、屍糞泥：從煻煨坑地獄中解脫出來後，又看見遠方有一條河流，因為此前一直身處火堆中受煎熬，所以感到口乾舌燥，一見到水不禁喜出望外，飛奔前去，結果陷入了腐屍充滿、臭氣沖天的污泥內，被具鋒利鐵喙的小蟲群起啄食，感受漫長的痛苦。

3、利刃原：

1）草原：從屍糞泥地獄中解脫出來後，看到有一賞心悅目的青青草原，欣然前往，結果卻遇到一片兵器所成的利刃原，腳一落下便被剁成數段，抬起時又復原，痛苦難忍。

2）森林：從前面地獄中解脫出來後，看到遠處有非常茂盛的森林，興高采烈地狂奔而去，結果卻進入了劍葉林中，只見鐵樹上生長著無數葉狀利劍，隨風擺動，將自己碎屍萬段，之後又恢復如初，就這樣感受被切割的痛苦。

3）山：從前面地獄中解脫出來後，由於業力的牽引，來到陰森可怖的鐵柱山前。這時聽到山頂上有昔日所愛戀的友伴呼喚自己，於是便向山上攀登，結果身體被朝向下方生長的樹葉刺穿。爬到山頂時，烏鴉、鷹鷲

等飛禽，又來啄食自己的眼油。

這時，又聽到山腳下傳來呼喊自己的聲音，於是一如既往地向山下奔去，所有樹葉又轉向上方，從前胸刺入穿透後背。到了山腳下時，等候在此的鐵男、鐵女將自己擁抱入懷，活活啃食自己的頭顱，實在苦不堪言。

4、無灘河：從前面地獄中解脫出來後，向前行進時，望見遠處潺潺流淌的河流，欣喜踏入，結果熱灰沒過腰際，身肉皆焚。往回逃時，兩岸卻被閻羅獄卒守護著，無法逃脫。

從無間地獄逃出來後，不論前往東、南、西、北，都會感受這四個近邊地獄的痛苦。我往昔也曾屢屢感受過這樣的痛苦。因此，為了擺脫此等痛苦，也為了救度正在受苦的眾生，從今起我必須勤修正法。

後行：迴向善根。

第二十五修法終

戊三、八寒地獄之苦：

前行：皈依、發心。

正行：觀想八寒地獄的痛苦：

寒地獄的眾生在冰天雪地、風雪交加的環境中，由於寒冷的侵襲，身體上不時長出水皰，由此稱為皰生地獄。

因水皰破裂而形成傷口，故稱為皰裂地獄。

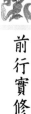

前行實修法

328

因難以忍耐寒冷的折磨，禁不住牙關緊咬，由此稱為緊牙地獄⑬。

因不斷發出「阿啾啾（好冷）」的哀號聲，由此稱為阿啾啾地獄⑯。

因呼寒叫冷的音聲已間斷，只能「呼呼呼」地長聲嘆息，由此稱為矔矔婆地獄。

因皮膚凍成青色，裂成四瓣，而稱為裂如青蓮花地獄。

因皮下之肉凍成紅色，裂成八瓣，由此稱為裂如紅蓮花地獄。

因皮肉凍成黑紅色，裂成十六瓣或三十二瓣，由此稱為裂如大蓮花地獄，此地獄眾生被爬入傷口中的許多小含生所食，而感受著無法忍受的痛苦。

我們冬天幾個小時不穿衣服，都覺得難以堪忍，那寒地獄的眾生千百萬年中赤身裸體，感受遠比人間更嚴重的寒冷，這種痛苦就更不用說了。如今我未轉生於如此痛苦的地獄中，理應生起歡喜心，並且應當勤修正法。

後行：迴向善根。

第二十六修法終

---

⑬緊牙地獄：也叫安嘶吒地獄。
⑯阿啾啾地獄：也叫虎虎婆地獄。

329

戊四、孤獨地獄之苦：

前行：皈依、發心。

正行：觀想孤獨地獄的痛苦：

孤獨地獄的眾生生處不定，所受痛苦也不固定：有的夾在山岩中；有的凍結在冰雪裡；有的煮在沸水中；有的在寒冬的冷水裡受苦；有的在烈火中燃燒；有的成為樹幹形象，若被砍截，則感受支離破碎的痛苦；也有許多轉生為常被使用的柱子、門、地板、橋梁、路、灶、墊子等形象，分別感受各自難忍的痛苦。（有些東西表面上是一種植物或無情法，但它有可能是孤獨地獄的眾生。比如，孤獨地獄的眾生變成門檻，看起來只是普通的木頭或水泥磚石，但它天天被人踩來踩去，會非常疼痛，不過這也是業力所感。）

凡是生於孤獨地獄的眾生，都要遭受諸多痛苦的逼迫。為了不轉生此等地獄中，我必須勤修正法。

【提示語】：

大家要想到，周圍有許多孤獨地獄的眾生正在感受痛苦，只是肉眼看不到而已。我們肉眼能看到的，只有旁生界的一部分眾生，比如馬戲團的大象、猴子，為了取悅觀眾而訓練，被打得遍體鱗傷、慘不忍睹，非常可憐。但牠們也有報復心理，我以前看過一則報導說，一頭大象日常訓練時，被鐵鉤、鞭子折磨得很厲害，後來牠的嗔恨心實在無法控制，發狂踩死了很多人，好多人

前行實修法

用槍打牠，牠很長時間都死不了。這些動物的痛苦，我們可以看得到，但孤獨地獄的眾生，或許投生為人們使用的各種工具，其痛苦根本看不出來。

我們在觀想時，一方面為了自己脫離這種痛苦，現在要開始修行；同時很多眾生如今正在受苦，對它們也要觀悲心。

後行：迴向善根。

第二十七修法終

丁二、餓鬼之苦：

前行：皈依、發心。

正行：觀想餓鬼的痛苦：

外障餓鬼身瘦肢細，數百年中連水的名稱也沒聽過，恆受飢渴逼迫、他眾損害，心不悅意。雖然看到大海與樹林等，但趕到那裡時，海已乾、樹已枯，甚至變成損害自己的兵器。

內障餓鬼腹大如盆地、嘴小似針眼，平時得不到任何飲食，即使得到一星半點，吞到肚中之後，也會變成火焰燒爛內臟，煙從口鼻中冒出。

每一特障餓鬼身上，都住有成群的小餓鬼，喝它的血、吃它的肉，因而十分痛苦。

我們一天沒吃飯，或者一頓飯沒有吃，飢餓的痛苦

就難以忍受，而今無量無邊的眾生因業力現前，正在感受餓鬼之苦，生不如死。為了救度它們脫離這種痛苦，也為了自己不轉生於如此痛苦的餓鬼界，我必須勤修正法。

後行：迴向善根。

第二十八修法終

丁三、旁生之苦：

前行：皈依、發心。

正行：觀想旁生的痛苦：

旁生分為海居旁生和散居旁生。其中，住於大海的海居旁生多如酒糟，相互啖食，愚昧無知；鳥獸等散居旁生雖然居於人間、天界，卻受盡宰殺、役使、毆打、損害等折磨，或者弱肉強食的痛苦，沒有任何快樂。（有時候看旁生非常可憐。今天下午下大雨，有一隻小麻雀在我窗邊的大樹上躲雨，牠盡量縮在枝葉下，但大雨還是淋在牠身上，牠一直不停地發抖……我在屋裡看到後，很不忍心，趕緊為牠念經作迴向。）

因此，為了生生世世不轉為如是痛苦的旁生，我必須精進修法。

後行：迴向善根。

第二十九修法終

丁四（人類之苦）分二：一、根本苦；二、分支苦。

戊一、根本苦：

前行：皈依、發心。

正行：觀想人類的三根本苦：

1、苦苦：指前面的痛苦還未煙消雲散，後面的打擊又接踵而來。比如說，父親去世的憂傷尚未得以平復，緊接著母親又撒手離去；身體不好的時候，心情也不好；麻瘋病還沒有痊癒，又患了其他傳染病。

2、變苦：現在所擁有的快樂也是瞬息萬變，轉眼間就會變成痛苦。譬如，迎娶新娘跳舞歡慶時，突然出現了天災人禍，當下的快樂瞬間就變為痛苦（如同去年汶川大地震一樣）。

3、行苦：表面上看來好像不是什麼痛苦，實際上並沒有擺脫痛苦之因。好比吃了慢性毒藥，馬上不會有感覺，但它終究會引生痛苦，同樣，我們現在的所作所為，如吃飯穿衣、住房受用等，都可能成為造罪業的因，其後果無疑就是痛苦。

這三大痛苦，除了聖者以外，凡夫人不可能沒有。要想脫離如是痛苦，依靠財產地位等手段都沒用，唯一的方法就是必須修持殊勝佛法。

後行：迴向善根。

大圓滿前行廣釋（二）附大圓滿前行實修法

第三十修法終

戊二（分支苦）分二：一、四大瀑流；二、其餘分支苦。

己一（四大瀑流）分四：一、生苦；二、老苦；三、病苦；四、死苦。

庚一、生苦：

前行：皈依、發心。

正行：觀想生老病死四大瀑流中的生苦：

中陰尋香⑪意識到處漂泊時，見到父母做不淨行，其神識便進入父母的精血中，於七七日中依次形成凝酪、膜皰等胎位七處，直至身體在母胎中形成。

住於母胎期間，胎兒覺得母胎裡漆黑一片、臭氣熏天、令人發嘔。當母親吃涼東西時，他會像浸在雪水中一樣極為寒冷；當母親吃熱東西時，又讓他如住火坑一樣十分灼熱；母親睡覺之際，他如同被大山壓著一樣沉重；母親飢餓之時，他會如墮入深淵般恐怖⋯⋯在住胎九個多月的時間裡，始終都這樣痛苦不堪。（我們肯定也受過如此痛苦，但因為時間過長，再加上胎障所蔽，現在不一定記得了。）

臨產時，由於產門極為狹窄，有些胎兒生不出來，以至於慘死於母腹中；就算僥倖沒有送命，但也要感受接近死亡的痛苦。

落地後，身體被手接觸時，如寶劍割肉般無法忍

---

⑪尋香：食香者，欲界中有或中陰身，各依因緣善惡，吸食種種香、臭氣味，故名尋香。梵語譯作乾達婆。

受；沐浴時如同剝皮般痛苦。諸如此類的痛苦無量無邊。所以，孩子降生後首先哇哇大哭，也是一種痛苦的表現。

每個人無論於何處出生，都不離此等痛苦。因此，深深思維這一道理後，為了不轉生於輪迴中，我現在必須精勤修法。

後行：迴向善根。

第三十一修法終

庚二、老苦：

前行：皈依、發心。

正行：觀想衰老的痛苦：

人到垂暮之年，因體力喪失而難以站立，行動不便；因諸根功能衰退而眼觀不清，耳聞不明，記憶模糊；因識力喪失而思維外散，心胸狹隘，愛發脾氣；因風脈減退而如孩童般無有主見，感覺粗大；因內在身心改變而遭受諸多疾病損害，令眾人心不悅意，雖口口聲聲說願意死，實際上極為擔心死去……此等痛苦不可勝數。（我們身邊如果有老年人，應盡量去幫助他們。他們跟年輕人不相同，心理承受能力較差，稍微對他瞪一眼，或者說一句重話，他就會特別傷心。老年人的身體也很脆弱，輕輕碰一下就倒在地上，看起來非常可憐。我們每個人最後都會變成這樣。）

因此，我現在必須修持正法，以獲得無老無死的菩提果位。

【提示語】：

　　這種觀想很簡單，有些人說不會修，其實沒什麼不會的，只要對這些道理反反覆覆觀察，看到底是不是這樣，實際上也並不難。假如你天天都這樣想，最後法一定會融入心。

　　今年的修行，雖沒有人說自己打開慧眼了，具有超勝的神通神變，能見到三千大千世界以外的東西，但通過這樣的觀修，可令我們對許多道理並不是留在口頭上，而是從內心中真正感受到法義。

　　後行：迴向善根。

前行實修法

　　　　　　　　　　　　　　　第三十二修法終

蓮花塔

菩提塔

轉法輪塔

神變塔

八大佛塔

天降塔

和合塔　　　　尊勝塔

涅槃塔

大圓滿前行廣釋（二）附大圓滿前行實修法